绿色治理的
绩效与机制研究

杨永亮　沈李雯　李　琰　周胜豫　◎等著

中国财经出版传媒集团

经济科学出版社
Economic Science Press

·北京·

图书在版编目（CIP）数据

绿色治理的绩效与机制研究 / 杨永亮等著 . -- 北京：
经济科学出版社，2024.9. -- ISBN 978 - 7 - 5218 - 6380 - 2

Ⅰ. X322. 2

中国国家版本馆 CIP 数据核字第 2024K7N913 号

责任编辑：李　雪　袁　溦　刘　瑾
责任校对：孙　晨
责任印制：邱　天

绿色治理的绩效与机制研究
LÜSE ZHILI DE JIXIAO YU JIZHI YANJIU
杨永亮　沈李雯　李　琰　周胜豫　等著
经济科学出版社出版、发行　新华书店经销
社址：北京市海淀区阜成路甲 28 号　邮编：100142
总编部电话：010 - 88191217　发行部电话：010 - 88191522
网址：www. esp. com. cn
电子邮箱：esp@ esp. com. cn
天猫网店：经济科学出版社旗舰店
网址：http：//jjkxcbs. tmall. com
固安华明印业有限公司印装
710 × 1000　16 开　22 印张　281000 字
2024 年 9 月第 1 版　2024 年 9 月第 1 次印刷
ISBN 978 - 7 - 5218 - 6380 - 2　定价：108. 00 元
（图书出现印装问题，本社负责调换。电话：010 - 88191545）
（版权所有　侵权必究　打击盗版　举报热线：010 - 88191661
QQ：2242791300　营销中心电话：010 - 88191537
电子邮箱：dbts@ esp. com. cn）

本书撰写委员会

本研究受以下项目资助：

浙江理工大学基本科研业务费项目青年创新专项《绿色治理的绩效与机制研究》（22096211－Y）

全国统计科学研究项目《基于碳账户的长三角地区生态系统服务价值评估及补偿路径研究》（2024LY081）

浙江省软科学研究项目《研发国际化对浙江企业创新质量的影响机制和提升路径研究》（2024C35122）

浙江省自然科学基金项目《水生态产品价值形成机理与实现方法研究》（GEY25E090089）

浙江省第五次全国经济普查立项课题《山区26县生态工业高质量发展研究》（ZJWJP09）

浙江省统计局重点研究项目《流域水资源生态产品价值核算研究》（24TJZZ30）

序

在全球变暖问题日益严峻、环境问题成为全球性挑战的背景下，绿色发展已成为世界各国共同追求的目标。中国作为世界上最大的发展中国家，推动经济社会发展绿色化、低碳化，是实现高质量发展的关键环节。为此，党和国家提出了一系列重要战略方针，旨在通过绿色治理，促进经济与环境的和谐共生。在这一大背景下，环境信息公开作为绿色治理的重要组成部分，其政策效果及实现路径的研究显得尤为重要。

本书的研究正是在这样的现实需求下应运而生，具有独特的价值和意义。本书不仅从宏观层面剖析了环境信息披露对经济及环境绩效的影响，还从企业和个体等微观角度进行了深入探讨，这种多维度、多视角、全过程的研究方法，极大地丰富了环境信息公开的作用研究，为环境社会治理的实现路径及可行性提供了有力的理论支撑和经验证据。

本书的创新点尤为突出，不仅体现在研究方法上，更在于其独特的研究内容和视角。本书中不仅关注了环境信息披露对企业投资效率、企业价值的影响，还深入探讨了政府环境信息公开的环境绩效及其影响机制，进一步拓展到城市环境信息公开对劳动力供给和居民低碳行为的影响，以及农村环境信息公开对居民环保认同的影响。这些研究内容填补了现有研究的空白，为环境信息公开的政策效果及未来发展方向提供了系统性的理论指导与政策建议。

作者在研究过程中踏实认真，耗费了大量时间和精力，从宏观到微观，从理论到实践，进行了全面而深入的分析。在当前环境问题日益复杂多变的背景下，能做出如此系统、全面的结论实属不易。这不仅是对绿色治理研究领域的一次重要贡献，也为后续的深入研究奠定了坚实的基础。

本书的深入探索精神值得高度赞扬。作者没有止步于现有的研究框架和结论，而是勇于挑战，敢于创新，不断挖掘绿色治理的深层次影响和潜在价值。这种对学术研究的执着和追求，不仅体现在对宏观环境问题的精准把握上，更体现在对企业和个体等微观层面的细致入微的剖析上。作者通过扎实的实证研究和深入的理论分析，为我们呈现了一个全面、立体、多维的绿色治理研究图景。

更难能可贵的是，本书并未止步于对现有问题的分析和解答，而是进一步展望了绿色治理的未来研究方向和应用前景。作者提出了许多富有创见性的观点和建议，例如，如何进一步完善环境信息公开制度，提高其政策效果；如何更好地利用环境信息公开促进绿色发展和可持续发展；如何在全球范围内推广和应用环境信息公开的成功经验等。这些观点和建议不仅为绿色治理研究领域带来了新的思考和启示，也为政策制定者和环保实践者提供了有益的参考和借鉴。

相信本书的出版，将会为绿色治理研究领域带来新的活力和动力。它不仅为学者和研究人员提供了丰富的学术资源和研究思路，也为政策制定者和环保实践者提供了有力的理论支撑和实践指导。我们期待作者能够继续在这一领域深耕细作，不断推动绿色治理研究的发展，为我国的可持续发展贡献更多的智慧和力量。同时，我们也希望更多的学者和研究人员能够加入到这一领域的研究中来，共同为构建美丽中国、实现绿色发展贡献我们的智慧和力量。

崔大树

2024 年 8 月

目　　录

第一章

绪　论

第一节　研究背景与意义

一、研究背景

（一）国际可持续发展的共识

《巴黎协议》通过以来，世界各国对包括气候变化在内的可持续发展议题愈发关注，同时随着全球人口增长、环境污染、气候变化、资源短缺等问题日益突出，走可持续发展道路逐渐深入人心，成为全球共识。习近平主席在第 76 届联合国大会上提出全球发展倡议，呼吁国际社会加快落实联合国《改变我们的世界——2030 年可持续发展议程》，推动实现更加强劲、绿色、健康的全球发展，构建全球发展命运共同体。党的二十大报告则进一步指出，推动经济社会发展绿色化、低碳化是实现高质量发展的关键环节。

近年来，可持续发展理念在各层面的应用不断深入。在金融层面，以可持续发展投资、ESG 投资、绿色金融、普惠金融等为代表的可持续金融蓬勃发展，旨在通过金融手段进行合理的资产配置，促进提高经济主体的综合价值，这有助于实现环境保护、节能减排等目标。在公众层面，一方面，绿色、低碳、循环贯穿了绿色消费的全过程，公众的绿色消费选择不仅促进了污染排放的减少，更带动企业积极转型，生产绿色产品，从供给端和需求端推动绿色低碳循环发展。另一方面，随着可持续发展理念的传播，公众的环境关注度显著影响了政府对环境问题的注意力，推动政府更好地认识现有问题，改善地方政府因人力不足造成的监管不力的困境。在政府层面，各国政府积极探索，通过环境保护立法、提高能源利用效率、实行碳排放权交易、政府环境信息公开等方式助推环境治理体系现代化；深入推进污染治理、空气质量改善及可再生能源发展，助推生态环境持续改善。在企业层面，可持续发展为企业创造了新需求，越来越多的企业将可持续发展与自身的产品策略和价值链构建紧密融合，从产品、服务、运营、供应链等多方面践行可持续发展理念。同时随着企业的可持续发展意识的提高，企业的 ESG 实践及环境信息披露也不断丰富完善，有效推动了低碳转型和建设可持续发展新生态。

（二）从生态文明到双碳目标

改革开放以来，中国经济快速发展，实现了质的飞跃。然而，在中国高速增长的经济背后，生态环境问题层出不穷，付出了沉重的资源环境代价。生态环境问题进一步阻碍了经济社会可持续发展的步伐，对人民健康的影响也不断加大，成为一个重要的民生问题。因此，走出一条以绿色为底色的高质量发展之路，更好满足人民对美好生活的向往，是实现经济社会发展全面绿色转型和建设美丽中国的必然选择。"十四五"规划中明确指出生态文明建设要迈出新步伐，实现生产生活方式绿色转型，持续减少主要污染物排放，到 2035 年广泛形成绿色生产生活方式，实现生态环境的根本好转，基本建成美丽中国。为持续有效推进生态文明建设，中国提出力争于 2030 年前达到二氧化碳排放峰值，努力争取 2060 年前实现碳中和。

锚定双碳目标对加速中国绿色转型发展步伐提出了新要求，实现双碳目标，既不能单靠政府，也不能单靠企业，只有统筹社会资源，凝聚多个主体、多种力量、多样路径，推进多元主体的互补、协同与联动合力，才能为双碳目标的实现提供稳固支撑。然而，由于生态环境和自然资源的公共品属性，如何有效调动各方参与环境治理的积极性是推动建设现代环境治理体系的重要一环，在此背景下，绿色治理由于具有多主体共同参与的特点而受到广泛关注。绿色治理是指多元主体协同参与，通过发展绿色经济、倡导绿色生活，促进环境与生态文明建设，实现人与自然和谐共生的行动机制。实现碳达峰、碳中和是一场广泛而深刻的经济社会系统性变革，通过绿色治理带动社会各方协同参与，全方位推进绿色生产、绿色生活、绿色消费，推动经济社会可持续发展将成为未来的发展趋势。

（三）绿色治理的趋势性

环境规制主要指通过对各种环境问题的制度、规则、措施，约束破坏环境、损害公共利益的行为，最终达到保护环境的目的，助力实现可持续发展。现有环境规制主要可分为命令控制型、市场激励型和公众参与型。随着公众环保意识的不断提升，加之近些年环境风险事件频发，如环境监测数据造假、有毒物品泄漏、违法排放污染物等，公众参与型的环境规制措施越来越受到社会各界的广泛关注。以 2008 年《环境信息公开办法（试行）》（2019 年废止）的实施为起点，陆续颁布了《上市公司信息披露管理办法》、《上海证券交易所上市公司环境信息披露指引》、《企业事业单位环境信息公开办法》（2022 年废止）、修订后的《中华人民共和国环境保护法》（以下简称《环境保护法》）等，中国的环境信息公开体系逐步建立完善。

当前，我国生态文明建设及生态环境保护取得了历史性成就，生态环境质量持续改善，但实现美丽中国建设愿景仍然任重道远。因此，在实现碳达峰、碳中和的目标引领下，以绿色治理助力减污降碳协同增效，对于促进经济社会发展全面绿色转型具有重要意义。强化政府环境信息公开，通过生态环境质量信息、监督管理信息及污染防治等信息公开，调动公众参与环境治理的积极性，引导居民提高环保认同，践行低碳生活，推动生态环境治理提质增效；强化企业环境信息披露，助力绿色金融体系建设及规范可持续投资行为，促进企业绿色发展，实现减污降碳协同增效。整体而言，环境信息公开对维护公众环境权益和改善地区环境治理具有重要意义，通过调动以政府、企业、公众为代表的社会行为主体广泛参与环境治理，实现以信息公开促环境共治，激发可持续发展新动力。

二、研究意义

（一）理论意义

丰富了现有关于环境信息公开的理论研究。已有关于环境信息公开影响的研究大多集中于某一主体的环境信息公开效果，缺乏系统的理论支撑及经验证据。本书拓展了环境信息公开的研究主体，主体包括企业、地方政府部门以及社会公众，多维度论证了环境信息公开的影响和作用机制。对于企业而言，积极进行环境信息披露有助于提高其投资效率和市场价值；对于地方政府而言，环境信息公开能有效改善生态环境治理的质量和水平；对于社会公众而言，环境信息公开在劳动力供给、居民低碳行为和环保认同等方面都有积极作用。因此，本书丰富了环境信息公开影响的理论研究，是对既有研究成果的重要补充。

深刻剖析了环境信息公开的经济、社会和环境绩效。传统研究大多聚焦于环境信息公开在某一环节或领域的绩效表现，缺乏系统性与全面性，导致一些政策的实施效果不佳。本书从政府、企业、公众三个维度着手，系统研究了环境信息公开带来的经济绩效、环境绩效和社会绩效，为持续推进绿色治理、充分发挥绿色治理的政策绩效具有重要作用。本书中对环境信息公开进行了多视角、多维度、全过程的综合分析，深入探究了各种影响效应的作用机制及路径，不仅突破了当前环境信息公开政策效果研究角度单一的局限性，也将丰富和提升我国持续推进环境信息公开政策的理论支撑与应用水平。

（二）现实意义

综合探究了我国环境社会治理的实现路径及可行性。本书分别以城市和农村地区为切入点，选取具有代表性的浙江省，在全面有效设计调查问卷的基础上，对典型城市和农村地区分别进行多阶段混合抽样调研，构建环境信息公开对劳动力供给和居民环保认同、低碳行为等影响的研究体系，拓展了现有推动环境社会治理的可行路径及技术方法。对推动社会中的"旁观者"变身"参与者"，积极实现"多元主体共治"具有重要现实意义。

进一步明确了未来环境信息公开的实施方向，为相关政策的制定提供参考。一方面，鼓励、支持甚至强制企业进行环境信息公开，进一步提高上市公司和重污染企业环境信息发布的数量和质量要求，这有助于推动实现企业的长期可持续发展；另一方面，加强社会治理体系建设，推动治理重心向基层下移，实现政府治理和社会调节、居民自治的良性互动，充分重视和调动社会的环保积极性，注重提高公众的低碳认识和环保认同，对社会各方合力促进环境治理良好局面的形成具有重要作用。

第二节　研究框架与结构

本书的研究框架如图 1 - 1 所示。

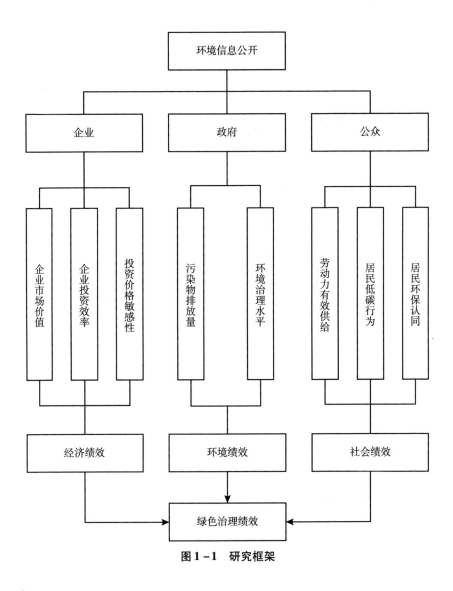

图 1 - 1　研究框架

本书主要探究了以下内容：

（1）环境信息披露对企业投资效率的影响。为考察企业的环境信息披露（environmental information disclosure，EID）对企业投资效率的影响，第三章以 2007 年《环境信息公开办法（试行）》的出台作为自然实验，实证分析环境信息公开政策的出台对企业投资效率的影响及作用机制。进一步研究发现，环境信息披露带来的信息替代作用可能会提高启示性价格效率，第四章从市场学习理论出发，通过构建传统市场模型，利用双向固定效应模型及工具变量法验证环境信息披露对投资价格敏感性的影响；通过分位数回归探究环境信息披露对企业投资敏感性的阶段性影响，并进一步探究非线性影响的成因。

（2）环境信息披露对企业价值的影响。企业在生产经营过程中，越来越需要为其活动对环境产生的影响负责。各种环境披露政策正是通过影响企业的财务业绩（CFP）来规范企业的环境决策和活动。第五章主要研究了环境信息披露是否会影响上市公司价值，基于我国最重要的 EID 政策——EID 测度（EIDMT），采用准自然实验的方法，探讨 EIDMT 对国有和非国有企业价值的净影响。

（3）政府环境信息公开的环境绩效及其影响机制。政府环境信息公开带来的污染减排效果可以通过信息公开增加社会各界对环境信息的了解，加强对地方政府环境保护工作的监督，提高地方政府环境保护效率。第六章主要研究地级市的环境信息公开程度与污染物排放之间的关联，通过准随机试验检验环境信息公开政策出台对地方污染物减排的影响，探究政府环境信息公开对污染物排放的影响。第七章探究了政府环境信息公开对地区环境质量的影响。我国政府积极探索使用环境信息公开这一环境监管工具，推动生态环境质量的持续改善。在充分认识环境信息公开发展的动态性的基础上，考虑到我国当前的水环境状况，采用环境监测总站的水质自动监测周报的 pH 值数据，构建面板模型，研究政府环境信息公开对水环境治理的影响。

（4）探究城市环境信息公开对劳动力供给和居民低碳行为的影响。为了考察城市环境信息公开对劳动力供给的影响，第八章以浙江省为研究对象，在实地调研的基础上，从空气质量满意度、医疗保险、对未来生活满意度、健康水平和劳动参与率的预期五个维度衡量劳动力的有效供给，探究城市环境质量信息公开对劳动力有效供给及劳动力参与率的影响。同时，为了剖析城市环境信息公开对居民低碳行为的影响及作用机制，第九章从居民角度出发，通过多阶段随机抽样进行问卷调查，采用多元线性回归模型分析环境信息公开背景下居民的低碳意愿与低碳认知对低碳行为的影响；并进一步讨论居民对全球变暖的了解程度是否会调节居民低碳认知对低碳行为的影响。

（5）探究农村环境信息公开对居民环保认同的影响。党的十八大以来农村地区的生态环境治理问题一直备受关注，农村生态环境变化与农村居民的思维意识和个体行为有着密切的关系。第十章中通过对浙江省农村地区进行实地问卷调查，构建有序 Logit 模型，探究农村环境信息公开与居民环保认同的影响关系和作用机制，其中环保认同主要通过居民环境治理满意度与环保行为来体现。

第三节　研究思路、方法与结论

一、研究思路

本书的研究思路如图 1-2 所示。

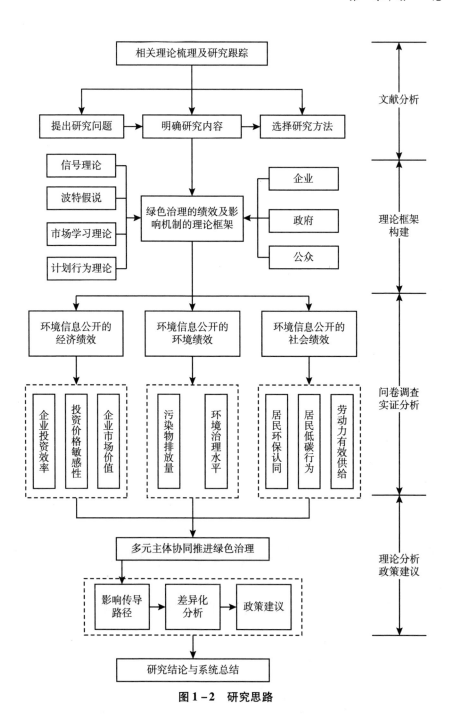

图 1-2　研究思路

二、研究方法

（一）双重差分法

双重差分法（difference-in-difference，DID）多用于公共政策或项目实施效果评估。DID 的作用原理与自然实验相类似，将某项政策的实施看作一项自然实验，通过在样本中加入一组未受政策影响的控制组，与原本受政策影响的样本构成的实验组进行比较分析，考察政策实施对分析对象造成的净影响。本书在第三章、第四章和第五章研究环境信息披露政策时，使用双重差分法检验了相关政策的冲击效应；又使用双重差分倾向得分匹配法（PSM – DID）进一步解决样本选择问题，有效满足了使用 DID 的分组随机性和样本同质性前提，解决了可观测变量和不可观测变量带来的选择偏差问题，提高了政策效应估计的准确性和可信度。

（二）工具变量法

工具变量法是克服解释变量与扰动项相关影响的一种参数估计方法，可以较为有效地解决模型中的内生性问题。本书第四章中按照份额移动法构造 Bartik 工具变量，用单位特定的权重对一组冲击进行平均以测度冲击暴露情况，将企业附近一定范围内的孔庙数量、企业当年同行业的环境信息披露的平均值及托宾 Q 的交乘项作为工具变量，实证检验企业环境信息披露对企业实际投资效率的影响。

（三）问卷调查法

问卷调查法是指调查者通过统一设计的问卷来向被调查者了解情况，是用户研究或市场研究中常用的一种方法。本书的第八章、第九章和第十章中通过问卷调查获取有关浙江省劳动力群体对大气污染的意见以及浙江省农村居民对环境治理的态度的相关数据。问卷设计过程中遵循功能性原则、一般性原则、效率原则及可维护性原则，并使用分层抽样、概率比例规模抽样（PPS 抽样）、简单随机抽样及偶遇抽样等多种随机抽样方法进行多阶段混合抽样，有效提高了调查样本的全面性和科学性。

（四）多元离散选择模型

离散选择模型是以选择问题为研究对象，用以离散数据表示的决策结果作为被解释变量建立的计量经济学模型。由于本书第八章、第九章和第十章中通过问卷调查获取的数据属于有序数据，故采用多元离散选择模型进行估计分析，这一模型包括 probit 模型和 Logit 模型。probit 模型是一种广义的线性模型，服从正态分布，最简单的 probit 模型中被解释变量 Y 是一个 0、1 变量，事件发生的概率依赖于解释变量；Logit 模型属于多重变量分析范畴，是对因变量进行分类和排序。第十章中被解释变量的选择梯度不符合一般二元 Logit 回归模型的取值条件要求，也没有涉及时间序列，无法运用面板数据、时间序列数据的方法进行实证分析，且被解释变量在赋值时采用的是李克特量表法，故而适合采用有序 Logit 回归模型进行研究分析。

三、主要观点

通过以上研究，本书形成了以下主要观点：

（1）环境信息披露有助于提高企业投资效率，并对企业投资价格敏感性具有显著正向影响。《环境信息公开办法（试行）》的实施显著提高了重污染企业投资效率，并通过影响劳动力市场和资本市场间接影响企业投资效率；环境信息披露对企业投资效率的影响存在行业异质性，这可能与企业所属行业的市场结构、竞争状况及行政干预相关。进一步研究可知，我国市场上的环境信息披露对投资价格敏感性具有显著的正向影响，自愿披露和不存在两职合一的企业可以有效发挥环境信息披露的作用；随着企业投资效率的上升，环境信息披露对投资敏感性的影响会先增长后下降，即存在倒"U"型的非线性关系，当企业的投资效率到达一定程度时，环境信息披露的效果失效。

（2）EID 测度对我国制造业上市公司价值具有显著影响。对 EIDMT 样本进行修改后，EIDMT 对重污染行业的企业也有积极的影响。此外，EIDMT 会通过公开抵制和政府罚款对 EID 不佳的公司进行额外惩罚，因此环境披露良好的公司具有相对的竞争优势。

（3）政府环境信息公开对减少污染物排放有积极影响，且能有效促进当地水环境质量的改善。一方面，2013 年之前国内政府环境信息公开没有具体的规章制度，环境信息公开程度可以衡量地方政府的透明度和环保努力，环境信息公开对减少污染排放有积极意义；随着 2013 年政府各项规章制度的出台，政府环境信息公开逐渐走向规范化、具体化。另一方面，推进政府环境信息公开有助于促进当地水质改善，相比于东部和中部地区，这一影响在西部地区更为显著。

（4）城市环境质量信息公开会直接影响劳动力的有效供给和劳动参与率，也会深刻影响居民低碳行为的践行。空气质量恶化会通过影响居民幸福感、居民出行、人力资本投资来影响劳动力的有效供给和劳动参与率，而空气质量对劳动力供给的影响会因个体所属年龄段及所处地区有所差异。因此，通过城市环境质量信息公开推动空气质量水平提高对保障地区的有效劳动力供给具有重要意义。另外，居民对全球变暖的认知会调节居民低碳认知对低碳行为的影响。因而，政府应当积极引导构建绿色、和谐的消费价值观，提高公众的低碳认知，这对推动居民积极践行低碳经济具有重要意义。

（5）农村环境信息公开对居民环保认同具有显著影响，环境信息公开对居民的环境治理满意度和环保行为均有显著正向影响。具体来说，政府对相关环境政策的公开能够使农村居民接触到平时忽略的环境信息、环保政策，可以有效提高居民对环保的了解程度，使居民意识到环境治理的重要性，提高其环境治理满意的程度，也促进了农村居民的环保行为。另外，由中介效应检验可知，居民对生态环境问题的评价在环境信息公开与满意度中起到中介作用；居民的环境关注对政府环境信息公开与环保行为具有中介效应。

第二章

绿色治理的绩效研究综述与展望

污染控制制度包含种类繁多的制度工具，有必要根据制度出台的先后顺序和约束力等对其进行梳理，并根据制度本身的特点分类。污染控制制度的效果是多方面的，本书中对污染控制制度绩效的评价主要从环境绩效和经济绩效等方面展开，同时探索影响制度发挥作用的关键因素，所以本章对已有研究的梳理也是遵循这一框架，并通过评述进一步明确中国污染控制制度绩效问题研究的重点和方向。

第一节　污染控制制度体系研究

污染控制制度有多种类型，然而没有理论或者经验证据表明哪一种制度最为优越（Metcalf，2009）[①]，需要根据具体情况搭配组合制度才能发挥最好的效果。早期研究者主要依据制度出台的先后顺序和实施效果进行分类，如马加特（Magat，1979）将污染控制制度分为环境税费、非技术性标准、市场创造、技术性效率标准、补贴或者税收免

[①] Metcalf G E. Market-based policy options to control US greenhouse gas emissions [J]. Journal of Economic Perspectives，2009，23（2）：5–27.

除五类①，米利曼和普林斯（Milliman & Prince，1989）将污染控制制度分为直接控制、排放补贴、排放税、自由贸易许可、拍卖市场许可五类②，康芒和斯塔克尔（Common & Stagl，2005）将环境政策工具分为道德说服、指令性工具、税收、可交易的许可证四类③，以及戴利和法利（Daly & Farley，2011）将污染控制制度分为直接管制、庇古税、庇古补贴、总量管制与贸易机制④。随着研究的深入，研究者发现有些制度的实施主体、作用对象存在较大一致性，如洛佩斯－加梅罗等（López-Gamero et al.，2010）、威廉姆斯等（Williams et al.，2012）都将污染控制制度分为命令控制型直接控制制度和激励性制度两大类⑤⑥。博彻（Böcher，2012）则根据政府干预程度的不同将环境制度工具分为信息工具、合作工具、经济工具和管制工具⑦。谢慧明和沈满洪（2016）将中国水制度分为约束性、激励性和参与性三类⑧。随着整个社会对污染危害认识的加深和经济发展程度的提升，环保组织和民众更多地参与污染控制和环境改善活动中并且发挥越来越重要的作用，以公众参与为特征的污染控制制度也得到越来越多的认同（Kneese and

① Magat W A. The effects of environmental regulation on innovation [J]. Law and Contemporary Problems，1979，43（1）：4－25.

② Milliman S R，Prince R. Firm incentives to promote technological change in pollution control [J]. Journal of Environmental Economics and Management，1989，17（3）：247－265.

③ Common M，Stagl S. Ecological economics：an introduction [M]. Cambridge：Cambridge University Press，2005.

④ Daly H E，Farley J. Ecological economics：principles and applications [M]. Washington：Island press，2011.

⑤ LóPez-Gamero M D，Molina-Azorín J F，Claver-Cortés E. The potential of environmental regulation to change managerial perception，environmental management，competitiveness and financial performance [J]. Journal of Cleaner Production，2010，18（10）：963－974.

⑥ Williams R C. Growing state-federal conflicts in environmental policy：The role of market-based regulation [J]. Journal of Public Economics，2012，96（11）：1092－1099.

⑦ Böcher M. A theoretical framework for explaining the choice of instruments in environmental policy [J]. Forest Policy and Economics，2012，16（2）：14－22.

⑧ 谢慧明，沈满洪. 中国水制度的总体框架、结构演变与规制强度 [J]. 浙江大学学报（人文社会科学版），2016，46（4）：91－104.

Sweeney，1985；沈满洪等，2017；Wu et al.，2022；Zhang et al.，2022)①②③④。社会科学的相关研究一般认为制度工具都应该被分为"萝卜、大棒和说教"三种（Bonilla et al.，2012；Wiering et al.，2023)⑤⑥，本书中也将污染控制制度分为三类（见图 2-1）。

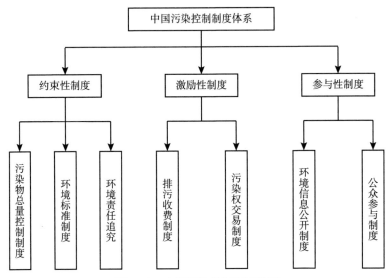

图 2-1　中国污染控制制度体系

①　Kneese A V，Sweeney J L．Handbook of natural resource and energy economics：Volume 1 [M]．Netherlands：North-Holland，1985．

②　沈满洪，陈军，张蕾．水资源经济制度研究文献综述 [J]．浙江大学学报（人文社会科学版），2017，47（3）：71-83．

③　Wu W，Wang W，Zhang M．Does internet public participation slow down environmental pollution? [J]．Environmental Science & Policy，2022，137：22-31．

④　Zhang H，Xu T，Feng C．Does public participation promote environmental efficiency? Evidence from a quasi-natural experiment of environmental information disclosure in China [J]．Energy Economics，2022，108：105871．

⑤　Bonilla J，Coria J，Sterner T．Synergies and Trade-offs between Climate and Local Air Pollution：Policies in Sweden [R]．Working Paper，University of Gothenburg，2012．

⑥　Wiering M，Kirschke S，Akif Nu．Addressing diffuse water pollution from agriculture：Do governance structures matter for the nature of measures taken? [J]．Journal of Environmental Management，2023，332：117329．

一、污染控制约束性制度

一定时间内环境容量是有限的，生态环境被破坏后恢复成本高，必须控制污染物的排放量和存量。随着收入水平的提升，民众的环境需求也逐渐提高，同时环境污染具有负外部性和长期危害性，污染总量控制是最安全有效的工具之一。以水污染和碳排放为例，中国的水污染总量控制制度可以分为三个阶段：2005 年之前的局部试点阶段。原国家环境保护局从"十五"开始以淮河、海河流域等为试点开展流域和区域水污染物总量控制研究，探索建立健全水污染物总量控制制度与分配方法，这一阶段的污染物总排放量是递增的。2006～2015 年的全面推进阶段。2006 年《主要水污染物总量分配指导意见》的出台具有里程碑意义，因为中央开始和各地方政府及部委签署目标责任书及实施对应考核，这一阶段污染物总排放量有所减少。2016 年之后的全面改善阶段。在《国务院关于实行最严格水资源管理制度的意见》等制度的约束下，不仅对污染物总量控制更为严格，而且对水质的持续改善也提出明确要求。

因为信息不对称的存在，科学合理的水环境标准是一种成本低的污染控制制度，同时水环境对高浓度废水的处理和接纳能力有限，为了更有效控制水环境，需要水环境标准制度。中国第一个涉水环境保护标准是 1973 年出台的《工业"三废"排放试行标准》，1979 年《中华人民共和国环境保护法（试行）》提出的环境影响评价制度、"三同时"制度一直沿用至今。经济主体排放污染超过总量和排放标准就要受到一定的惩罚，这主要是基于外部性内部化和环境侵权的考量。《中华人民共和国宪法》《民法典》《环境保护法》《民事诉讼法》等都对环境损害赔偿做出了规定，1997 年《中华人民共和国刑法》修订后，增设了"破坏环境资源保护罪"，这是一件具有里程碑意义的事件。政府相关部门负责人对本区域水环境负责，水环境服务是一种公共物品，这就需要水污染问责制度来纠正政府失灵。1989 年第三次全国环境保护工作会议将环境保护目标责任制列为八项基本环境制度之一，2015年开始生效的《环境保护法》（修订版）更强调了政府的环境责任。

中国碳排放总量控制制度的完善较水污染相对滞后。2009 年，中国政府提出了 2020 年单位 GDP 碳排放比 2005 年下降 40%～45% 的目标（"4045 目标"），在整个"十二五"发展阶段中只有碳强度这一非刚性的约束。从考核的结果来看，很多地区碳强度目标落实较好的原因在于分母 GDP 的增速较快，而非作为分子的碳排放量的减少。2015年出台的《生态文明体制改革总体方案》中首次明确指出了要逐步建立全国碳排放总量控制制度。2016 年《中华人民共和国国民经济和社会发展第十三个五年规划纲要》中要求实行"最严格的环境保护制度""改革主要污染物总量控制制度"；在随后颁布的《"十三五"控制温室气体排放工作方案》中鼓励部分发达省市积极探索开展碳排放总量控制，并且将总量控制作为工作的重点以形成低碳发展模式。2021 年，《中华人民共和国国民经济和社会发展第十四个五年规划和 2035 年远景目标纲要》和国务院印发的《2030 年前碳达峰行动方案的通知》均提出"实施以碳强度控制为主、碳排放总量控制为辅的制度"。同年，中共中央、国务院印发的《中共中央国务院关于完整准确全面贯彻新发展理念做好碳达峰碳中和工作的意见》明确要求"统筹建立二氧化碳排放总量控制制度"。

二、污染控制激励性制度

约束性制度发挥理想功效的条件是政府环境管理部门是无所不知、无所不能和公正无私的，信息不对称、政府失灵和环境管理部门从业人员的人性特点决定了仅依靠约束性制度难以完全实现污染减排和改善环境的目标。由于环境容量的有限性，财税制度和产权制度能保证稀缺的资源获取更高的效率和收益，实现资源的最优配置。当经济主体存在环境污染等负外部性行为时，可以按照庇古税理论实现环境税费制度。1979 年全国人大常委会通过的《中华人民共和国环境保护法（试行）》标志着排污收费制度的建立，各地区逐渐开始排污费征收试点，污染费征收正式开始于 1982 年的《征收排污费暂行办法》（2003 年已废止），《关于调整排污费征收标准等有关问题的通知》针对排污费过低现象要求各地方提高排污费收缴率并给出污染物排放限值。这些制度的基本特征是市场机制在环境容量的配置中发挥决定性作用，对经济主体而言具有选择性和激励性。

当环境产权明确时，可以按照科斯定理实现污染权有偿使用和交易制度。具体而言，这里又可以分为地区间的排放物交易和企业间的排污权交易。以水质交易为例，由于地区竞争的特殊性，中国的水质交易经历了自下而上的探索过程，最初是地市县层面的探索（杭州市、德清县等），然后出现省级层面的尝试（浙江省、北京市等），最困难的是跨省流域上下游水质交易，2011 年新安江流域（相对应的上下游地区分别为安徽黄山市休宁县和浙江杭州淳安县）基于水质交易的补偿性制度安排开启了先河，随后 2011 年 11 月陕甘渭河流域、2016 年 3 月闽粤汀江 - 韩江流域、2016 年 3 月粤桂九洲江流域、2016 年 4 月赣粤东江流域等地纷纷出现类似模式。中国企业间排污权交易的建立主要经历了三个阶段：嘉兴市秀洲区率先试点，2001 年嘉兴市出台的《水污染物排放总量控制和排污权交易暂行办法》是第一部关于水污染权交易的规则，也成立了中国第一个排污权交易中心；浙江省等省份在省级层面开展试点；全国推进，这一阶段的标志是 2014 年的《国务院办公厅关于进一步推进排污权有偿使用和交易试点工作的指导意见》。

我国碳排放交易市场的发展可以划分为三个阶段：①2005～2010 年的清洁发展机制（CDM）建设阶段。中国作为卖方参与 CDM 项目，开始参与国际碳交易市场。2010 年，经国务院批准，财政部等 7 部委联合颁布《中国清洁发展机制基金管理办法》，清洁基金旨在积极支持应对气候变化政策研究和能力建设的同时，推动应对气候变化事业的产业化、市场化和社会化发展。②2011～2020 年的碳交易市场试点建设阶段。2011 年 10 月，国家发改委发布《国家发展改革委办公厅关于开展碳排放权交易试点工作的通知》，同意北京市、天津市、上海市、重庆市、湖北省、广东省及深圳市开展碳排放权交易试点，标志着我国的碳排放权交易工作正式启动。2013 年，深圳、上海、北京、广东和天津五个省市率先开始试点交易。2014 年，重庆、湖北试点碳市场开始交易。2016 年，福建省也加入了试点碳市场的行列。四期试点的落实为我国全面建设统一碳市场提供了经验。③2021 年至今的全国统一碳市场建设阶段。2021 年 7 月 16 日，全国碳排放权交易市场正式开启上线交易，全国碳市场建设采用"双城"模式，即上海负责交易系统建设，湖北武汉负责登记结算系统建设。至此，我国碳排放权交易市场试点工作终于迎来了统一。据生态环境部测算，我国将成为全球覆盖温室气体排放量规模最大的市场。

三、污染控制参与性制度

在环境容量的配置中，可能面临着市场失效和政府失效并存的情况（Arguedas and Rousseau，2015；Liu et al.，2020）①②，国家环境管理部门经常出现环境执法力度不足的问题，此时的可能选择便是第三条道路——参与性制度，即使在市场机制与政府机制均有效的情况下，

---

① Arguedas C, Rousseau S. Emission standards and monitoring strategies in a hierarchical setting [J]. Environmental & Resource Economics, 2015, 60 (3): 395 – 412.

② Liu H, Owens K A, Yang K, et al. Pollution abatement costs and technical changes under different environmental regulations [J]. China Economic Review, 2020, 62: 101497.

公众参与制度也有利于约束性制度和激励性制度的有效实施。污染控制的参与性制度是指，基于市场机制和政府机制面临失效的危险而引入的公众参与的第三种机制，主要包括环境信息公开和公众参与制度。在环境信息公开方面，原环保总局发布《环境保护行政主管部门政务公开管理办法》规定各级环保部门有责任主动公开环境信息，《关于企业环境信息公开的公告》规定了地方环保部门应该定期公布超标排放污染物企业的名单，2007 年中国第一部关于环境信息公开的综合性规章《环境信息公开办法（试行）》（2019 年废止）出台。随着环境治理改革的深入，环境信息公开迎来了突破期。2013 年发布的《国家重点监控企业自行监测及信息公开办法（试行）》和《国家重点监控企业污染源监督性监测及信息公开办法（试行）》、2014 年发布的《建设项目环境影响评价政府信息公开指南（试行）》分别在污染源排放信息和环境影响评价信息公开方面取得了实质性突破。2014 年，新修订的《环境保护法》规定了信息公开和公众参与，从法律层面确认了环境信息公开制度，以重点排污单位为核心，企业信息披露从自愿公开走向强制公开。同年出台的《企业事业单位环境信息公开办法》对企业相关的环境信息披露作出了细化的规定。2021 年，生态环境部印发的《环境信息依法披露制度改革方案》，全面规划了环境信息公开制度建设的蓝图。2022 年起，《企业环境信息依法披露管理办法》取代《企业事业单位环境信息公开办法》开始施行，新办法全面整合和升级了企业环境信息披露的要求，标志着我国环境信息公开的法治保障和制度设计基本建立。在公众参与方面，1979 年《中华人民共和国环境保护法（试行）》规定一切单位和个人都有权检举和控告环境破坏行为，为公众环境监督提供了原则性依据，1996 年修改的《中华人民共和国水污染防治法》中规定环境影响评价报告中需要加入所在地居民的意见。2020 年，中共中央办公厅、国务院办公厅印发的《关于构建现代环境治理体系的指导意见》中，进一步提出构建"党委领导、政府主导、企业主体、社会组织和公众共同参与"的现代环境治理体系。

第二节　污染控制制度绩效评价研究

一、污染总量控制制度

　　减少污染物排放是实现污染改善的最根本途径。污染物总量控制最早起源于美国的水质规划，自 1972 年 6 月的联合国人类环境会议宣言发布以后，世界各国陆续制定水污染控制制度并出台了严格的监控措施，其中污染物总量控制是最主要的制度之一。美国的最大日负荷总量控制计划（total maximum daily loads，TMDL）立法是最早的排污总量控制制度，在保持水生态环境的情况下限制水体所接受的污染物最大日负荷总量，并将污染负荷分配到各个点源与非点源污染点，主要控制对象从最初的生化需氧量（biochemical oxygen demand，BOD）、溶解氧（dissolved oxygen，DO）和氨氮（NH3 - N）拓展到重金属等多种污染物，选择使社会效益最大化的方案（Havens and Schelske，2001；杨龙等，2008；Hoornbeek et al.，2013）[1][2][3]。日本从 1973 年出

　　① Havens K E, Schelske C L. The importance of considering biological processes when setting total maximum daily loads (TMDL) for phosphorus in shallow lakes and reservoirs [J]. Environmental Pollution, 2001, 113 (1): 1 - 9.

　　② 杨龙，王晓燕，孟庆义. 美国 TMDL 计划的研究现状及其发展趋势 [J]. 环境科学与技术，2008，31 (9): 72 - 76.

　　③ Hoornbeek J, Hansen E, Ringquist E, et al. Implementing water pollution policy in the United States: total maximum daily loads and collaborative watershed management [J]. Society & Natural Resources, 2013, 26 (4): 420 - 436.

台《濑户内海环境保护临时措施法》开始进行化学需氧量（chemical oxygen demand，COD）总量控制，从 1979 年开始实施五年为周期的总量减排计划。美国和日本的污染物总量控制制度都是根据当地生态环境状况，依据环境标准，将排污总量控制在自然环境可承受范围以内，目标是环境服务的有效配置、社会经济的可持续发展，污染排放得到有效控制，水环境质量持续改善。

中国对于水污染总量控制的研究相对较晚，早期研究主要是对污染物总量控制体系及其配套条件进行的介绍（叶常明和丁梅，1992)[1]，他们较早认识到中国应该开展水污染总量控制，同时考虑到中国污染问题的复杂性，提出应该从重点水域开始试点。当前对于制度框架的研究已经形成了系统，在适用范围、总体框架、基本原则、实施技术方法及管理方法等方面都进行了深入阐述，如蒋春来等（2015）和刘庄等（2016）等的研究[2][3]。

中国在碳排放总量控制方面的研究起步较晚但发展迅猛。卞勇和曾雪兰（2019）建立了一种基于发电、产业和生活三部门划分的碳排放总量分解方法，在未来确定了碳排放总量控制目标的前提下，可以为各省、各部门分解出碳排放总量目标[4]。姜华等（2022）的研究中认识到我国碳排放总量控制目前仍然缺乏法律制度依据，尚未建立政策体系和行业标准[5]。对此，后续的研究中结合国外先进经验，整理提出

---

① 常明，丁梅. 水污染总量控制应用中的若干问题探讨 [J]. 环境科学，1992，13（3）：91 – 93.
② 蒋春来，王金南，许艳玲. 污染物排放总量预算管理制度框架设计 [J]. 环境与可持续发展，2015，40（4）：15 – 18.
③ 刘庄，刘爱萍，庄巍，等. 每日最大污染负荷（TMDL）计划的借鉴意义与我国水污染总量控制管理流程 [J]. 生态与农村环境学报，2016，32（1）：47 – 52.
④ 卞勇，曾雪兰. 基于三部门划分的能源碳排放总量目标地区分解 [J]. 中国人口·资源与环境，2019，29（10）：106 – 114.
⑤ 姜华，李艳萍，高健，等. 关于统筹建立二氧化碳排放总量控制制度的思考 [J]. 环境工程技术学报，2022，12（1）：1 – 5.

了成体系的全流程、全环节管理建议（杨姗姗等，2023）①。总的来说，污染物总量控制可以弥补环境标准制度执行中忽视经济利益、污染物浓度控制缺乏对经济变化缺乏弹性的不足，实现区域定量管理与污染源目标控制，相对控制性制度，给予经济主体更大的弹性。

（一）污染总量控制制度的环境绩效

污染总量控制制度在美日等发达国家较早实施，其对污染减排和环境改善的作用也最为明显，如对美国 TMDL 在点源和非点源污染控制方面控制效果的相关研究中均认为其取得了广泛的成功（孟伟，2008；刘庄等，2016）②③，日本在 1979～2004 年间实施的五年为周期的总量减排计划使 COD 排放分别下降了 52%、34% 和 38%（EMECS，2008）④。同时生态环境的改善为公众带来许多利益，但是这些价值由于难以估计，所以经常被忽视（Keeler et al.，2012）⑤，可以从娱乐价值、商业价值、免处理成本和健康收益等角度展开对环境改善所带来价值的评估，如基勒等（Keeler et al.，2015）用摄影照片作为游客次数的代理变量来评估水环境改善所带来的娱乐价值的提升，发现明尼苏达和爱荷华总共超过 1000 块水域的水清澈度平均每增加一米，游客愿意支付 56 分钟或者 22 美元的成本⑥；董涵敏等（2021）发现碳排放

① 杨姗姗，郭豪，杨秀，等. 双碳目标下建立碳排放总量控制制度的思考与展望 [J]. 气候变化研究进展，2023，19（2）：191-202.

② 孟伟. 流域水污染物总量控制技术与示范 [M]. 北京：中国环境科学出版社，2008.

③ 刘庄，刘爱萍，庄巍，等. 每日最大污染负荷（TMDL）计划的借鉴意义与我国水污染总量控制管理流程 [J]. 生态与农村环境学报，2016，32（1）：47-52.

④ Emecs. Environmental Conservation of the Seto Inland Sea [M]. Saint-Cloud, France：Asahi Print, 2008.

⑤ Keeler B L, Polasky S, Brauman K A, et al. Linking water quality and well-being for improved assessment and valuation of ecosystem services [J]. Proceedings of the National Academy of Sciences, 2012, 109（45）：18619-18624.

⑥ Keeler B L, Wood S A, Polasky S, et al. Recreational demand for clean water：evidence from geotagged photographs by visitors to lakes [J]. Frontiers in Ecology and the Environment, 2015, 13（2）：76-81.

的增加会加剧气候变暖，进而对居民健康产生长期的不利影响①。

对中国的污染总量控制制度在全国、省级和市级的宏观统计数据及地级市层面微观访谈调研数据的研究，都证明了其在减少污染排放等方面的显著作用。田英和丰超（2022）的研究认为约束性政策仍然是当今中国最有效的环境政策，这体现在诱导技术创新、优化产业结构、提高规模效益和促进协同发展等诸多方面②。李广庆等（2022）通过"十一五"期间企业的环境表现，证实了污染物总量控制制度在中国的有效性③。周晓晓等（2022）采用了演化博弈法对绿色技术创新活动监管下的政府、公众、非污染和污染企业四组博弈模型进行了仿真分析，并对绿色技术创新影响下的不同环境法规和企业补偿系数对公众的影响进行了仿真分析，认为在短期内约束性政策能够表现出更有效的正向环境绩效④。王小华等（2023）通过对比"双控区"与"碳市场"政策，认为设立长期环境目标对环境法规的有效性具有重要意义，在这一方面，约束性政策较激励性政策表现更好⑤。李涛等（2019）指出了我国污染总量控制制度的不足，但仍肯定其对限制污染排放的重要作用⑥。

---

① Dong H, Xue M, Xiao Y, et al. Do carbon emissions impact the health of residents? Considering China's industrialization and urbanization [J]. Science of the Total Environment, 2021, 758: 143688.

② Tian Y, Feng C. The internal-structural effects of different types of environmental regulations on China's green total-factor productivity [J]. Energy Economics, 2022, 113: 106246.

③ Li G, Xue Q, Qin J. Environmental information disclosure and green technology innovation: Empirical evidence from China [J]. Technological Forecasting and Social Change, 2022, 176: 121453.

④ Zhou X, Jia M, Wang L, et al. Modelling and simulation of a four-group evolutionary game model for green innovation stakeholders: Contextual evidence in lens of sustainable development [J]. Renewable Energy, 2022, 197: 500 –517.

⑤ Wang X, Wang Y, Liu N. Does environmental regulation narrow the north-south economic gap? -Empirical evidence based on panel data of 285 prefecture-level cities [J]. Journal of Environmental Management, 2023, 340: 117849.

⑥ 李涛，杨喆，周大为，等. 我国水污染物排放总量控制政策评估 [J]. 干旱区资源与环境，2019, 33 (8): 92 –99.

(二) 污染总量控制制度的经济绩效

1. 经济潜在产出

工业化社会的生产和生活伴随着过量的污染物排放，而污染总量控制制度在减少污染物总排放量的同时，也限制了经济的潜在产出，排放量的分配更会对地区间经济发展差距产生影响。基勒（Keeler，1971）是最早在经济增长模型中引入最优控制理论来解决污染控制最优量问题的学者之一，污染存量和流量是对应的状态变量与控制变量，基勒发现黄金律水平下消费、资本都比传统未考虑污染的增长模型更低[①]。戈洛普和罗伯茨（Gollop and Roberts，1983）以 1973 ~ 1979 年间火电行业企业数据为基础，发现排放总量管制导致 0.59% 产出增长率减少[②]。但曼奈洛（Manello，2017）以意大利和德国 E - PRTR（european pollution release and transfer register）内的化工企业为样本，发现严格的环境管制和经济增长可以达到双赢[③]。张存炳和郝宇（2017）使用 87 个国家 2002 ~ 2012 年数据进行检验，发现环境表现和经济增长之间存在积极关系，可以实现双赢，但是当腐败存在的情况下，这种关系被削弱或者不存在，这个结论在中国也得到了证实（Fu and Jian，2021)[④][⑤]。此外，对中国环境问题的研究近年来也十分丰富，如童健等

① Keeler E, Spence M, Zeckhauser R. The optimal control of pollution [J]. Journal of Economic Theory, 197, 4: 19 – 34.

② Gollop F M, Roberts M J. Environmental regulations and productivity growth: The case of fossil-fueled electric power generation [J]. Journal of Political Economy, 1983, 91 (4): 654 – 674.

③ Manello A. Productivity growth, environmental regulation and win-win opportunities: The case of chemical industry in Italy and Germany [J]. European Journal of Operational Research, 2017, 262 (2): 733 – 743.

④ Chang C P, Hao Y. Environmental performance, corruption and economic growth: global evidence using a new data set [J]. Applied Economics, 2017, 49 (5): 498 – 514.

⑤ Fu T, Jian Z. Corruption pays off: How environmental regulations promote corporate innovation in a developing country [J]. Ecological Economics, 2021, 183: 106969.

（2016）发现环境规制对中国的工业行业转型升级的影响呈现 J 型特征①，祁毓等（2016）发现加强污染控制约束在短期和长期都能实现污染控制和经济发展的双赢②。宋彦等（2021）发现环境规制与经济发展之间呈现倒"U"型关系③。同时这种正向的促进作用还有助于缩小地区间贫富差距（Wang et al.，2023）④。

2. 对企业竞争力的影响

因为控制污染排放总量意味着限制企业生产活动，而现代社会中企业是社会经济快速发展的关键，污染物总量控制制度对企业竞争力的影响的相关研究非常丰富，观点也不尽相同。一种观点认为总量控制制度的实施对企业竞争力有不利的影响，因为对企业而言限制了产出、增加了成本，因为污染总量控制制度的刚性约束，企业在达到预期排放目标后，并没有进一步创新和采用新技术的激励（Jaffe and Palmer，1997）⑤，微弱的规避型创新并不一定能弥补成本（Lanoie et al.，2011）⑥，企业甚至会选择贿赂等腐败行为（Hamaguchi，2023）⑦，这都可能会削弱企业竞争力。早期经典的研究如米利曼和普林斯（Mil-

---

① 童健，刘伟，薛景．环境规制，要素投入结构与工业行业转型升级 [J]．经济研究，2016，51（7）：43 – 57.

② 祁毓，卢洪友，张宁川．环境规制能实现"降污"和"增效"的双赢吗——来自环保重点城市"达标"与"非达标"准实验的证据 [J]．财贸经济，2016，37（9）：126 – 143.

③ Song Y，Wei Y，Zhu J，et al. Environmental regulation and economic growth：A new perspective based on technical level and healthy human capital [J]. Journal of Cleaner Production，2021，318：128520.

④ Wang X，Wang Y，Liu N. Does environmental regulation narrow the north-south economic gap？—Empirical evidence based on panel data of 285 prefecture-level cities [J]. Journal of Environmental Management，2023，340：117849.

⑤ Jaffe A B，Palmer K. Environmental regulation and innovation：a panel data study [J]. Review of Economics and Statistics，1997，79（4）：610 – 619.

⑥ Lanoie P，Laurent-Lucchetti J，Johnstone N，et al. Environmental policy，innovation and performance：new insights on the Porter hypothesis [J]. Journal of Economics & Management Strategy，2011，20（3）：803 – 842.

⑦ Hamaguchi Y. Environmental tax evasion as a determinant of the porter and pollution haven hypotheses in a corrupt political system [J]. Economic Analysis and Policy，2023，79：610 – 633.

liman and Prince，1989）在一个新古典分析框架下发现，直接环境污染物排放控制对企业技术创新所提供的激励最低①。加罗内（Garrone，2016）等以意大利的污水处理企业为例，发现排放总量管制等直接控制制度在促进企业采用新技术方面作用并不大②。赵馨和孙博文（2016）用中国2007～2012年重污染企业数据进行研究后发现，严格的环境管制促进了企业创新，但是却对公司竞争力有弱的负面影响③。谢煜（2023）认为环境管制只能提高高人力资本企业的生产力，而对于低人力资本的企业具有负向影响④。同时，这可能具有实施对象级别的异质性，比如在行业和区域间存在相反的结果（Jiang et al.，2021）⑤。

另一种观点认为是双赢格局（López-Gamero et al.，2010）⑥，环境管制能促进技术创新、增加 R&D 支出并减少费用，这就是弱波特假说，如波特（Porter）认为对于对手，受到严格环境管制的企业不一定不可避免地损害自身竞争优势，相反，还可能促进它⑦；拉诺埃（Lanoie，2011）等从提升治理污染创新、李（Lee）等从提升企业总

---

① Milliman S R，Prince R. Firm incentives to promote technological change in pollution control [J]. Journal of Environmental Economics and Management，1989，17（3）：247 – 265.

② Garrone P，Grilli L，Groppi A，et al. Barriers and drivers in the adoption of advanced wastewater treatment technologies：a comparative analysis of Italian utilities [J]. Journal of Cleaner Production，2016：S69 – S78.

③ Zhao X，Sun B. The influence of Chinese environmental regulation on corporation innovation and competitiveness [J]. Journal of Cleaner Production，2016，112（4）：1528 – 1536.

④ Xie Y，Wu D，Li X，et al. How does environmental regulation affect productivity？The role of corporate compliance strategies [J]. Economic Modelling，2023，126：106408.

⑤ Jiang Z，Wang Z，Lan X. How environmental regulations affect corporate innovation？The coupling mechanism of mandatory rules and voluntary management [J]. Technology in Society，2021，65：101575.

⑥ López-Gamero M D，Molina-Azorín J F，Claver-Cortés E. The potential of environmental regulation to change managerial perception，environmental management，competitiveness and financial performance [J]. Journal of Cleaner Production，2010，18（10）：963 – 974.

⑦ Porter M. America's green strategy [J]. Scientific American，1991，264（4）：193 – 246.

体创新水平等角度都进行了证明①②，特斯塔（Testa，2011）等通过对企业调查数据的计量分析，认为良好设计的直接管制对企业技术创新有积极影响③，对此有大量的以国外数据为样本的研究（Rubashkina et al.，2015；Ramanathan et al.，2017）④⑤。周阔等（2023）基于 DID 模型发现，环境法庭的设立有助于绿色技术的创新⑥。赵晓丽等（2015）对中国电力和钢铁企业的研究发现，污染总量管制等命令控制类制度对企业技术创新有积极影响，对竞争力提升有直接影响⑦。余东华和孙婷（2017）通过双层嵌套 Dixit-Stiglitz 的理论分析发现环境规制趋紧对技能溢价有显著的提升作用，这又进一步影响国际竞争力⑧。仵荣鑫和林伯强（2022）在中国钢铁行业中得到了支持弱波特假说的证据⑨。但是对于控制污染排放的管制能直接促进企业竞争力提升的强波特假说，

---

① Lanoie P, Laurent-Lucchetti J, Johnstone N, et al. Environmental policy, innovation and performance: new insights on the Porter hypothesis [J]. Journal of Economics & Management Strategy, 2011, 20 (3): 803 – 842.

② Lee J, Veloso F M, Hounshell D A. Linking induced technological change, and environmental regulation: Evidence from patenting in the US auto industry [J]. Research Policy, 2011, 40 (9): 1240 – 1252.

③ Testa F, Iraldo F, Frey M. The effect of environmental regulation on firms' competitive performance: The case of the building & construction sector in some EU regions [J]. Journal of Environmental Management, 2011, 92 (9): 2136 – 2144.

④ Rubashkina Y, Galeotti M, Verdolini E. Environmental regulation and competitiveness: Empirical evidence on the Porter Hypothesis from European manufacturing sectors [J]. Energy Policy, 2015, 83: 288 – 300.

⑤ Ramanathan R, He Q, Black A, et al. Environmental regulations, innovation and firm performance: A revisit of the Porter hypothesis [J]. Journal of Cleaner Production, 2017, 155: 79 – 92.

⑥ Zhou K, Luo H, Qu Z. What can the environmental rule of law do for environmental innovation? Evidence from environmental tribunals in China [J]. Technological Forecasting and Social Change, 2023, 189: 122377.

⑦ Zhao X, Zhao Y, Zeng S, et al. Corporate behavior and competitiveness: impact of environmental regulation on Chinese firms [J]. Journal of Cleaner Production, 2015, 86: 311 – 322.

⑧ 余东华，孙婷. 环境规制、技能溢价与制造业国际竞争力 [J]. 中国工业经济，2017，35 (5): 35 – 53.

⑨ Wu R, Lin B. Environmental regulation and its influence on energy-environmental performance: evidence on the Porter Hypothesis from China's iron and steel industry [J]. Resources, Conservation and Recycling, 2022, 176: 105954.

并没有取得一致意见（Brännlund et al.，2009）[①]，如波特和范德林德（Porter and Van der Linde，1995）认为管制导致的创新可能经常并不能补偿企业成本的上升和潜在产出的收益[②]。丘东晓等（2018）通过构建垄断竞争模型，发现弱波特假说的激励作用仅发生在高能力公司中[③]。何文剑等（2020）也发现环境管制的创新效应并不适用于当前的中国制造行业[④]。

3. 实施成本

污染物总量控制制度高效的关键在于，排放污染的生产活动的边际收益与污染物排放所产生的边际损害相等，但这经常难以达到，一般认为命令控制型制度能更快地控制污染排放，但是缺乏效率（Li et al.，2022）[⑤]。对所有污染源有效的制度在实施时需要对每一个污染源排放量和污染控制成本信息有全面的掌握，要达到最优配置需要使每一个污染源的控制成本相等，等于污染物排放所造成的边际损失，在实践中妥协为依据地区、行业、经济规模等特征而改变，不仅执行成本高，而且存在政府寻租空间。刘海英等（2020）对比了命令控制型和市场激励型的环境规制，发现前者的效果较好，但实施成本远大于后者[⑥]。戈尔丁（Golding，2011）从中国干部任免制度影响管制型制

---

① BräNnlund R, Lundgren T. Environmental policy without costs? A review of the Porter hypothesis [J]. International Review of Environmental and Resource Economics，2009，3（2）：75–117.

② Porter M E, Van Der Linde C. Toward a new conception of the environment-competitiveness relationship [J]. The Journal of Economic Perspectives，1995，9（4）：97–118.

③ Qiu L D, Zhou M, Wei X. Regulation, innovation, and firm selection：The porter hypothesis under monopolistic competition [J]. Journal of Environmental Economics and Management，2018，92：638–658.

④ He W, Tan L, Liu Z J, et al. Property rights protection, environmental regulation and corporate financial performance：Revisiting the Porter Hypothesis [J]. Journal of Cleaner Production，2020，264：121615.

⑤ Li G, Xue Q, Qin J. Environmental information disclosure and green technology innovation：Empirical evidence from China [J]. Technological Forecasting and Social Change，2022，176：121453.

⑥ Liu H, Owens K A, Yang K, et al. Pollution abatement costs and technical changes under different environmental regulations [J]. China Economic Review，2020，62：101497.

度执行情况的角度进行分析，认为污染物总量控制等管制型制度会导致进一步的集权，以限制透明度、民主和公众参与为代价①。安妮奇亚里科和迪迪奥（Annicchiarico and Di Dio，2015）使用新凯恩斯模型的动态一般均衡模型对比了各类环境制度和最优环境制度，发现对排放目标和强度的直接管制可能会产生更大的宏观经济波动，同时比税收和排污权交易产生的福利更低②。库米诺夫（Kuminoff，2015）等通过分析异质性住户决定工作和生活地方的选择来衡量直接环境管制引起的失业，以及对收入和福利的影响，发现收入的减少程度对商业周期很敏感，同时发现使用收入减少来衡量环境管制的影响可能会低估福利损失③。刘立军等（2021）发现命令控制型环境管制对经济增长具有显著的抑制作用④。刘梦迪等（2021）基于企业层面数据发现环境规制在降低污染的同时会导致用工需求的降低，制造业和低技能员工很可能因此失业⑤，这种类似的结论并不偶然（Chen，2023）⑥。

4. 污染物总量控制制度绩效的提升

污染物总量的确立与分配是平衡污染控制制度环境绩效与经济成本的关键，根据当地社会经济状况确立的合理排放量能以最低的成本实现经济可持续发展。根据环境容量确定排污量是总量控制的基础，早期研究主要考虑单一环境目标下的最大量，如杨和贝克（Young and

---

① Golding W F. Incentives for change: China's cadre system applied to water quality [J]. Washington International Law Journal, 2011, 20（2）：399 – 428.

② Annicchiarico B, Di Dio F. Environmental policy and macroeconomic dynamics in a new Keynesian model [J]. Journal of Environmental Economics and Management, 2015, 69：1 – 21.

③ Kuminoff N V, Schoellman T, Timmins C. Environmental regulations and the welfare effects of job layoffs in the United States: A spatial approach [J]. Review of Environmental Economics and Policy, 2015, 9（2）：198 – 218.

④ Liu L, Jiang J, Bian J, et al. Are environmental regulations holding back industrial growth? Evidence from China [J]. Journal of Cleaner Production, 2021, 306：127007.

⑤ Liu M, Tan R, Zhang B. The costs of "blue sky": Environmental regulation, technology upgrading, and labor demand in China [J]. Journal of Development Economics, 2021, 150：102610.

⑥ Chen Y. Environmental regulation, local labor market, and skill heterogeneity [J]. Regional Science and Urban Economics, 2023, 101：103898.

Beck, 1974) 利用动态最优化方法对 DO 和 BOD 最大许可排放量的研究[1]、戈什和穆朱姆达 (Ghosh and Mujumdar, 2006) 从生态环境风险最小化的角度进行的研究[2]、卡玛卡尔和穆朱姆达 (Karmakar and Mujumdar, 2007) 拓展了 GFWLAM 模型重点考虑生态环境可承载性问题下的最优解等[3]。随着社会经济发展，关于排污量的计算已经需要考虑社会经济的方方面面，如阿尔伯特 (Albert, 2013) 等综合考虑经济、环境和社会的各重要方面，基于多目标的最优化来计算最大允许的排放量[4]。李悦等 (2023) 的研究中将生态补偿纳入流域废水分配，深入考虑了流域上下游的协整性，进一步得出优化的废水排放分配模型[5]。由于生态环境系统的多元性，以行政区域划分为原则的由上而下的排污总量确定规则逐渐演变为与同时考虑地区生态功能特征的自下而上的规则相结合。

污染物总量控制的关键和核心是允许排放量的分配。所使用的排放量的分配方法主要考虑公平与效率原则，包括等比例分配法、成本最小化分配法、经济效益最大化分配法、按贡献率消减分配法等。李开明等 (1990) 在国内最早开展对容量总量控制方法、目标总量控制方法和负荷总量分配方法的研究，后续研究按照分配方法侧重点的不同，可以分为侧重初始分配和侧重再分配[6]。侧重初始分配的方法主要

---

[1] Young P, Beck B. The modelling and control of water quality in a river system [J]. Automatica, 1974, 10 (5): 455 –468.

[2] Ghosh S, Mujumdar P P. Risk minimization in water quality control problems of a river system [J]. Advances in Water Resources, 2006, 29 (3): 458 –470.

[3] Karmakar S, Mujumdar P P. A two-phase grey fuzzy optimization approach for water quality management of a river system [J]. Advances in Water Resources, 2007, 30 (5): 1218 –1235.

[4] Albert R J, Lishman J M, Saxena J R. Ballast water regulations and the move toward concentration-based numeric discharge limits [J]. Ecological Applications, 2013, 23 (2): 289 –300.

[5] Li Y, Chen X, Feng X, et al. Investigation of the allocation and trading strategy of wastewater emission permits considering ecological compensation [J]. Environmental Technology & Innovation, 2023, 30: 103103.

[6] 李开明，陈铣成. 潮汐河网区水污染总量控制及其分配方法 [J]. 环境科学研究，1990, 3 (6): 36 –42.

包括排放历史分配法、A_P 值分配法、拍卖和产值法等。侧重效率的再分配方法主要包括：优化分配法，其中线性规划法的应用最为广泛，代表性研究如王金南和潘向忠（2005）对线性规划方法的介绍①；基尼系数法，如王金南等（2006）基于中国环境问题而提出的资源环境基尼系数②；加权分配法，如李如忠和舒琨（2011）提出的兼顾公平和效率原则与多方利益的基于 Vague 集的水污染负荷分配法等③。总体来说，国内对污染物总量分配的研究相对较晚，较多集中在原则和方法的研究上，对分配方法之间的对比研究不足。对排污总量控制分配的研究伴随着排污权交易研究的深入而更加深入，因为根据科斯定理初始排污权的分配会影响排污权交易市场的效率。相对于城市污染问题，农村环境问题更加缺乏关注，尤其缺乏环境信息和公众教育，如赵晓丽等（2014）认为中国的环境不均等主要表现为城市向农村转移污染物，地区间环境不公平问题也是需要重点考虑的对象④；曲英和仓耀东（2022）认为公平关注能够建立更加合理的治污成本效益分配机制⑤。

5. 研究评述

总结当前对于排污总量控制制度的研究可以发现，排污总量控制制度的环境收益明显，但是社会成本也需要认真考虑，以确保制度的有效性。排污总量的确定已经逐渐走向考虑要素多元化和范围具体化，排污许可的分配由于涉及市场运行效率问题是历来研究的热点。

---

① 王金南，潘向忠. 线性规划方法在环境容量资源分配中的应用［J］. 环境科学，2005，26（6）：195 - 198.

② 王金南，逯元堂，周劲松，等. 基于 GDP 的中国资源环境基尼系数分析［J］. 中国环境科学，2006，26（1）：111 - 115.

③ 李如忠，舒琨. 基于 Vague 集的水污染负荷分配方法［J］. 水利学报，2011，42（2）：127 - 135.

④ Zhao X, Zhang S, Fan C. Environmental externality and inequality in China: Current status and future choices［J］. Environmental Pollution, 2014, 190（7）: 176 - 179.

⑤ Qu Y, Cang Y. Cost-benefit allocation of collaborative carbon emissions reduction considering fairness concerns—A case study of the Yangtze River Delta, China［J］. Journal of Environmental Management, 2022, 321: 115853.

结合当前中国排污总量控制制度研究，可以发现在以下几个方面需要进一步深入研究。①初始排污量分配的原则和方法有待进一步研究，需兼顾效率和公平。当前从国家到省市，还没有形成较为成熟的排污量分配规则，分配主要遵从自上而下的模式，并没有成熟的分配规则，虽然在一定程度上能考虑地区经济发展水平和环境容量方面的差距，但是公平性与合理性难以体现，这会影响各级政府控制污染物排放的积极性与决心。②针对水污染物排放总量的控制目前还停留在目标总量控制阶段，对于区域水环境质量和承载力考虑不充分，仅仅将达到既定排放量作为目标而无视环境效益，急需建立以环境质量改善为目标的总量控制制度。③针对碳排放的排放总量控制已经逐渐由强度控制转为总量控制。积极探索由发达省市试点的地区碳排放总量控制与分解落实机制，为下一步建立全国碳排放总量控制及分解落实机制积累经验。但当下相关的法律标准仍然缺乏，中长期内的控制目标缺失，亟须建立健全相关法律法规和考评标准。④污染总量控制制度的绩效研究还不够丰富：在研究内容上缺乏对制度实施成本的详细研究，同时特别需要补充从微观层面对制度环境收益的研究；在研究方法上，当前的研究多从理论分析、博弈论方法、数值模拟和宏观统计描述等方面进行讨论，需要有更为精准的定量研究方法来探索制度实施效果。

二、污染税制度

排污收费制指通过税费手段将对环境造成的破坏作为成本完全内化到生产成本中，用以减少污染排放、提高环境利用资源效率，目的是治理污染与保护环境。环境服务本身具有公共品属性，而污染排放具有明显的负外部性，根据庇古税理论，一般由政府主导对排污行为进行收费。政府对每个单位排放的污染物收费，污染环境者向政府支付的总费用是污染排放数量、污染物种类及浓度的函数。克奈斯（Kneese，1964）等最早将庇古税应用于现实研究①，由于政府利用简单易操作的排污税费方式治理污染可以获得环境改善和财政收入双重红利，因此，用庇古税手段治理污染迅速成为最受欢迎的经济手段之一，荷兰于 1970 年开征地表水污染税，德国在 1994 年对直接排入水域的废水征收水污染税，随后法国、芬兰等都建立起水污染税费制度。2019 年欧盟委员会首次提出了碳边境调节机制（carbon border adjustment mechanism，CBAM）的概念，并于 2021 年提出了第一个版本的 CBAM 立法提案，预计在 2027 年全面实施。CBAM 旨在对商品征收碳价，缓解气候变暖实现碳中和，但这也极大地冲击了货物进出口。范德普洛格和威萨根（Van Der Ploeg and Withagen，1991）最早在增长模型中引入环境税，探讨污染流量和污染存量对企业和社会福利的影响，发现在考虑污染流量和污染存量的不同 Ramsey 模型中，自由市场在生产规模和污染排放水平方面均高于社会最优结果，自由市场中清洁技术投资和污染治理行为都不会发生，政府应该干预污染排放，恰当的庇古税可以降低消费、增加清洁技术投资和促进减排活动的进行②。中国正处在城市化快速发展阶段，从总体上看中国当前环境税费力度仍旧不足：沙赫（Shah，2015）对中国税负结构改善的研究也认为，环境治理与公平等方面是中国财税制度最主要的短板，主要表现为对环境可持续问题考虑不足③；马骏和李亚芳（2019）以江苏省为研究对象，利用 CGE 模型进行研究后发现当前的水污染税收费标准过低，不

---

① Kneese A V. Socio-Economic Aspects of Water Quality Management [J]. Journal Water Pollution Control Federation，1964，36（2）：254 – 262.

② Van Der Ploeg F，Withagen C. Pollution control and the Ramsey problem [J]. Environmental and Resource Economics，1991，1（2）：215 – 236.

③ Shah A. Taxing choices for economic growth with social justice and environmental protection in the People's Republic of China [J]. Public Finance and Management，2015，15（4）：351 – 380.

能完全改善经济发展带来的污染问题[①]。林伯强和兆恒松（2023）的研究表明，CBAM 已经开始对中国市场产生影响[②]。当然，同样也有一些研究对其有效性提出了质疑（Tarr et al.，2023）[③]。

（一）污染税制度的环境绩效

当前污染排放收费制度对减少排放效果的研究文献中，一般认为排污费制度对污染控制起到了积极作用。宏观和中观层面的研究十分丰富，史会剑等（2019）利用 2005～2016 年山东省的面板数据，测试了排污费制度对经济和资源的影响，发现排污费制度促进了经济增长，改善了环境质量[④]。程中华和李湘（2022）的研究中通过构建 DID 准自然实验，分析了排污费制度对绿色全要素生产率的影响，认为排污费制度主要是通过技术创新和产业结构来实现正向效应的[⑤]。但也并非所有研究都认为排污费制度绝对有效，比如阿洛拉和恩武卢（Alola and Nwulu，2022）以北欧国家为研究对象，发现污染税的环境和经济绩效"双重红利"仅在瑞典发生，而在丹麦和挪威则不可见[⑥]；方国昌等（2023）构建了 30 个省份的生态足迹，发现仅有部分省份的排污

---

① 马骏，李亚芳. 基于环境 CGE 模型的江苏省水污染治理政策的影响研究 [J]. 统计与决策，2019，35（6）：62 – 65.

② Lin B，Zhao H. Evaluating current effects of upcoming EU Carbon Border Adjustment Mechanism：Evidence from China's futures market [J]. Energy Policy，2023，177：113573.

③ Tarr D G，Kuznetsov D E，Overland I，Vakulchuk R. Why carbon border adjustment mechanisms will not save the planet but a climate club and subsidies for transformative green technologies may [J]. Energy Economics，2023，122：106695.

④ Shi H，Qiao Y，Shao X，et al. The effect of pollutant charges on economic and environmental performances：Evidence from Shandong Province in China [J]. Journal of Cleaner Production，2019，232：250 – 256.

⑤ Cheng Z，Li X. Do raising environmental costs promote industrial green growth? A Quasi-natural experiment based on the policy of raising standard sewage charges [J]. Journal of Cleaner Production，2022，343：131004.

⑥ Alola A A，Nwulu N. Do energy-pollution-resource-transport taxes yield double dividend for Nordic economies? [J]. Energy，2022，254：124275.

收费制度的实施有效实现了减排①。

在对微观经济主体污染排放的研究方面，实证结果基本支持现行的排污费制度能有效减少企业排污量的结论。科特和格拉杜斯（Kort and Gradus，1992）考虑政府的环境税率内生化，构建政府是领导者、消费者和生产商是追随者的斯坦伯格博弈，认为污染税增加会提高政府税收，同时增加企业生产污染产品的成本，减少企业对污染产品的生产，企业会更多地投入减排费用，企业减排会带来整个环境的改善②。张悦等（2023）以 2018 年中国环境税改革为基础构建准自然实验，发现环境税将大幅遏制企业水污染排放，COD 和 NH3 - N 的排放同比分别降低了 8.63% 和 3.79%③。也有研究认为，税率与污染排放之间呈现倒"U"型关系（Li et al.，2021）④。田利辉等（2022）的研究指出排污费制度会迫使企业增加环保投资以降低排污成本和实现清洁生产⑤。张平淡和屠西伟（2023）的研究发现排污收费调高将显著提升企业能源使用效率，这与企业技术进步息息相关⑥。

也有不少研究质疑排污收费制度的环境质量改善效果：制度实施过程受各级地方政府人为干预过度，环保部门的自由裁定范围太大。①马坎迪亚和希布利（Markandya and Shibli，1995）认为排污费只是地

① Fang G, Yang K, Chen G, et al. Environmental protection tax superseded pollution fees, does China effectively abate ecological footprints? [J]. Journal of Cleaner Production, 2023, 388：135846.

② Kort P, Gradus R H J M. Optimal taxation on profit and pollution within a macroeconomic framework [J]. Dynamic Economic Models and Optimal Control, 1992, 16 (1)：313 - 327.

③ Zhang Y, Xia F, Zhang B. Can raising environmental tax reduce industrial water pollution? Firm-level evidence from China [J]. Environmental Impact Assessment Review, 2023, 101：107155.

④ Li P, Lin Z, Du H, Feng T, Zuo J. Do environmental taxes reduce air pollution? Evidence from fossil-fuel power plants in China [J]. Journal of Environmental Management, 2021, 295：113112.

⑤ 田利辉，关欣，李政，等. 环境保护税费改革与企业环保投资——基于《环境保护税法》实施的准自然实验 [J]. 财经研究，2022，48 (9)：32 - 46 + 62.

⑥ 张平淡，屠西伟. 排污费征收标准调高、技术进步与企业能源效率 [J]. 经济管理，2023，45 (2)：23 - 38.

方政府敛财的手段①。②地方财税体系分权和官员晋升激励下的排污费制度可能会引起跨界污染现象，如西格曼（Sigman，2014）通过对全球性分权治理下排污费征收体系的运行效率的研究发现，这是不可避免的现象，只能通过共同的上级组织或者地区间协商解决②，陈秋等（2014）的研究证明了中国的部分省份为了吸引 FDI 而降低排污征收管制标准③。

（二）环境税制度的经济绩效

在环境税费制度促进技术创新的相关研究中，早期的经典研究，如米利曼和普林斯（1989）在新古典分析框架下发现排放税和拍卖市场许可对公司推进技术创新提供了最强激励④。阿斯莫格鲁（Acemoglu，2012）等通过构建包含环境外部性的上下游企业两部门增长模型，将技术分为清洁技术和污染技术，发现当投入品替代性强时，政府实施环境税和补贴能引导企业使用清洁技术，经济可以实现可持续增长，环境政策的配合使用是关键，环境税能抑制排放，补贴能引导清洁技术的使用⑤。尚疏影（2022）基于 2017～2021 年沪深 A 股上市公司数据进行研究后发现环境税的引入可以激发企业的创新动力，显著促进企业技术创新的投入和产出⑥。在严格的环境监管下，在成本上涨和绿

---

① Markandya A, Shibli A. Regional Overview: Industrial Pollution Control Policies in Asia: How Successful Are the Strategies? [J]. Asian Journal of Environmental Management, 1995, 3: 87 – 118.

② Sigman H. Decentralization and environmental quality: An international analysis of water pollution levels and variation [J]. Land Economics, 2014, 90 (1): 114 – 130.

③ Chen Q, Maung M, Shi Y, et al. Foreign direct investment concessions and environmental levies in China [J]. International Review of Financial Analysis, 2014, 36: 241 – 250.

④ Milliman S R, Prince R. Firm incentives to promote technological change in pollution control [J]. Journal of Environmental Economics and Management, 1989, 17 (3): 247 – 265.

⑤ Acemoglu D, Aghion P, Bursztyn L, et al. The environment and directed technical change [J]. The American Economic Review, 2012, 102 (1): 131 – 166.

⑥ Shang S, Chen Z, Shen Z, et al. The effect of cleaner and sustainable sewage fee-to-tax on business innovation [J]. Journal of Cleaner Production, 2022, 361: 132287.

色社会偏好的双重压力下，企业获得竞争优势，将积极进行技术创新，带来经济的长远增长。刘冰冰和葛建平（2023）构建了CGE模型以评估环境税的使用效果，研究发现在最佳情境下，环境税不仅能取得污染物排放降低的效果，同时也促使我国GDP增长了0.006%[①]。

环境税费制度实施效果的研究还发现制度实施的副作用小，虽然排污税费制度可能存在成本转嫁而对最终消费者构成负担，但是研究发现这种影响可能微乎其微，如董敏杰等（2011）发现虽然中国在2003年大幅提高排污费征收标准，但是对商品价格水平影响有限，贸易部门价格仅上升0.5%[②]；哈夫斯特德和威廉姆斯（Hafstead and Williams，2016）构建两部门的一般均衡模型，研究环境制度对于失业的影响，认为环境税会降低被管制部门的就业，但是被未管制部门补偿就业，总体影响较小，而且是短期的[③]；马丁（Martin，2014）等利用英国生产普查面板数据估计碳税对制造企业的影响，对比付了全税和20%税的企业，支付全税能有效降低能源使用强度和电力使用，但是并没有发现对失业率、财政收入和企业倒闭的显著影响[④]。

（三）环境税制度对社会福利的影响

迪苏和卡尼佐娃（Dissou and Karnizova，2016）发展了多部门商业周期模型，比较随机冲击下的排污许可证与排污税，并用美国经济数据进行校准，发现面对生产率冲击后者福利更高[⑤]；安妮奇亚里科和迪

① Liu B，Ge J. The optimal choice of environmental tax revenue usage：Incentives for cleaner production or end-of-pipe treatment？［J］. Journal of Environmental Management，2023，329：117106.

② 董敏杰，梁泳梅，李钢. 环境规制对中国出口竞争力的影响——基于投入产出表的分析［J］. 中国工业经济，2011（3）：57 - 67.

③ Hafstead M A C，Williams Ⅲ R C. Unemployment and Environmental Regulation in General Equilibrium ［R］. National Bureau of Economic Research，2016.

④ Martin R，De Preux L B，Wagner U J. The impact of a carbon tax on manufacturing：Evidence from microdata ［J］. Journal of Public Economics，2014，117：1 - 14.

⑤ Dissou Y，Karnizova L. Emissions cap or emissions tax？A multi-sector business cycle analysis ［J］. Journal of Environmental Economics and Management，2016，79：169 - 188.

迪奥（2015）对比环境政策和最优环境政策，使用新凯恩斯动态一般均衡模型，在考虑环境排放和污染政策的情况下，发现在经济不确定情形下环境税产生的效果最好[1]。科尔苏兹和叶尔丹（Kolsuz and Yeldan，2017）基于一般均衡模型模拟了土耳其经济发展，发现加入环境税后不仅能够实现污染排放，同时能够消除现有劳动税负担和要素市场的价格扭曲，而环境税所带来的国内收入和就业降低则可以忽略不计[2]。环境税费制度还能起到优化产业结构的作用，虽然征收环境税可能会增加企业支出进而限制经济潜在产出，但是实证检验发现其对经济增长速度的影响较小，如秦昌波等（2015）通过 GREAT-E 模型的模拟，发现环境税对 GDP 抑制作用非常微弱，而能对产业结构产生显著的优化作用[3]。

（四）研究评述

排污税制度所带来的环境和税收双重红利使得其在环境污染治理过程中被政府广泛使用，由于政府一般都更在乎短期利益和简便性，排污税在污染治理方面的经常表现比其他任何制度工具都强。中国最早进行的激励性污染排放控制制度也是排污收费制，当前排污税制度的执行还有一定改善空间：从排污费征收范围的角度来说，虽然从法律上来说所有排污主体都要缴纳排污费，但是实际上排污监测主要针对大中型企业和事业单位，而对小企业和家庭作坊式生产的约束不大，而恰恰是后者排放的污染物由于未经处理危害性最大；排污费征收标准问题上，污染处理厂需要政府补贴才能生存，现行的排污费标准不

---

① Annicchiarico B, Di Dio F. Environmental policy and macroeconomic dynamics in a new Keynesian model [J]. Journal of Environmental Economics and Management, 2015, 69: 1 - 21.

② Kolsuz G, Yeldan Ae. Economics of climate change and green employment: A general equilibrium investigation for Turkey [J]. Renewable and Sustainable Energy Reviews, 2017, 70: 1240 - 1250.

③ 秦昌波，王金南，葛察忠，等. 征收环境税对经济和污染排放的影响 [J]. 中国人口资源与环境，2015, 25（1）: 17 - 23.

足以弥补污染处理费用，更不用说用来保护与改善环境。

根据对已有文献的解读，可以认为排污税制对环境的改善作用明显，相关研究还存在一些进一步深入的地方：①由于排污收费制的有效性是建立在环境管理者对排污者排污成本清楚掌握的基础上，排污费的征收标准在不同行业、不同地区差别过大，对减少污染排放、企业进行环保投资和技术创新的激励作用有明显差异，这就需要对排污收费标准进行不断研究，得到动态费率，使得排污无利可图；②排污税征收本身的作用对象是微观经济主体，但是以往的研究多集中在对宏观污染排放数据的分析上，对企业因为污染排放制度的完善而产生的经济行为的研究明显不足。

三、污染权交易制度

污染权交易的最初思想由戴尔斯（Dales，1968）依据科斯定理得出并发扬光大的①，可交易的污染许可制度的发展大约与排污收费制平行，蒙哥马利（Montgomery，1972）利用严密的数学推理进行研究后发现水污染权交易在控制污染过程中是成本有效的②。水污染权交易相对于刚性命令控制型制度的优势在于，水污染权交易能在不知道减排边际成本的情况下使社会平均减排成本最低，同时水污染权交易富有弹性，能节约社会总的减排成本，缓解经济发展与环境保护之间的矛盾。本书中涉及的污染权交易包括地区间和企业间的排污权交易，后者在中国试点多年，相关研究相对丰富。这一政策实践开始于1974年美国允许企业间进行排污权的贸易，后来总量控制—交易性制度开始

---

① Winch D M. Pollution. Property and Prices [J]. The Canadian Journ of Economtcl Revue Canadiene，1969，2（2）：322–324.

② Montgomery W D. Markets in licenses and efficient pollution control programs [J]. Journal of Economic Theory，1972，5（3）：395–418.

频繁出现，应用较为成功的案例主要是在控制点源污染方面（Shortle，2013）①，非点源污染的问题在于污染难以追踪和控制，特别是农业面源污染。同时企业排污权交易市场发挥效果的关键在于要对经济个体的排污量和以往排污费征收情况有详细的数据收集（Borghesi，2014）②，但是企业排污权市场新建立之初参与者非常有限，这会严重限制制度效果的发挥。国内较早对于水污染权交易的研究主要集中在理论分析排污权交易的优势、介绍国外排污权交易制度经验和在中国的适用性方面，如宋国君（2000）、马中等（2002）、沈满洪（2009）等进行的研究③④⑤，总体来说，中国的水污染权交易制度依然处于初期（Lo，2013）⑥。对于碳排放权交易的研究最早可以追溯至陈文颖和吴宗鑫（1998），他们论证了在中国实施碳排放权交易的可行性和可能产生的经济影响⑦。

（一）污染权交易制度的环境绩效

污染权交易在中国推行时间不长，在企业排污权交易市场形成初期，交易成本过高会严重制约市场运行，但是交易成本会随着时间不断降低（Wang et al.，2018）⑧，费舍尔－范登和奥姆斯特德（Fisher-

---

① Shortle J. Economics and environmental markets: lessons from water-quality trading [J]. Agricultural and Resource Economics Review, 2013, 42 (1): 57 – 74.

② Borghesi S. Water conservation and management: common sense for a common resource? [J]. Government and the Environment, Routledge, 2014: 116 – 131.

③ 宋国君. 总量控制与排污权交易 [J]. 上海环境科学, 2000, 19 (4): 146 – 148.

④ 马中, Dan Dudek, 吴健, 等. 论总量控制与排污权交易 [J]. 中国环境科学, 2002, 22 (1): 89 – 92.

⑤ 沈满洪. 排污权交易机制研究 [M]. 北京: 中国环境科学出版社, 2009.

⑥ Lo A Y. Carbon trading in a socialist market economy: Can China make a difference? [J]. Ecological Economics, 2013, 87: 72 – 74.

⑦ 陈文颖, 吴宗鑫. 碳排放权分配与碳排放权交易 [J]. 清华大学学报（自然科学版）, 1998 (12): 16 – 19 + 23.

⑧ Wang X, Zhu L, Fan Y. Transaction costs, market structure and efficient coverage of emissions trading scheme: A microlevel study from the pilots in China [J]. Applied Energy, 2018, 220: 657 – 671.

Vanden and Olmstead，2013）总结了提高水污染排放权交易市场的活
跃度和效果的 5 个原则：考虑到污染的边际损失，所以地区间水质交
易应该有个比率；测量、监控和执行，对于所有参与交易的单位都没
有问题；考虑到减排成本的差异；必须有显著的交易量；尽量提高交
易的灵活性[①]。而中国当前企业排污权交易试点过程中，由于存在治
理规划短期性和不确定性、政策激励不足、市场活跃度较低以及公平
性缺失等问题，限制了交易，使其尚未完全发挥作用（田欣等，
2023）[②]。

对企业排污权交易制度实际试点效果的研究目前较为丰富。田欣
等（2023）[③] 梳理了中国排污权交易试点经验，认为总体而言推动了环
境质量的改善。斯丽娟和曹昊煜（2021）基于 2003 ~ 2017 年中国 31
个省份的数据，使用描述性分析、耦合协调模型和 Dagum 基尼系数等
方法进行研究，发现在排污权交易制度下我国实现了主要污染物的总
量减排和工业发展，但仍有较大发展空间[④]。朱磊等（2017）对中国钢
铁行业的检验发现排污权交易能有效地解决落后产能问题，并能有效利
用节能潜力[⑤]。虽然杰弗逊等（Jefferson et al.，2013）认为中国进行排
污权交易会出现环境收益与经济收益共赢的局面[⑥]，汤维祺等（2018）
也通过理论分析表明相比于总量控制制度，地区间的污染物交易市场
不仅有助于降低"污染天堂"效应，还能带动落后地区经济发展，并

---

① Fisher-Vanden K, Olmstead S. Moving pollution trading from air to water: potential, problems, and prognosis [J]. Journal of Economic Perspectives, 2013, 27 (1): 147 – 172.

②③ 田欣，刘露迪，闫楠，等. 我国排污权交易制度运行进展、挑战与对策研究 [J]. 中国环境管理，2023, 15 (2): 66 – 72.

④ 斯丽娟，曹昊煜. 排污权交易制度下污染减排与工业发展测度研究 [J]. 数量经济技术经济研究，2021, 38 (6): 107 – 128.

⑤ Zhu L, Zhang X B, Li Y, et al. Can an emission trading scheme promote the withdrawal of outdated capacity in energy-intensive sectors? A case study on China's iron and steel industry [J]. Energy Economics, 2017, 63: 332 – 347.

⑥ Jefferson G H, Tanaka S, Yin W. Environmental Regulation and Industrial Performance: Evidence from Unexpected Externalities in China [R]. Available at SSRN 2216220, 2013.

借助 CGE 进行了验证[1]。但是涂正革和谌仁俊（2015）通过研究二氧化硫排污权交易在中国的试点并没有发现波特效应[2]；国外的研究也认为污染物交易不一定能实现经济发展（Dechezleprêtre et al.，2023）[3]。

（二）污染权交易制度的经济绩效

污染权交易的经济绩效研究目前多是通过模拟的方法进行，如科拉雷斯（Corrales，2017）通过对上基西米（Upper Kissimmee，UK）和泰勒西纳宾沼泽（Taylor Creek Nubbin Slough，TCNS）两个子流域的水质交易进行成本收益模拟，发现相对于约束性制度，水质交易能分别节约76%和45%的成本[4]。由于初始资源禀赋的不同、交易成本的存在和地区间排污总量的差异，地区间水质交易会对社会的经济效益产生较大影响。乔晓楠和段小刚（2012）通过政策模拟发现，初始排污权的分配如果偏向经济发达、技术水平高的地区，会提高社会上所有企业的利润总额，初始排污权的分配如果偏向经济不发达、技术水平低的地区，社会上所有企业的利润总额会有所下降；同时前者会加大地区收入差距，而后者能缩小地区差距[5]。一般地区间、行业间的水污染权交易都会涉及交易比率问题，不同地区和行业间交易需要有交易比率，但是不能过高，因为过高的交易比率会限制交易的进行，事

① Weiqi T，Libo W，Haoqi Q. A Study of the Dynamic Mechanisms and Effects of Allocating Emissions Permits under Endogenous Growth ［J］. Social Sciences in China，2018.

② 涂正革，谌仁俊. 排污权交易机制在中国能否实现波特效应？［J］. 经济研究，2015，50（7）：160 – 173.

③ DechezleprêTre A，Nachtigall D，Venmans F. The joint impact of the European Union emissions trading system on carbon emissions and economic performance ［J］. Journal of Environmental Economics and Management，2023，118：102758.

④ Corrales J，Naja G M，Bhat M G，et al. Water quality trading opportunities in two sub-watersheds in the northern Lake Okeechobee watershed ［J］. Journal of Environmental Management，2017，196：544 – 559.

⑤ 乔晓楠，段小刚. 总量控制、区际排污指标分配与经济绩效 ［J］. 经济研究，2012，47（10）：121 – 133.

实上跨地区和行业的交易成功案例并不是非常多，张翼飞等（2017）发现跨期交易和跨区域交易会影响水污染权交易实施的效果。在如何最大化排污权交易所带来经济绩效方面，主要包括交易比率和市场结构等相关研究①。在地区间交易比率的设定方面，王寿兵等（2010）以宁波甬江流域为例提出根据污染源的水体功能区分类与等标污染负荷来确定废水排污权交易率的原则②。如果经济主体在交易市场中占有较大市场份额而具有谈判势力，可能会通过刻意压低排污权交易市场价格来减少污染排放成本，或者提高排污权交易市场价格来限制竞争对手进入，而这一行为又进一步加剧了在排污权交易市场上拥有市场势力的企业在实体经济中的垄断地位。

污染权交易能提高能源使用效率、增加企业环保投资和促进绿色技术创新。洪情情等（2022）基于 DID 模型发现污染权交易能够降低地区单位 GDP 能耗，提高全要素能效③。张跃军和施伟（2023）构建了企业绿色投资行为的跨期理论模型，揭示了碳密集型企业将整合过去、现在和未来的预期信息，提前调整投资决策，完善绿色投资。但是这种投资行为存在显著的区域异质性④。韩燕等（2023）发现全国碳交易市场建设完善了各细分行业的排放标准、核算边界、认证方法、碳减排技术、产品碳足迹等体系，促进了人力资本投入和科技支撑，进一步促进了绿色技术创新⑤。

① 张翼飞，刘珺晔，张蕾，等．太湖流域水污染权交易制度比较分析——基于环湖六市的调研［J］．中国环境管理，2017，9（1）：33 – 40.
② 王寿兵，陈雅敏，许博，等．废水排污权交易率问题初探［J］．复旦学报：自然科学版，2010（5）：648 – 652.
③ Hong Q, Cui L, Hong P. The impact of carbon emissions trading on energy efficiency：Evidence from quasi-experiment in China's carbon emissions trading pilot［J］. Energy Economics，2022，110：106025.
④ Zhang Y J, Shi W. Has China's carbon emissions trading（CET）policy improved green investment in carbon-intensive enterprises?［J］. Computers & Industrial Engineering，2023，180：109240.
⑤ Han Y, Zhe C, Liu X. Is the carbon emissions trading system conducive to the urban green technology innovation level? Evidence from China［J］. Energy Reports，2023，9：3787 – 3799.

（三）排污权交易制度效率的提升

根据科斯定理，排污许可证的初始分配方式会影响市场交易的效率，而且非完全竞争市场下这种影响会更加严重，所以对排污许可证初始分配的研究是排污权交易制度设计的关键（Hahn，1984）[①]，同时排污许可证的初始分配可能是水污染权交易制度推行中的最大障碍之一（Woerdman，2000）[②]。排污许可证的分配一般按照获取的方式可以分为免费赋予、标价出售和市场拍卖三种方式，按照分配是否有偿，可以分为有偿使用、免费分配和混合分配。支持免费赋予方式获取的学者们认为免费方式能减少制度推行中遇到的阻力，卡森和甘加达兰（Cason and Gangadharan，2003）通过实验经济学的方法对排污许可分配进行系统性研究，发现拍卖会提高排污权交易价格、降低交易量[③]；于术桐等（2009）提出中国水污染权交易市场建立初期应该采取无偿分配的方式，并提出按需分配、比例消减、排污绩效、环境容量及综合法 5 种分配方法供选择[④]。郭墨等（2018）基于最优控制方法对中国初始排污权分配进行了仿真实验，认为应该赋予其一个合理的价格[⑤]。支持拍卖方式获取的学者们认为，拍卖方法能激励企业进行减排投资、治理污染技术创新、减少政府寻租，还可以用拍卖所得来改善环境质量，如费舍尔等（Fischer et al.，2003）从技术创新内生的角度对比了

---

① Hahn R W. Market power and transferable property rights [J]. The Quarterly Journal of Economics, 1984, 99 (4): 753 – 765.

② Woerdman E. Organizing emissions trading: the barrier of domestic permit allocation [J]. Energy Policy, 2000, 28 (9): 613 – 623.

③ Cason T N, Gangadharan L, Duke C. A laboratory study of auctions for reducing non-point source pollution [J]. Journal of Environmental Economics and Management, 2003, 46 (3): 446 – 471.

④ 于术桐, 黄贤金, 程绪水, 等. 流域排污权初始分配模式选择 [J]. 资源科学, 2009, 31 (7): 1175 – 1180.

⑤ Guo M, Zhang Y, Ye W, et al. Pricing the permission of pollution: Optimal control-based simulation of payments for the initial emission allowance in China [J]. Journal of Cleaner Production, 2018, 174: 139 – 149.

污染减排的制度选择，认可拍卖的方式[1]；苏特（Suter，2013）等通过实验经济学的方法进一步验证了水质交易市场交易价格对于企业投资环保技术与交易量的决定性作用[2]。金帅等（2013）基于多期排污权交易下的企业最优决策模型发现，根据污染排放量、经济产出和资源投入等历史信息计算得来的分配方式具有扭曲性激励，会导致无效的资源配置[3]。比较一致的观点是，在市场建立初期采用免费获取方式，随着市场成熟逐渐采用标价出售和拍卖的方式，如克林（Kling）和赵金华（2000）在对拍卖方式和免费方式的长期效率对比后，认为短期内免费，长期内采用拍卖方式[4]。

（四）研究评述

污染权交易制度的理论研究较早，研究表明其污染减排作用明显，但是应用范围不及排污收费制，特别是环境管理部门在使用排污收费制后缺乏采用污染权交易的激励，相对于排污收费制度污染权交易制度的优越性在于可以在不了解企业减排成本的情况下激励企业减少排放和增加环保投入，而且污染总排放量在可控范围。企业通过长期的试点，我国在企业间排污权交易方面积累了丰富的经验，但是也存在交易企业和品种偏少、交易不活跃、排污权初始获取成本合理性问题以及政府干预价格严重等需要改进的问题。地区间排污权交易的研究目前主要停留在理论层面，中国的第一个水污染权交易试点已经运行 8

[1] Fischer C, Parry I W H, Pizer W A. Instrument choice for environmental protection when technological innovation is endogenous [J]. Journal of Environmental Economics and Management, 2003, 45 (3): 523 - 545.

[2] Suter J F, Spraggon J M, Poe G L. Thin and lumpy: An experimental investigation of water quality trading [J]. Water Resources and Economics, 2013, 1 (2): 36 - 60.

[3] 金帅，盛昭瀚，杜建国. 转型背景下排污权初始分配机制优化设计 [J]. 中国人口资源与环境，2013，23 (12): 48 - 56.

[4] Kling C L, Zhao J. On the long-run efficiency of auctioned vs. free permits [J]. Economics Letters, 2000, 69 (2): 235 - 238.

年多，全国碳交易市场也已顺利运行 2 年，相关研究目前还主要关注其补偿特征和直接建设冲击，更多的地区间水质交易案例和长效的碳市场运行为未来进一步研究提供了素材。

综合以上研究可以发现，关于污染权交易的环境绩效相关研究还存在较多进一步研究的空间。第一，当前对水污染权交易的污染减排效果研究中定性和理论研究较多，从实证角度研究水污染权交易的排污效果的不多。这一方面，针对碳市场交易的实证研究就较为丰富，但局限在基于 DID 模型的冲击研究。第二，对于企业间排污权交易的减排效果研究中，全国、行业和省级层面的研究较为丰富，但是缺乏微观实证检验的支持，所得出结论可信度不足，中观和宏观数据的有限性进一步限制了研究的深入。第三，由于交易成本的存在，初始排污权的分配也会对市场运行效率构成影响，当前市场交易不活跃的部分原因是初始排污权分配问题，分配问题以及地区间和行业间排污权兑换比例的问题等都有待进一步深入研究。

四、环境信息公开制度

环境信息公开的主要目的是通过减少信息不对称来提高市场运行效率，根据披露主体的不同，可分为政府环境信息公开和企业环境信息公开，出发点是环境公平，污染的受害者有权对其面临的环境风险有所认识。1992 年联合国环境与发展会议通过《关于在环境事物中获取信息、公众参与决策和获取司法救济的公约》[①]，主要目的是提高公众参与监督、促使污染者保护环境、避免政府部门的决策失当。中国的权威型环境治理模式下，社会力量并没有发挥应有的作用，财政分

---

① Convention on Access to Information, Public Participation in Decision-making and Access to Justice in Environmental Matters（http：//www. wipo. int/wipolex/en/other _ treaties/text. jsp? file _ id = 192782），又称奥胡斯公约。

权反而加剧了这种情况（Jia and Nie, 2017；Cheng et al., 2020）[1][2]，环境治理应该走向环境公共治理模式（Zhang et al., 2022；Gao, 2023），政府环境信息公开应该逐渐加强[3][4]。企业环境信息公开主要限制在生产经营活动可能对人类健康和生态环境产生危害或者潜在危害的企业，防止受害者可能因为信息不对称而承受损失，企业自愿性环境信息披露是企业为了增加社会声誉而向利益相关者自愿披露其履行环境责任状况，而企业自愿性环境信息披露的更成熟形式是自愿（环境）协议。即使在其他污染控制制度不足的情况下，环境信息披露仍然能促使污染者减少污染排放，但是在实际解决环境问题时使用不足（Li et al., 2021）[5]。

从制度实施情况来看，研究认为中国企业总体环境信息公开中存在公开程度不够、内容不足、处罚过轻等问题：万剑韬等（2022）对比研究了我国企业环境信息公开制度与发达国家企业环境信息公开制度[6]，杨永亮等（2023）注意到企业会选择性披露对自身发展有利的信息[7]。同时也有研究注意到政企关系对政府执行信息披露情况的影响，如于连超等（2020）发现环境政策不确定性会对企业环境信息披露水

① Jia R, Nie H. Decentralization, Collusion, and Coal Mine Deaths [J]. Review of Economics and Statistics, 2017, 99 (1)：105 –118.

② Cheng S, Fan W, Chen J, et al. The impact of fiscal decentralization on CO_2 emissions in China [J]. Energy, 2020, 192：116685.

③ Zhang Z, Su Z, Wang K, Zhang Y. Corporate environmental information disclosure and stock price crash risk：Evidence from Chinese listed heavily polluting companies [J]. Energy Economics, 2022, 112：106116.

④ Gao Q. Retrospect and prospect：Public participation in environmental impact assessment in China [J]. Environmental Impact Assessment Review, 2023, 101：107146.

⑤ Li Y, Zhang X, Yao T, et al. The developing trends and driving factors of environmental information disclosure in China [J]. Journal of Environmental Management, 2021, 288：112386.

⑥ 万剑韬, 曹国俊, 王祺星. 金融机构环境信息披露的发展现状与国际比较 [J]. 金融与经济, 2022, 545 (12)：16 –24.

⑦ Yang Y, Zhang J, Li Y. The effects of environmental information disclosure on stock price synchronicity in China [J]. Heliyon, 2023, 9 (5)：e16271.

平产生影响[1]。

（一）环境信息公开制度的环境绩效

环境信息公开制度的环境绩效研究方面，文献主要集中在政府环境信息公开的影响。发展中国家第一个重要的环境公共信息披露项目是印度尼西亚的 PROPER（the program for pollution control，evaluation and rating）项目，大量的研究都证明环境信息公开能减少污染总排放，同时能起到传统污染控制制度难以达到的作用。第一次严谨的计量分析是加西亚等（García et al.，2007）对 PROPER 项目自 1995 年实施后的效果进行评估，在有控制组的情况下使用企业级面板数据探索废物排放密度改变，发现项目有显著的减排作用，BOD 和 COD 改善 32%，而且对原来污染排放记录少的企业的改善作用更明显[2]。2021 年，印度尼西亚政府更新了 PROPER 项目的最新法规。普拉巴万等（Prabawan，2023）基于案例研究发现适当的环境信息公开是印度尼西亚企业社会创新的重要驱动力，但这是否与企业竞争力有关仍然不明确[3]。

针对中国的环境信息制度实际效果的研究开始于 1999～2000 年镇江和呼和浩特两个试点公共信息披露的 Green Watch 项目，研究中将企业环境表现分级再通过媒体公布结果，王华等（2004）发现虽然在项目执行过程中 ENGOs 似乎没起到作用，也几乎没有正式的公众参与到环境管理中来，但是项目的实施显著地减少了污染排放，镇江和呼和浩特的污染物排放达标率分别提高了 10% 和 39%[4]。后续许多研究认

---

① 于连超，张卫国，毕茜，等. 环境政策不确定性与企业环境信息披露——来自地方环保官员变更的证据 [J]. 上海财经大学学报，2020，22（2）：35 - 50.

② García J H, Sterner T, Afsah S. Public disclosure of industrial pollution：The PROPER approach for Indonesia？[J]. Environment and Development Economics，2007，12（6）：739 - 756.

③ Prabawani B, Hadi S P, Wahyudi F E, et al. Drivers and initial pattern for corporate social innovation：From responsibility to sustainability [J]. Heliyon，2023，9（6）.

④ Wang H, Bi J, Wheeler D, et al. Environmental performance rating and disclosure：China's GreenWatch program [J]. Journal of Environmental Management，2004，71（2）：123 - 133.

为中国的环境信息公开会产生积极的环保作用。张华等（2022）研究了 ENGOs 的环境信息公开对地区环境效率的影响，发现这种信息公开平均能够提高 21.11% 的环境效率，但在长期内可能并不持久[①]。赵兴等（2023）基于 SBM 模型构建了自然资源利用效率评估体系，结果显示环境信息公开能够提高这种效率，这可能是通过绿色技术创新和产业绿色转型实现的[②]。先前的研究也验证了这些机制（Li et al.，2022）[③]。当然，也有一些研究认为环境信息公开制度的减排作用不明显，如杨永亮等（2023）认为发展中国家披露的信息质量太差，存在可能的"漂绿"[④]。由于政府环境监控成本高，企业环境信息的公开使得公众参与到环境问题的监督中来，可以有效地减少企业偷排漏排和地方政府的不作为[⑤]，如章鑫等（2023）发现公众环境参与能有效促使地方政府治理环境[⑥]，弗拉托（Flatø，2022）也发现在中国公众环保压力会促使政府去减轻污染[⑦]。不过谭叶凌（2014）认为中国政府虽然有环境管理部门，但是污染控制要依靠地方政府态度，在晋升激励的作用下经济发展重于一切，环境信息公开制度的作用可能不显著[⑧]。也有

---

① Zhang H, Xu T, Feng C. Does public participation promote environmental efficiency? Evidence from a quasi-natural experiment of environmental information disclosure in China [J]. Energy Economics, 2022, 108: 105871.

② Zhao X, Guo Y, Feng T. Towards green recovery: Natural resources utilization efficiency under the impact of environmental information disclosure [J]. Resources Policy, 2023, 83: 103657.

③ Li G, Xue Q, Qin J. Environmental information disclosure and green technology innovation: Empirical evidence from China [J]. Technological Forecasting and Social Change, 2022, 176: 121453.

④ Yang Y, Zhang J, Li Y. The effects of environmental information disclosure on stock price synchronicity in China [J]. Heliyon, 2023, 9 (5).

⑤ Yang Y, Zhang X, Wu T L. Does Public Participation Reduce Regional Carbon Emissions? A Quasi-Natural Experiment from Environmental Information Disclosure in China [J]. Polish Journal of Environmental Studies, 2023, 32 (2): 1899 – 1917.

⑥ Zhang X, Yang Y, Li Y. Does Public Participation Reduce Regional Carbon Emission? [J]. Atmosphere, 2023, 14 (1).

⑦ Flatø H. Trust is in the air: pollution and Chinese citizens' attitudes towards local, regional and central levels of government [J]. Journal of Chinese Governance, 2022, 7 (2): 180 – 211.

⑧ Tan Y. Transparency without democracy: the unexpected effects of China's environmental disclosure policy [J]. Governance, 2014, 27 (1): 37 – 62.

研究认为两者之间并非简单的线性关系，如杨永亮等（2023）发现政府环境信息公开与地区碳排放之间存在倒"U"型关系[①]。

（二）环境信息公开的经济绩效

在环境信息公开影响公司经济绩效的相关研究中，研究内容主要集中在企业环境信息公开方面，认为企业环境信息公开有积极和消极影响的文献都存在。企业减排的现实意义重大，因为中国80%的环境污染来源于企业的生产经营活动（沈红波等，2012）[②]。第一类研究认为环境信息公开有积极作用，因为公司需要传递给股东积极的信息以获取支持、降低股价崩盘风险和改善财务绩效（Zhang et al.，2022；Wang et al.，2020）[③][④]。卢娟等（2020）发现环境信息披露可以促进企业出口和规划[⑤]。其中硬披露与出口间呈现正"U"型关系，软披露与出口间关系呈现倒"U"型，披露产生的成本效应不利于出口。张倩等（2021）验证了中国环境信息披露对企业层面经济绩效的影响，发现环境信息披露在短期内对企业绩效呈现负向影响，在长期内显著为正，这支持了环境信息披露将促进企业可持续发展的结论[⑥]。第二类研

---

① Yang Y, Zhang X, Wu T L. Does Public Participation Reduce Regional Carbon Emissions? A Quasi-Natural Experiment from Environmental Information Disclosure in China [J]. Polish Journal of Environmental Studies, 2023, 32 (2): 1899 – 1917.

② 沈红波，谢越，陈峥嵘. 企业的环境保护，社会责任及其市场效应 [J]. 中国工业经济，2012 (1): 141 – 151.

③ Zhang Z, Su Z, Wang K, et al. Corporate environmental information disclosure and stock price crash risk: Evidence from Chinese listed heavily polluting companies [J]. Energy Economics, 2022, 112: 106116.

④ Wang S, Wang H, Wang J, et al. Does environmental information disclosure contribute to improve firm financial performance? An examination of the underlying mechanism [J]. Science of the Total Environment, 2020, 714: 136855.

⑤ Lu J, Li B, Li H, et al. Sustainability of enterprise export expansion from the perspective of environmental information disclosure [J]. Journal of Cleaner Production, 2020, 252: 119839.

⑥ Zhang Q, Chen W, Feng Y. The effectiveness of China's environmental information disclosure at the corporate level: Empirical evidence from a quasi-natural experiment [J]. Resources, Conservation and Recycling, 2021, 164: 105158.

究认为环境信息公开有消极作用。郝金吉（2023）发现当只要求一部分企业进行环境信息披露时会损害整体信息环境，这种披露挤出效应会对其他公司的资本成本施加负外部性，间接增加了其他公司的资本成本[①]。环境信息公开本身会带来代理问题，如薛舒予等（2023）证明了企业社会责任（corporate social responsibility，CSR）导致更多的信息不对称和更多的代理问题，这会降低企业盈利能力[②]。此外，选择性的环境信息披露会进一步强化这种消极作用，目前相关研究正在涌现，如杨永亮等（2023）、张济涛和杨永亮（2023）等进行的研究[③][④]。环境信息公开对企业排污行为的贡献主要通过企业声誉的需要和利益相关者诉求来实现，根据信号理论和利益相关者理论，企业通过环境信息公开传递本企业正面形象，使企业更容易获得资本市场、消费市场和劳动力市场的认可，最终获得更高的收益。

1. 企业声誉的需要

公众对环境现状更加了解以后，会对企业提出更高的要求，促进企业更多地公开环境信息，同时随着民众环境保护常识的增加，绿色消费偏好逐渐形成，企业需要良好的声誉来维持品牌形象。贾科米尼等（Giacomini et al.，2021）基于意大利 2012～2017 年的社交媒体使用数据，发现公众广泛使用了社交媒体以关注气候问题，在此过程中

---

① Hao J. Disclosure regulation，cost of capital，and firm values［J］. Journal of Accounting and E-conomics，2024，77（1）：101605.

② Xue S，Chang Q，Xu J. The effect of voluntary and mandatory corporate social responsibility disclosure on firm profitability：Evidence from China［J］. Pacific-Basin Finance Journal，2023，77：101919.

③ Yang Y，Zhang X，Wu T L. Does Public Participation Reduce Regional Carbon Emissions？A Quasi-Natural Experiment from Environmental Information Disclosure in China［J］. Polish Journal of Environmental Studies，2023，32（2）：1899－1917.

④ Zhang J，Yang Y. Can environmental disclosure improve price efficiency？The perspective of price delay［J］. Finance Research Letters，2023，52：103556.

企业和政府会出于合法性的目的积极进行环保活动①。西谷等（Nishi-
tani et al.，2021）从自愿披露和合法性理论的角度分析日本和英国的
综合报告以及环境社会责任报告实践，发现出于维护企业社会声誉的
目的，越来越多的企业会采取综合形式的报告②。

2. 利益相关者的诉求

李大元等（2016）通过对 2008 ~ 2012 年中国有色金属行业上市企
业的公报数据进行分析，发现企业环境信息披露内容和质量都有明显
改善，资本市场投资者的态度会影响企业行为③。维卡索诺和塞蒂亚万
（Wicaksono and Setiawan，2022）根据利益相关者理论对 195 家公司的
水相关信息披露进行了考察，发现所有利益相关者都对水相关信息披
露有所关注的做法有积极作用④。陈洪涛等（2023）以 2015 ~ 2017 年
309 家重污染企业为样本进行研究，发现长期网络媒体关注和投资者关
注都与企业环境信息披露质量呈负相关，短期媒体关注和投资者关注
对企业环境信息披露质量的影响喜忧参半⑤。

（三）环境信息公开对社会福利的影响

环境信息公开能提高约束性制度和激励性制度作用的发挥。①因

---

① Giacomini D, Rocca L, Zola P, et al. Local Governments' environmental disclosure via social networks: Organizational legitimacy and stakeholders' interactions [J]. Journal of Cleaner Production, 2021, 317: 128290.

② Nishitani K, Unerman J, Kokubu K. Motivations for voluntary corporate adoption of integrated reporting: A novel context for comparing voluntary disclosure and legitimacy theory [J]. Journal of Cleaner Production, 2021, 322: 129027.

③ Li D, Xin L, Sun Y, et al. Assessing environmental information disclosures and the effects of Chinese nonferrous metal companies [J]. Polish Journal of Environmental Studies, 2016, 25 (2): 663 – 671.

④ Wicaksono A P, Setiawan D. Water disclosure in the agriculture industry: Does stakeholder influence matter? [J]. Journal of Cleaner Production, 2022, 337: 130605.

⑤ Chen H, Fang X, Xiang E, et al. Do online media and investor attention affect corporate environmental information disclosure? Evidence from Chinese listed companies [J]. International Review of Economics & Finance, 2023, 86: 1022 – 1040.

为信息不对称的存在污染减排的约束性制度的监管成本高，所以很多环保规章制度成了空文，无法实施，排污费的征收也难以遵从边际成本收益原则，传统污染控制制度的刚性和单一化不能体现民众差异化的环保意愿。帕尔加尔和惠勒（Pargal and Wheeler，1995）发现美国高收入社区的污染排放量显著降低，认为收入水平的提高会增加环境质量偏好，同时向污染厂商和地方政府施压的能力也越大[1]。鲁建坤和蔡璧涵（2017）发现环境请愿次数能增加地方政府对减少污染的环境投资，因为增加的请愿成为不稳定的信号[2]。②公众参与环境管理较弱的一个重要原因是环境信息不充分（Neto and Mallett，2023）[3]，环境信息公开使得公众了解环境信息、防范污染损害和关注重污染企业变得容易。因为对环境信息的充分了解，公众参与污染防治导致最终社会总排污减少的途径多种多样，临近企业的、居民的环保态度会影响企业排污，当环境信息公开使得污染企业附近居民意识到过量排污和不达标排放会影响自身健康时，民众会通过正式或者非正式途径表达不满，最终使得企业减少排放，而这种监督作用是传统环境监管机构所不能及的。章鑫等（2023）和杨永亮等（2023）发现居民参与和ENGOs参与都能对降低地区碳排放产生显著的作用[4][5]。吴文祺等（2022）利用2013～2018年的网络平台数据验证了互联网公众参与能

---

① Pargal S, Wheeler D. Informal regulation of industrial pollution in developing countries: evidence from Indonesia [M]. Washington: World Bank Publications, 1995.

② Lu J, Tsai P H. Signal and political accountability: Environmental petitions in China [J]. Economics of Governance, 2017, 18 (4): 391–418.

③ Neto P B, Mallett A. Public participation in environmental impact assessment processes through various channels-Can you listen to us now? Lessons from a Brazilian mining case [J]. The Extractive Industries and Society, 2023, 13: 101186.

④ Zhang X, Yang Y, Li Y. Does Public Participation Reduce Regional Carbon Emission? [J]. Atmosphere, 2023, 14 (1).

⑤ Yang Y, Zhang X, Wu T. Does Public Participation Reduce Regional Carbon Emissions? A Quasi-Natural Experiment from Environmental Information Disclosure in China [J]. Polish Journal of Environmental Studies, 2023, 32 (2): 1899–1917.

够有助于减少环境污染排放①。

环境信息公开可以通过环境和污染信息的传递影响消费者偏好。德国政府要求电力供应商披露其能源构成，这种针对燃料组合的更透明的信息披露有助于消费者对可再生能源的偏好（Bengart and Vogt，2021）②。钱德和穆图克里什南（Chander and Muthukrishnan，2015）通过拓展的 Mussa-Rosen 模型构建了具有差异化环境质量商品的两类企业评价模型，结果显示在消费者存在绿色产品偏好的情况下，环境信息披露制度像污染税和补贴制度一样会降低污染水平，提高社会福利，这也解释了为什么环境友好型商品和企业通常具有高价格和利润率③。摩多西他等（Motoshita et al.，2015）通过互联网居民调查的2630份问卷来研究环境信息披露对消费者日常购物选择的影响，结果显示公众的环保意识和明确的责任是影响其购买环保产品比例的最主要因素，当环保信息越明确的时候，消费者愿意购买更多的环保产品④。朱青云和萨基斯（Zhu and Sarkis，2016）分析了52篇环境信息披露导致消费市场偏好的相关文献，认为绿色市场和消费已经形成⑤。

（四）研究评述

当前对于环境信息公开制度的研究主要集中在政府环境信息公开对总排污量的影响、环境信息公开提高传统污染控制制度效率和企业

---

① Wu W, Wang W, Zhang M. Does internet public participation slow down environmental pollution? [J]. Environmental Science & Policy, 2022, 137: 22 –31.

② Bengart P, Vogt B. Fuel mix disclosure in Germany—The effect of more transparent information on consumer preferences for renewable energy [J]. Energy Policy, 2021, 150: 112120.

③ Chander P, Muthukrishnan S. Green consumerism and pollution control [J]. Journal of Economic Behavior & Organization, 2015, 114: 27 –35.

④ Motoshita M, Sakagami M, Kudoh Y, et al. Potential impacts of information disclosure designed to motivate Japanese consumers to reduce carbon dioxide emissions on choice of shopping method for daily foods and drinks [J]. Journal of Cleaner Production, 2015, 101: 205 –214.

⑤ Zhu Q, Sarkis J. Green marketing and consumerism as social change in china: Analyzing the literature [J]. International Journal of Production Economics, 2016, 181: 289 –302.

环境信息公开影响企业减少污染排放和企业表现等方面。当前信息公开制度本身在披露内容、格式和程度上缺乏明确的规定，处罚力度也不足，导致制度执行情况不理想。从整体上看，环境信息公开制度作为一种参与性制度，能为其他污染物控制制度形成好的补充，同时提供了一个公众对环境问题表达关注的途径。虽然对中国环境信息公开制度污染减排效应的实证研究近年来也开始增多，但是还有进一步深入的空间，如现有研究关注了环境信息公开制度的冲击而忽视其内在的层次影响，如张子琪等（2022）和杨永亮等（2023）的研究[1][2]；目前环境信息公开程度评价指标的构建仍然存在拓展空间，存在相当的内生性问题，如吴文祺等（2022）和张济涛等（2023）的研究[3][4]。

当前对环境信息公开环境绩效的影响研究还存在几个方面的不足。第一，环境信息公开本身的度量问题。当前不同研究者在度量环境信息公开方面缺乏一致的观点，所采用的指标或构建的指标体系存在较大差异，所以其研究结论的可比较性差，研究过程的可重复性也很差，这是因为环境信息公开的开展和定量研究在国内均开展较晚，有必要在此方面形成共识。第二，环境信息公开影响地区污染排放的机制问题。虽然当前对环境信息公开对地区总污染排放影响的研究不少，但是主要集中在中观和宏观层面，影响污染排放变化的因素有很多种，加总数据的研究本身就可能存在遗漏偏误，更何况环境信息公开与地区污染排放之间可能存在的内生性问题，所以有必要深入探讨两者相

---

① Zhang Z, Su Z, Wang K, et al. Corporate environmental information disclosure and stock price crash risk：Evidence from Chinese listed heavily polluting companies ［J］. Energy Economics，2022，112：106116.

② Yang Y, Zhang X, Wu T. Does Public Participation Reduce Regional Carbon Emissions? A Quasi-Natural Experiment from Environmental Information Disclosure in China ［J］. Polish Journal of Environmental Studies，2023，32（2）：1899－1917.

③ Wu W, Wang W, Zhang M. Does internet public participation slow down environmental pollution? ［J］. Environmental Science & Policy，2022，137：22－31.

④ Zhang J, Yang Y. Can environmental disclosure improve price efficiency? The perspective of price delay ［J］. Finance Research Letters，2023，52：103556.

互影响的机制，而不仅仅是相关性问题。第三，环境信息公开对企业环境绩效的影响应该是未来进一步研究的重点和热点，因为减排的主体还是企业，环境信息公开制度最主要的落脚点应该是促进企业排污，但是当前还主要停留在政府环境信息公开。实际研究中定量研究的不足也使研究者难以得到一致的研究结论，这些都是未来进一步研究的方向。

第三节　简要文献评述及未来研究趋势

综合上述中国污染控制绩效相关研究，可以得出以下几点认识。从治污效果上看：①污染物总量控制制度的减排效果最为明显，但是行政命令式制度的副作用深为诟病，制度刚性对实体经济影响较大，同时排污总量的地区间分配是影响减排效率的重要因素；②排污税制实施多年的实践也证明减排效果显著，排污税制度表现出广泛适用性，虽然减排效果明显，但是对鼓励企业主动增加环保投入的效果不明显，排污总量经常难以得到有效控制，而且从地方竞争和晋升激励的角度来说，各级地方政府可能不完全执行制度，而且排污收费力度偏低，难以达到理想效果；③污染权交易制度有一定减排效果，不仅能有效激励企业采取更为先进的环保工艺以从整体上提高社会环保水平，而且对排污总量的控制更为有效，能有效提升整个社会福利水平，当前交易不活跃的困境是影响排污权交易市场效率的关键；④企业环境信息公开不仅能直接敦促企业减少污染排放，还能对企业绩效产生积极影响，政府环境信息公开能监督政府环境管理部门作为、鼓励公众参与环境治理，未来有广阔空间。从制度的适用性上来看：①污染的不可逆性和生态系统安全的重要性决定了污染物总量控制是前提，但是总量控制制度实施的社会成本高，需要激励性制度和参与性制度来补充。②排污税制度能对企业排污形成有效约束，广泛适用，但是制度的有效性依赖于环境管理部门掌握的信息与执行能力。排污权交易制度能激励企业主动加大环保投入进而减少污染排放，排污权交易市场要发挥效率还要依靠市场化程度，当前成功经验主要体现在点源污染控制方面。③环境信息公开制度的污染减排社会总成本最低，可以动员全社会都参与环保行为，同时环境信息公开程度的非强制性决定了其只能作为补充性制度。

当前关于中国污染控制制度绩效的相关文献中，分别对制度的环境绩效、经济绩效和社会福利等展开了研究。对单个制度效果研究的评述前文已经分别展开，从总体上看，对制度效果评价的研究从定性研究和理论研究开始，所以相关文献较为丰富，但是对多种制度对比和制度工具组合的原创理论的研究不足，部分基于SD、CGE或DSGE的政策组合模拟文献的条件假设过于苛刻，而基于DID的文献研究中则忽视了政策细节的影响。对制度效果评价的实证研究主要从宏观和中观层面展开，近年来环境政策的效果问题引起了学者广泛兴趣，所以实证的交叉学科研究也非常普遍，前期的计量方法多采用常规的OLS法，没有考虑制度绩效评价的特殊性，目前正逐渐走向实验和准实验方法，研究视角也更多地倾向微观，但中国面积辽阔、行业丰富，异质性问题突出，影响了当前相关研究中政策效果的稳健性。根据前文对现有国内外污染控制制度绩效的研究，以下几个方面需要进一步深入研究。

（1）进一步探索污染物总量控制制度发挥作用的影响因素和作用机制。污染物排放总量控制制度的有效性有赖于执行的严格程度，中国污染物排放总量控制制度实行多年，虽然对污染减排起到了一定效果，但是由于污染的流动性和溢出性，行政边界地区和跨境污染经常是特别严重，而且企业偷排漏排问题经常对总量控制目标的达成构成威胁。通过探索污染物总量控制制度发挥作用的关键因素和作用机制，可以更好地发挥污染物总量控制制度的效果，建立长效的污染减排执行监督机制。

（2）全面系统地研究污染产业转移的总社会福利变化。地方环境政策的差异性可能导致高污染行业从规制严格的地区向规制较弱的地区转移，现在有部分学者的研究发现东南沿海地区重污染产业正不断向内陆地区转移，虽然内陆地区劳动力成本更低，但是生态环境更加脆弱，但当前的污染控制制度主要针对本地区的污染控制，当前还缺乏从理论和实证层面来进一步分析这种转移对社会总福利影响的研究，可以从对比东西部不同地区产业园区资源环境效率和细分重污染行业重点企业迁移的案例研究、地区污染排放总量和排放强度的变化等角度展开研究。

（3）进一步丰富地区间排放权交易的理论和案例研究。跨境污染治理问题对于严格执行污染物总量控制制度、减少环境问题冲突和促进环境公平有重要意义。当前的理论研究主要集中在企业间的排污权交易和地区间的生态补偿方面，地区间市场化交易的理论支撑研究不足，在当前企业间排污权交易全面推进的背景下，制度的理论研究需要给出在中国国情下展开跨区域排放权交易的理论支撑，积极展开地区之间排放权交易的社会福利影响研究。对于水质交易而言，尽管地区间的水质交易或者排污权交易是极其特殊的个案，但通过案例研究或者通过对试点流域附近众多水质监测点的高频水质大数据的分析也能对理论研究提供一定的实证支持；对于碳排放权交易市场而言，进一步拓展其理论有助于我国实现"双碳"目标和锚定全球贸易价值链上游。

（4）增加一般均衡框架下污染物总量控制制度模拟。现有文献对污染物总量控制、排污费、污染权交易和环境信息公开等不同污染控制制度的环境改善效果分别进行了研究，但是对这些制度是否可以协调，制度工具如何组合才能发挥更好的作用等方面的研究，大多停留在定性分析阶段，理论模型也主要以博弈演化为主。为探寻制度组合的理论效果，可以在对制度工具优缺点分析的基础上构建理论模型，在 CGE 或者 DSGE 框架下进行制度组合模拟，以求在发挥更好治污效果的同时产生更少的负面影响。

（5）进一步丰富微观层面水污染控制制度绩效研究的实证研究。当前文献中对水污染控制制度环境改善效果的研究主要从宏观和中观角度进行，利用中观和宏观的统计加总数据所得出结论的可信度存疑，缺乏微观层面的深入研究。随着中国环境信息透明度的增加，重点污染企业排放信息将逐步公开，各大流域、湖泊、饮用水源地和地下水监测数据的公开逐渐常规化，这为从微观层面对污染控制制度绩效进行研究提供了可能。在未来对中国水污染控制制度效果检验的研究中，应尽量以企业财务数据代替地区加总经济数据、以水质监测站数据代替地区加总排放数据。

（6）采用广泛认可的环境信息公开指标或数据库。环境信息公开作为约束性和激励性制度的有效补充，在污染减排中发挥越来越重要的作用，但是在当前研究政府环境信息公开的污染减排绩效和企业环境信息公开的经济绩效相关文献中，所考虑的环境信息公开度量指标主要采用构建指标，数据来源、统计口径和方法等也不尽一致，所得出研究结果的可重复性和可比性较差，所以在未来研究中有必要采用广泛认可的、有公信力的环境信息公开指标或者数据库。

第三章

环境信息披露与企业投资效率

第一节 研究问题

作为传统污染控制制度的有效补充，环境信息公开以其执行成本低、影响范围广和形式灵活的特点被广泛认可。企业环境信息公开的作用对象是企业，上市公司的特征和财务信息是最为公开透明的，这为从企业层面研究制度的经济绩效提供了可能。本书主要研究企业环境信息公开制度的出台对企业投资效率的影响，以及独立发布环境信息年报与投资决策效率的关联性，具体阶段如下所示。

第一阶段：萌芽阶段（1994~2008 年），承认公众知情权；政府应定期公开环境信息；少数企业按照要求公开部分环境信息（见表 3-1）。

表 3-1 第一阶段：萌芽阶段

发布时间	制度名称	发布部门	主要内容
1989 年 12 月	《中华人民共和国环境保护法》（中华人民共和国主席令第 22 号）	第七届全国人大常委会第 11 次会议	地方省政府应定期发布环境状况公报；对内容和形式等并未规定

发布时间	制度名称	发布部门	主要内容
2003 年 9 月	《关于企业环境信息公开的公告》	国家环保局	我国第一个有关环境信息披露的规范；定期公布污染严重的企业名单，名单内的企业按照要求公开四类 20 项环境信息
2004 年 6 月发布，2004 年 7 月施行	《环境保护行政许可听证暂行办法》	国家环保局	对公众环境信息知情权的彰显
2006 年 5 月	《公开发行证券的公司环境信息披露内容与格式准则第 1 号——招股说明书（2006 年修订）》	证监会	要求上市公司阐述投资项目环保方面的风险

第二阶段：起步阶段（2008～2012 年），企业环境信息公开的制度化；自愿公开为主，部分企业强制公开；规定了环境信息公开的内容与形式（见表 3-2）。

表 3-2　　　　　　　　第二阶段：起步阶段

发布时间	制度名称	发布部门	主要内容
2007 年 2 月公布，2008 年 5 月施行	《环境信息公开办法（试行）》（国家环保局总局令第 35 号）	国家环保局	第一部关于环境信息公开的综合性法律文件；披露内容宏观，不具体。以鼓励公开为主，对超标企业强制公开
2008 年 5 月	《上市公司环境信息披露指引》	上交所	重污染企业名单者，2 天内立刻公布。自愿披露年度社会责任报告，报告有 9 项内容。火力发电、钢铁、水泥、电解铝、矿产开发等行业披露前 7 项
2008 年 6 月	《上市公司环境保护核查行业分类管理名录》	环保部	首次对重污染行业进行了分类（14 大类）

续表

发布时间	制度名称	发布部门	主要内容
2008 年 12 月	《关于做好上市公司2008 年年度报告工作的通知》	上交所	要求在上交所"上市公司治理板块"样本公司、发行境外上市外资股的公司以及金融类公司必须披露履行社会责任的报告，对其他公司采取鼓励原则
2009 年 1 月	《中国银行业 金融机构企业社会责任指引》	中国银行业协会	说明了企业经济、社会与环境责任中应当包含的具体内容，银行业金融机构需要在完善各项详细要求的基础上深化企业社会责任管理，建立适当的内外部评估机制与企业社会环境责任披露制度
2010 年 9 月	《上市公司环境信息披露指南》	环保部	定期披露和临时披露；规范了上市公司年度环境报告以及临时环境报告信息披露的时间与范围；首次将突发环境事件纳入上市公司环境信息披露范围，并在附录中列示了上市公司年度环境报告编写参考提纲

第三阶段：发展阶段（2012～2017 年），提出 ESG 披露；强制披露和自愿披露结合；国控企业和重排单位、重污染行业企业强制披露，其他企业自愿披露；以立法的形式对环境信息披露做出规定（见表 3-3）。

表 3-3　　　　　　　　　　　第三阶段：发展阶段

发布时间	制度名称	发布部门	主要内容
2012 年 8 月	《环境、社会与管治（ESG）报告指引》（简称《指引》）	港交所	鼓励每年按指引积极披露其于环境、社会及管治方面的表现
2013 年 7 月发布，2014 年 1 月施行	《国家重点监控企业污染源自行监测及信息公开办法（试行）》《国家重点监控企业污染源监督性监测及信息公开办法（试行）》	环保部	"国控企业"应执行自动监测和监督性监测并进行信息公开；进一步规范环保部门监督性监测，推动污染源监测信息公开

续表

发布时间	制度名称	发布部门	主要内容
2014 年 4 月发布，2015 年 1 月施行	《中华人民共和国环境保护法》	十二届全国人大常委会第八次会议	以法律的形式，对公司披露污染数据，以及政府环境监管机关负责公开的信息作了明确的规定。以排污量确定污染企业的标准
2014 年 12 月发布，2015 年 1 月施行	《企业事业单位环境信息公开办法》	环保部	强制披露和自愿披露结合；规定了"重点排污单位"的认定条件和信息公开内容
2015 年 9 月	《生态文明体制改革总体方案》	中共中央、国务院	要求建立上市公司环保信息强制披露机制；完善节能低碳、生态环保项目的担保机制
2015 年 12 月发布，2016 年 1 月施行	修订《指引》	港交所	将部分指标"建议披露"的要求提升至"不遵守就解释"的半强制性规定，并明确了需要披露的"关键绩效指标"（KPI）
2015 年 12 月	《关于加强企业环境信用体系建设的指导意见》	环保部、发改委	明确指出今后 5 年，要加强企业环境信用信息公示，重点排污单位和企业应依法依规公开其环境信息
2016 年 8 月	《关于构建绿色金融体系的指导意见》	中国人民银行等七部委	提出了发展第三方认证等配套机制：第一步为 2017 年起，被原环境保护部列入重点排放企业名单的上市公司强制性披露环境信息；第二步在 2018 年实行"半强制"环境信息披露，企业不披露相关信息必须解释为何不披露；第三步为到 2020 年，强制所有上市公司披露环境信息
2016 年 12 月	《公开发行证券的公司信息披露内容与格式准则第 2 号——年度报告的内容与格式》	证监会	要求属于国家环境保护部门规定的重污染行业的上市公司及其子公司披露报告期内环境信息

续表

发布时间	制度名称	发布部门	主要内容
2016 年 12 月	《"十三五"生态环境保护规划》	国务院	要求全面推进大气、水、土壤等生态环境信息公开，推进监管部门生态环境信息、排污单位环境信息以及建设项目环境影响评价信息公开
2017 年 6 月	《关于共同开展上市公司环境信息披露工作的合作协议》	环保部、证监会	共同建立和完善上市公司强制环境信息披露制度，督促上市公司履行社会责任

第四阶段：完善阶段（2017 年至今），明确上市公司 ESG 信息披露要求和基本框架，推动 ESG 在中国的发展；半强制披露，不披露即解释；将企业作为信息公开的主体；推动建立强制性披露制度（见表 3-4）。

表 3-4　　　　　　　　第四阶段：完善阶段

发布时间	制度名称	发布部门	主要内容
2017 年 12 月	《公开发行证券的公司信息披露内容与格式准则第 2/3 号》	证监会	要求属于环保部门公布的重点排污单位的公司或其重要子公司在年报及半年报中披露环境污染及排污方面的信息；其他公司遵循"不披露即解释"原则
2018 年 6 月	《绿色投资指引（试行）》	中国证券投资基金业协会	提出上市公司 ESG 信息披露框架。界定了绿色投资的内涵，明确了绿色投资的目标、原则及基本方法，特别指出有条件的基金管理人可以采用系统的 ESG 投资方法，落实绿色投资
2018 年 9 月	《上市公司治理准则（修订）》	证监会	增加了利益相关者、环境保护与社会责任章节，规定了上市公司应当依照法律法规和有关部门要求披露 ESG 信息；确立了 ESG 信息披露的基本框架

续表

发布时间	制度名称	发布部门	主要内容
2019 年 3 月	《上海证券交易所科创板股票上市规则》	上交所	专设一节"社会责任",要求上市公司在年报中披露履行社会责任的情况,并视情况披露社会责任报告、可持续发展报告、环境责任报告等文件
2019 年 5 月	《环境、社会及管治报告指引》及相关上市规则条文的咨询文件	港交所	全面加强指标披露监管要求
2019 年 12 月	《关于推动银行业和保险业高质量发展的指导意见》	银保监会	大力发展绿色金融,将环境、社会、治理要求纳入授信全流程,强化 ESG 信息披露以及与利益相关者的交流互动
2021 年 2 月	《2020 年第四季度中国货币政策执行报告》	中国人民银行	将逐步建立金融机构气候和环境信息披露制度,加大对绿色低碳领域的信贷支持
2021 年 5 月	《环境信息依法披露制度改革方案》	生态环境部	进一步强调了企业作为信息公开的主体责任;政府对于企业信息公开的监管作用被弱化

第二节　假说提出

在约束性制度和激励性制度之后,环境信息公开被认为是第三类有效的环境管制工具[1][2]。美国、拉丁美洲和亚洲等地的实践表明环境信息公开在污染减排和环境改善方面产生了显著的积极作用（Weil et

---

[1] Tietenberg T. Disclosure Strategies for Pollution Control [J]. Environmental and Resource Economics, 1998, 11 (3 – 4).

[2] Bonilla J, Coria J, Sterner T. Technical Synergies and Trade-Offs Between Abatement of Global and Local Air Pollution [J]. Environmental and Resource Economics, 2018, 70 (1).

al.，2006），在我国也被证明是有效的①②。

原国家环保局曾经在1998年发起了由世界银行支持的 Green Watch
项目，这个项目是我国最早的环境信息公开项目之一，在江苏镇江、
内蒙古呼和浩特等地开展试点。相关研究证明这个项目在减少污染排
放方面非常有效（Liu et al.，2010）③，随着浙江、安徽、山东、重庆
等越来越多的省市开始加入试点，2007年原国家环保局将这一试点在
全国范围展开，出台了《环境信息公开办法（试行）》。随着社会各界
对环境问题的关注，一些社会组织也关注、统计并发布环境信息公开
情况，如公众环境研究中心（Institute of Public and Environmental
Affairs，IPE）从2008年开始公布我国113个城市的污染信息公开指数
（the annual pollution information transparency index，PITI）。2008年5月，
上交所也在《上市公司信息披露管理办法》的基础上发布了《上海证
券交易所上市公司环境信息披露指引》，这意味着上市公司的真实污染
信息可以被公开获取，投资者能根据污染信息进行更有效的投资，它
要求上市公司在两种情况下公开环境信息。第一种情况是，如果一个
上市公司被环保部门认定为重污染企业，或者被省级以上环保部门惩
罚，上市公司需要在2天内发布相关临时报告。第二种情况是，鼓励
上市公司发布各种形式的年度环境报告，用来说明公司过去一年环境
相关表现。原国家环保部在2010年9月进一步出台了《上市公司环境
信息披露指南（征求意见稿）》，要求重污染企业必须按照要求发布年
度环境报告。

---

① Wang H，Bi J，Wheeler D，et al. Environmental performance rating and disclosure：China's
GreenWatch program ［J］. Journal of Environmental Management，2004，71（2）.

② Meng X H，Zeng S X，Shi J J，et al. The relationship between corporate environmental perform-
ance and environmental disclosure：An empirical study in China ［J］. Journal of Environmental Manage-
ment，2014，145.

③ Liu L，Zhang B，Bi J. Reforming China's multi-level environmental governance：Lessons from
the 11th Five-Year Plan ［J］. Environmental Science and Policy，2012，21.

为了更好地评价企业环境信息公开制度的绩效，相关研究将环境信息公开指标分为两类：基于内容分析法的构建变量和虚拟变量。对于第一类指标，大多数研究者是通过分析公司社会责任报告进行研究[1][2]。克拉克森等（Clarkson et al.，2007）构建了具有较高认可度的环境信息公开指标体系[3]，它分为7大类、95项内容，每一项得分分别为0，1或者6，这一方法被广泛采用，如克拉克森等（Clarkson et al.，2013）使用这一指标研究美国的《有毒物质排放清单》的影响[4]，布拉姆等（Braam et al.，2016）应用这一指标评价荷兰企业环境信息公开的内容、程度和性质[5]。同时部分研究者采用内容分析法根据《全球报告倡议组织》（Global Reporting Initiative guidelines，GRI）和公司社会责任报告开展研究。他们直接采用克拉克森的方法，或者对其进行修订。另一类研究是通过虚拟变量法研究环境信息公开的效果，尤其是DID方法被广泛应用于环境政策评价的大背景下。柯里等（Currie）在研究有毒物质堆放场所对婴幼儿健康的影响中就设置了三个政策虚拟变量[6]；格林斯通和汉娜（Greenstone and Hanna，2014）研究了印度的最高法院行动计划（Supreme Court Action Plans）、强制使用空气污染

① Liu X, Anbumozhi V. Determinant factors of corporate environmental information disclosure: an empirical study of Chinese listed companies [J]. Journal of Cleaner Production, 2008, 17 (6).

② Meng X H, Zeng S X, Tam C M. From Voluntarism to Regulation: A Study on Ownership, Economic Performance and Corporate Environmental Information Disclosure in China [J]. Journal of Business Ethics, 2013, 116 (1).

③ Clarkson P M, Li Y, Richardson G D, et al. Revisiting the relation between environmental performance and environmental disclosure: An empirical analysis [J]. Accounting, Organizations and Society, 2007, 33 (4).

④ Clarkson P M, Fang X, Li Y, et al. The relevance of environmental disclosures: Are such disclosures incrementally informative? [J]. Journal of Accounting and Public Policy, 2013, 32 (5).

⑤ Braam G J M, Weerd L U D, Hauck M, et al. Determinants of corporate environmental reporting: the importance of environmental performance and assurance [J]. Journal of Cleaner Production, 2016, 129.

⑥ Janet C, Lucas D, Michael G, et al. Environmental Health Risks and Housing Values: Evidence from 1600 Toxic Plant Openings and Closings [J]. The American Economic Review, 2015, 105 (2).

物催化转化器和《水污染国家河流保护规划》（National River Conservation Plan）对婴儿死亡率的影响①；傅世河和顾怡珍（2017）使用2个虚拟变量去研究高速公路收费减免对空气污染的影响②；博斯利特等（Boslett et al.，2019）使用了地区虚拟变量和时间虚拟变量在 DID 框架下估计页岩气开发的影响③。

　　当前文献中对相关问题研究最多的是企业环境信息公开对企业绩效的影响，但也并没有得到一致结论。第一类观点认为环境信息公开有积极作用，因为公司需要传递给股东积极的信息以获取支持、降低融资成本和降低环境监管强度④。马戈利斯等（Margolis et al.，2007）研究了1972年到2007年167篇有关 CSR – CFP 关系的文献，基本可以确认两者之间的正向积极关联。根据信号理论，企业有强烈的动机去披露环境信息是为了减少信息不对称，这有助于解决代理问题。艾奥娜和塞拉菲（Ioannou and Serafei，2015）发现我国法规要求企业环境信息公开增加了以托宾 Q 衡量的企业价值⑤。达姆和史高顿（Dam and Scholtens，2015）证明了 CSR 和财务表现的积极关系⑥，这些财务指标包括市净率（market-to-book ratio）、ROA 和股票回报率。对应地，第二类观点认为环境信息公开的影响是消极的，因为环境信息公开本身

---

　　① Greenstone M, Hanna R. Environmental Regulations, Air and Water Pollution, and Infant Mortality in India [J]. American Economic Review, 2014, 104 (10): 3038 – 3072.

　　② Fu S, Gu Y. Highway toll and air pollution: Evidence from Chinese cities [J]. Journal of Environmental Economics and Management, 2017, 83: 32 – 49.

　　③ Boslett A, Guilfoos T, Lang C. Valuation of the External Costs of Unconventional Oil and Gas Development: The Critical Importance of Mineral Rights Ownership [J]. Journal of the Association of Environmental and Resource Economists, 2019, 6 (3).

　　④ Cho S Y, Lee C, Pfeiffer R J. Corporate social responsibility performance and information asymmetry [J]. Journal of Accounting and Public Policy, 2013, 32 (1).

　　⑤ Ioannou I, Serafei M G. The impact of corporate social responsibility on investment recommendations: Analysts' perceptions and shifting institutional logics [J]. Strategic Management Journal, 2015, 36 (7).

　　⑥ Dam L, Scholtens B. Toward a theory of responsible investing: On the economic foundations of corporate social responsibility [J]. Resource and Energy Economics, 2015, 41.

就带来代理问题，代理问题的存在导致 CSR 并不能很好地影响投资者[①]。环境表现差的企业经常避免发布负面环境信息[②]。环境信息公开对于股东来说是一种额外成本，管理者可能从环境信息公开中追求个人利益，如管理水平的传播。环境友好型企业或者经理人倾向于采用更高的环保标准和环境信息披露水平，导致公司在未来发展中可能会出现资源不足的情况，这不是出于对股东利益的考虑。

假说 H3－1：企业环境信息公开通过金融市场影响企业投资效率。

环境信息公开使公司透明度更高，能更好地保障员工的权益，这种情况在发展中国家员工正常权益经常得不到保护的时候更加明显。弗拉穆尔（Flammer，2015）证明 CSR 对公司劳动生产率有显著的正向作用，他认为 CSR 可以增加员工自愿奉献度[③]。弗拉穆尔和罗（Flammer and Luo，2017）发现 CSR 有助于提高员工积极性，并降低逆向选择行为[④]。另外，上市公司员工也会因为公司效益好、市值增加而获益，很多学者都发现 CSR 对公司市值是有显著提升作用的[⑤⑥]，刘和张（Liu and Zhang，2016）对我国重污染企业的研究也发现 CSR 披露能增加企业长期价值[⑦]。

---

① Krüger P. Corporate goodness and shareholder wealth [J]. Journal of Financial Economics, 2015, 115 (2).

② Plumlee M, Brown D, Hayes R M, et al. Voluntary environmental disclosure quality and firm value: Further evidence [J]. Journal of Accounting and Public Policy, 2015, 34 (4).

③ Flammer C. Does Corporate Social Responsibility Lead to Superior Financial Performance? A Regression Discontinuity Approach [J]. Management Science, 2015, 61 (11).

④ Flammer C, Luo J. Corporate social responsibility as an employee governance tool: Evidence from a quasi-experiment [J]. Strategic Management Journal, 2017, 38 (2).

⑤ Clarkson P M, Li Y, Richardson G D, et al. Does it really pay to be green? Determinants and consequences of proactive environmental strategies [J]. Journal of Accounting and Public Policy, 2010, 30 (2).

⑥ Qiu Y, Shaukat A, Tharyan R. Environmental and social disclosures: Link with corporate financial performance [J]. The British Accounting Review, 2016, 48 (1).

⑦ Liu X, Zhang C. Corporate governance, social responsibility information disclosure, and enterprise value in China [J]. Journal of Cleaner Production, 2016, 142.

假说 H3 - 2：企业环境信息公开通过劳动力市场影响企业投资效率。

信息披露水平可能会影响公司投资效率。陈世民等（2010）发现高质量的会计报告信息可以降低管理层和股东之间的信息不对称，这提高了投资效率[①]。哈迪等（Al-Hadi et al.，2017）证明市场风险披露（Market Risk Disclosures，MRDs）通过降低信息不对称能显著地提高投资效率[②]。目前仍旧缺乏检验公司环境信息披露对企业投资效率影响的细致研究，最相关的研究是 CSR 对公司投资效率影响的研究。企业环境信息披露对投资效率的相关研究结论大致也可以分为两类。第一类认为环境信息公开对企业投资效率有负面影响，班达里和爪哇哈吉（Bhandari and Javakhadze，2017）证明 CSR 对企业层面资本分配效率有消极影响，其中代理冲突、利益相关者参与度和财务状况起到调节作用[③]。第二类认为环境信息公开对投资效率有正向促进作用。李（Lee，2013）发现 CSR 能显著地降低代理成本和信息不对称，这又进一步导致了投资效率的提升[④]。本莱姆利和比特（Benlemlih and Bitar，2018）通过对美国企业 1998～2012 年数据的实证检验发现 CSR 对企业投资效率有显著的正向影响[⑤]，这一结果又进一步被库克等（Cook et al.，2019）使用 1992～2009 年数据进一步验证[⑥]。综合上述研究，环境信息公开对企业绩效有显著的影响，但影响的机制还有待进一步研究，

---

① Chen S, Sun Z, Tang S, et al. Government intervention and investment efficiency：Evidence from China [J]. Journal of Corporate Finance, 2010, 17 (2).

② Al-Hadi A, Hasan M M, Taylor G, et al. Market Risk Disclosures and Investment Efficiency：International Evidence from the Gulf Cooperation Council Financial Firms [J]. Journal of International Financial Management & Accounting, 2017, 28 (3).

③ Bhandari A, Javakhadze D. Corporate social responsibility and capital allocation efficiency [J]. Journal of Corporate Finance, 2017, 43.

④ Lee W-S. Propensity score matching and variations on the balancing test [J]. Empirical Economics, 2013, 44 (1).

⑤ Benlemlih M, Bitar M. Corporate Social Responsibility and Investment Efficiency [J]. Journal of Business Ethics, 2018, 148 (3).

⑥ Cook K A, Romi A M, Sánchez D, et al. The influence of corporate social responsibility on investment efficiency and innovation [J]. Journal of Business Finance & Accounting, 2019, 46 (3 - 4).

同时公司信息披露的水平也会影响投资效率，所以笔者认为企业环境信息公开会通过传递公司真实情况获得金融市场和劳动力市场的更多认同，能以更低的成本获得资金和有效劳动，对投资效率有积极的影响。

假说 H3 – 3：企业环境信息公开能促进企业投资效率提高。

当前文献中对企业环境信息公开对投资效率的影响的研究主要是从 CSR 角度展开，如库克等（Cook et al.，2019）研究了 CSR 对投资效率的影响①，没有区分环境信息公开的影响。对我国相关问题的研究，也主要集中在环境信息公开的决定因素，环境信息公开与股价关系②，环境信息公开与环境表现的关系，环境表现、环境信息披露和财务表现的关系等方面。本书基于我国 A 股上市公司数据检验环境信息公开对投资效率的影响及作用机制，有利于准确认识企业环境信息公开的经济绩效，有助于对 CSR 与 CFP 关系的理解，并启发后续的研究。

第三节　研 究 设 计

一、投资效率的测度及分析

投资效率可以反映公司根据未来发展潜力进行最优投资的能力，高投资效率的企业更少进行过度投资（over invest）或者投资不足（under invest）。理查森（Richardson，2006）将投资支出分为新投资支

---

① Cook K A, Romi A M, Sánchez D, et al. The influence of corporate social responsibility on investment efficiency and innovation [J]. Journal of Business Finance & Accounting, 2019, 46 (3 – 4).

② 权小锋，吴世农，尹洪英．企业社会责任与股价崩盘风险："价值利器"或"自利工具"？[J]．经济研究，2015, 50 (11)：49 – 64.

出与为保持当前资产规模所必需的投资支出[1]。有一些学者对公司投资效率进行了深入的研究，认为降低信息不对称和代理成本可以有效地提高投资效率，影响公司投资效率的因素还包括所有权[2][3]、所有权分离情况与大股东持股比例[4]、政府干预、投资保护[5]和其他公司特征等。

本书中考虑两类被广泛采用的公司投资效率测度模型。第一种是根据王克敏等学者提出的方法来测算投资效率[6]，见模型 3 - 1。

$$Invest_{i,t} = \beta_0 + \beta_1 \, growth_{i,t-1} + \sigma_{i,t} \qquad (3-1)$$

式中，$Invest_{i,t}$ 是新增投资预期支出，用年度资本支出除以年初总资产来表示，资本支出为长期投资、固定支出、在建工程、无形资产等项目的年度变化额的总和。$growth_{i,t-1}$ 是过去一年的销售增长率。为了控制行业和时间效应，模型（3 - 1）根据 CSRC 行业分类分别对每一个行业、每一年进行一次回归，然后将每次回归的残差作为投资非效率的衡量指标。这里用残差的绝对值去衡量投资非效率的强度，残差越大则公司投资效率越低，同时残差值为正则代表公司过度投资，残差值为负则代表公司投资不足，所以本部分中定义过度投资和投资不足分别为根据模型（3 - 1）计算得出的正的残差和负的残差。

---

① Richardson S. Over-investment of free cash flow [J]. Review of Accounting Studies, 2006, 11 (2 - 3).

② Chen R, Ghoul S E, Guedhami O, et al. Do state and foreign ownership affect investment efficiency? Evidence from privatizations [J]. Journal of Corporate Finance, 2017, 42.

③ O'Toole C M, Morgenroth E L W, Ha T T. Investment efficiency, state-owned enterprises and privatisation: Evidence from Viet Nam in Transition [J]. Journal of Corporate Finance, 2016, 37.

④ Jiang L, Kim J-B, Pang L. Control-ownership wedge and investment sensitivity to stock price [J]. Journal of Banking and Finance, 2011, 35 (11).

⑤ Mclean R D, Zhang T, Zhao M. Why Does the Law Matter? Investor Protection and Its Effects on Investment, Finance, and Growth [J]. The Journal of Finance, 2012, 67 (1).

⑥ 王克敏，刘静，李晓溪. 产业政策、政府支持与公司投资效率研究 [J]. 管理世界，2017 (3)：113 - 124, 145, 188.

第二种投资效率测度方法是根据刘慧龙等[①]和孙晓华等[②]学者的研究，预测的偏离被认为是非效率投资，投资非效率、过度投资和投资不足的定义同模型 3 – 1。

$$Invest_t = \alpha_0 + \alpha_1 Q_{t-1} + \alpha_2 Cash_{t-1} + \alpha_3 Leverage_{t-1}$$
$$+ \alpha_4 Size_{t-1} + \alpha_5 Age_{t-1} + \alpha_6 StockReturn_{t-1}$$
$$+ \alpha_7 Invest_{t-1} + \sum \beta_j \times Year_j + \gamma_0 heavy + \delta_t \quad (3-2)$$

式中，Q 代表公司托宾 Q 值，Cash 等于运营性现金流除以总资产，Leverage代表资产负债率，Size 代表企业规模，用总资产的自然对数来衡量，Age 等于公司存续年限，Stock Return 代表公司股票回报率。

本部分的样本企业包括上海证券交易所和深圳证券交易所中，剔除 ST 公司和金融类公司后的所有 A 股企业[③]，时间跨度为 2002 ~ 2015 年。本部分的公司特征和财务数据全部来自国泰安中国股市和财务研究数据库（China Stock Market and Accounting Research database, CS-MAR）。本部分的研究从 2003 年开始，因为许多公司特征和财务数据从 2002 年开始有较完整的记录，对样本进行了上下 1% 缩尾。图 3 – 1 呈现了样本企业投资非效率的情况。依据理查森（Richardson）提出的方法测算的投资非效率表明[④]，位于中位数的企业偏离总资产的3.81%（3.61%）。平均资产回报率（average return on assets）为 4.1%，大股东持股比例为 37.7%，这都与采用同时段样本的相关研究的结论较为符合，可以认为样本的选取和数据的处理是客观可信的。

---

① 刘慧龙，王成方，吴联生. 决策权配置、盈余管理与投资效率 [J]. 经济研究，2014，49（8）：93 – 106.

② 孙晓华，李明珊. 国有企业的过度投资及其效率损失 [J]. 中国工业经济，2016（10）：109 – 125.

③ 因为 ST 公司的财务数据过度异常，金融类公司与其他公司财务数据不具有可比性，金融和会计相关研究中均剔除这两类公司。

④ Richardson S. Over-investment of free cash flow [J]. Review of Accounting Studies, 2006, 11 (2 – 3).

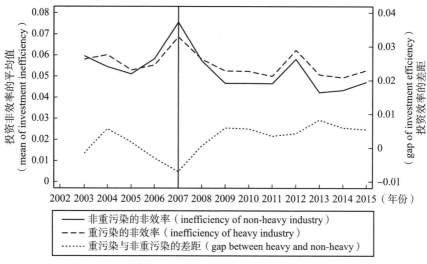

图 3 - 1　重污染和非重污染企业的投资效率

　　原国家环境保护总局在 2008 年 6 月发布的《上市公司环境核查与行业分类管理》中，第一次将重污染行业分为 14 类，为了表现我国政府对环境保护的重视，同年 7 月，国家环境保护总局升格为环境保护部。2010 年 9 月环保部公布《上市公司环境信息披露指南》（征求意见稿），从 2011 年开始生效，指南中规定火电、钢铁、水泥、电解铝、煤炭、冶金、化工、石化、建材、造纸、酿造、制药、发酵、纺织、制革和采矿业 16 类行业为重污染行业，重污染行业应该发布年度环境报告。2008 年开始鼓励重污染企业发布独立的年度环境报告，2010 年开始强制上市重污染企业发布年度环境报告。我国证券监督管理委员会的行业分类标准与原环保部的行业分类标准存在细微的差别，因为本书采用上市公司数据，为了数据的可获得性与一致性，本书在借鉴相关研究的基础上，采用我国证券监督管理委员会的《上市公司行业分类指引》，对重污染行业的具体划分见表 3 - 5。

表 3 – 5　　　　　　　　上市公司重污染行业及基本情况

行业	上市公司数量			投资非效率	独立年报	临时报告
	All	SH	SZ			
所有上市企业	2822	1070	1752	0.051	3769	65
重污染行业	1077	430	647	0.049	1689	58
非重污染行业	1745	640	1105	0.053	2080	7
采掘业（B）	79	46	33	0.055	183	6
食品、饮料（C0）	111	47	64	0.041	178	3
纺织、服装、皮毛（C1）	75	30	45	0.043	101	0
造纸、印刷（C3）	42	15	27	0.044	80	2
石油、化学、塑料、塑胶（C4）	276	84	192	0.062	305	22
金属、非金属（C6）	228	93	135	0.059	407	9
医药、生物制药（C8）	170	59	111	0.048	211	7
电力、煤气及水的生产和供应业（D）	96	56	40	0.057	224	9

注：非重污染制造业包括：木材、家具（C2）；电子（C5）；机械、设备、仪表（C7）；其他制造业。

二、模型构建与变量选取

《环境信息公开办法（试行）》要求企业公布环境信息，特别是重污染行业的上市公司，这一要求随后又进一步被证监会和证券交易所强化，因为企业的环境信息可能对企业股价造成较大影响。所以 2007年以后重污染行业和其他行业的环境信息披露受到的制度约束存在显著差异。本书使用模型 3 – 3 估计环境信息披露制度对公司投资效率的净效果。

$$\text{Inefficiency}_{it} = \alpha_0 + \alpha_{p1}\text{EID}_t + \alpha_2\text{heavy}_i + \alpha_3\text{EID}_t \times \text{heavy}_i$$
$$+ \sum \tau_j \times X_{jit} + \sum \beta_j \times \text{year}_j + \varepsilon_{it} \qquad (3-3)$$

式中，EID 是虚拟变量，用来衡量环境信息披露制度的出台，2007 年以后赋值为1，其他年份为0。虚拟变量 heavy，如果公司属于重污染行业，则取值为1，其他行业为0。在相关研究文献基础上，这里的 X 表示控制变量矩阵，包括大股东持股份额、杠杆率、公司成长性、盈利率、存续年限、管理层持股比例以及固定资产比例等，为了尽可能消除可能存在的内生性影响，所有控制变量滞后一期。

当进行政策效果评价时，结果可能受诸多因素的影响，相关研究的一个最主要挑战是如何将制度本身的效果从其他效应中区分开来。当前双重差分法是一个被广泛认可的、较为科学的方法。DID 方法有效性的前提是分组的随机性和样本同质性，而这两点经常并不能满足。同质性经常可以通过倾向值匹配方法弥补，形成倾向值匹配双重差分模型，它可以控制组间不可观测和不随时间变化的差异，能一定程度上弥补 DID 方法的不足。本书的处理组与控制组公司间存在显著差异，所以 DID 方法有效性的前提可能并不满足，组间同质性问题不能满足，所以采用 PSM 方法进行弥补，用 PSM – DID 方法对模型 3 – 3 进行估计。这里使用大股东持股比例、公司成长性、公司存续年限、管理层持股比例和固定资产比例计算倾向值得分。在使用模型 3 – 3 估计倾向值得分的时候，再将杠杆率和盈利性作为控制变量，所有匹配变量和控制变量的定义见表 3 – 6。这里遵循惯例设定默认的 Kernel 匹配函数类型为 epanechnikov，带宽选择 0.06，对倾向值得分的估计选择 logit 模型，默认控制组包括所有非污染企业。

表 3 – 6 变量说明

变量	变量说明
top1	大股东持股比例
leverage	财务杠杆率
growth	销售增长率
roa	资产收益率

变量	变量说明
lnage	公司上市年限的自然对数
mshare	管理层持股比例
fixeradtio	固定资产比例

三、描述性统计

表 3 - 7 是变量的描述性统计情况，其中投资非效率指标分值由两种计算方法分别得出，由统计指标看两种算法的结果较为接近，计算方法较为稳健。从其他控制变量的情况来看，也基本符合预期，与相关研究中情况一致。从样本数来看，虽然是明显的非平衡面板，但是共同取值区间较大，非平衡性潜在影响较小，当然后续也需要对比平衡面板与非平衡面板对结果的影响。

表 3 - 7　　　　　　　　　　变量描述性统计

变量	均值	标准差	中位数	最大值	最小值	样本数
Inefficiency （6 - 1）	0.051	0.054	0.038	0.367	0.001	19232
Inefficiency （6 - 2）	0.052	0.054	0.036	0.303	0.001	20770
top1	0.377	0.158	0.361	0.761	0.091	20077
leverage	0.452	0.207	0.461	0.912	0.047	20090
growth	0.197	0.41	0.136	2.667	- 0.594	18269
roa	0.041	0.053	0.037	0.197	- 0.206	20090
lnage	1.724	0.959	1.946	3.045	0	20090
mshare	0.064	0.155	0	0.656	0	20077
fixeradtio	0.256	0.178	0.222	0.753	0.003	20084

第四节 实证结果

一、基准结果

从倾向值分布（见图3-2）可以发现，重污染行业和非重污染行业的倾向得分（Pscore）有较大差异，这说明处理组（Treat）与控制组（Control）样本间存在异质性，匹配前（Before Matching）的 t 检验也发现处理组和控制组之间存在显著性差异，DID 的假设条件不能满足，这里使用 PSM 对其进行补救。

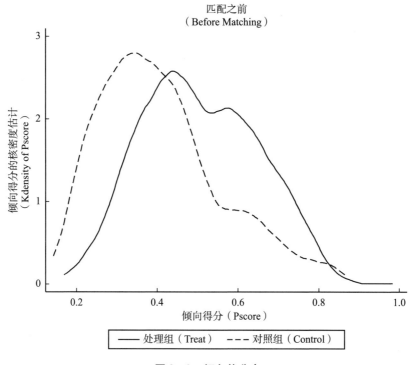

图3-2 倾向值分布

如表 3 - 8 所示，PSMDID 的结果表明，两种方法下 EID 对 Inefficiency 都存在显著的负向影响，企业环境信息披露能减少重污染企业的投资非效率。在所有 4 个结果中，这种影响是显著存在的，而且经济意义也是显著的。相对于非重污染企业，环境信息公开制度的出台显著地提高了重污染企业投资效率 1.2%（0.59%）。同时可以发现，重污染企业有着相对更低的投资效率，可以从 heavy 变量的系数看出。为了更好地控制处理组和控制组间的差异，表 3 - 8 中第 4、第 6 列为将样本控制在制造业行业内的结果，可以发现上述关系并没有发生显著改变。表 3 - 8 结果的准确性依赖于方法的适用性，为了检验 PSM 是否有效地改善处理组和控制组的差异性，这里进行平衡性检验，结果见表 3 - 9。从表 3 - 9 中可以发现，匹配前（Unmatched）处理组和控制组存在显著差异，匹配后（Matched）这种差异得到显著改善，下方的联合检验也证明了这一点，可以认为 PSM 显著改善了样本偏离（见图 3 - 3），可以认为表 3 - 8 中 PSMDID 的结果更为可信。

表 3 - 8　　　环境信息公开政策出台对投资效率的影响的检验结果

Inefficiency	比德尔等（Biddle et al., 2009）			理查森（Richardson, 2006）		
	DID	DID	全样本	制造业	全样本	制造业
EID	- 0.0021	0.0017	- 0.0007	- 0.0003	0.0051 ***	0.0045
	(0.0014)	(0.0016)	(0.0023)	(0.0037)	(0.0017)	(0.0028)
heavy	0.0161 ***	0.0113 ***	0.0107 ***	0.0112 **	0.0029	0.0093 ***
	(0.0023)	(0.0025)	(0.0029)	(0.0044)	(0.0022)	(0.0029)
heavy × EID	- 0.0101 ***	- 0.0104 ***	- 0.0122 ***	- 0.0131 ***	- 0.0059 **	- 0.0055 *
	(0.0024)	(0.0026)	(0.0030)	(0.0044)	(0.0024)	(0.0033)
X	NO	Yes	Yes	Yes	Yes	Yes
Constant	0.0497 ***	0.0491 ***	0.0528 ***	0.0457 ***	0.0606 ***	0.0494 ***
	(0.0014)	(0.0029)	(0.0027)	(0.0035)	(0.0022)	(0.0031)
观测值	18897	17957	17957	10209	18685	10606
Adj. R^2	0.0089	0.0278	0.0064	0.0077	0.0058	0.0060

注：括号中数据是以企业为单位的稳健标准误，*** 表示 $p < 0.01$，** 表示 $p < 0.05$，* 表示 $p < 0.1$。

表 3 – 9　　　　　　　　　　　　　平衡性检验结果

变量	匹配前（U）/匹配后（M）	平均值		标准差	% reduct	t	p > | t |
		处理组	对照组				
top1	U	0.38369	0.36601	11.2		8.4	0.000
	M	0.42957	0.41986	6.2	45.1	1.83	0.067
growth	U	0.17476	0.19692	− 5.3		− 3.73	0.000
	M	0.22884	0.2095	4.6	12.7	1.56	0.118
lnage	U	1.7823	1.7359	4.9		3.61	0.000
	M	1.6794	1.6895	− 1.1	78.3	− 0.47	0.638
mshare	U	0.05457	0.07583	− 13.9		− 10.19	0.000
	M	0.00049	0.0004	0.1	99.6	0.37	0.709
fixedratio	U	0.33127	0.20021	79.1		59.2	0.000
	M	0.38727	0.38814	− 0.5	99.3	− 0.16	0.874
joint inspection		Pseudo R^2	LR chi2	p > chi2	MeanBias	MedBias	
匹配前		0.105	2941.00	0.000	20.3	9.4	
匹配后		0.001	5.70	0.458	2.2	1.0	

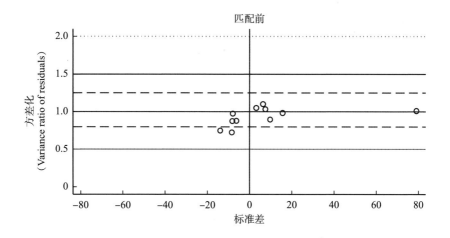

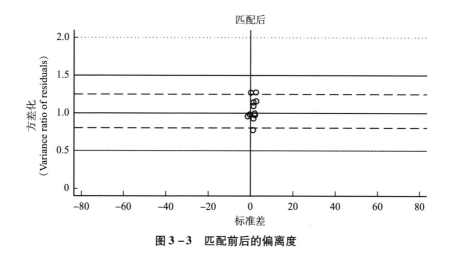

图 3 – 3 匹配前后的偏离度

二、稳健性检验

（一）过度投资与投资不足

表 3 – 10 为企业环境信息公开对企业过度投资和投资不足作用的检验结果，可以发现在两种投资效率测度下，环境信息公开都能有效地降低过度投资、提高投资不足。在我国还没有研究证实环境信息公开中策略行为的存在，有着更好环境表现的企业倾向于更多地进行环境信息公开，同时公布更多的实质性环境信息，环境信息披露的程度和性质能够反映一个企业的环境真实表现，减少交易成本。

表 3 – 10　　环境信息公开的出台对过度投资与投资不足的影响的检验结果

Inefficiency	比德尔等（Biddle et al.，2009）		理查森（Richardson，2006）	
	投资不足	过度投资	投资不足	过度投资
EID	0.0009 （0.0013）	－0.0079 （0.0058）	－0.0112*** （0.0030）	－0.0006 （0.0023）

续表

Inefficiency	比德尔等（Biddle et al.，2009）		理查森（Richardson，2006）	
	投资不足	过度投资	投资不足	过度投资
heavy	-0.0089 *** (0.0017)	0.0111 (0.0070)	-0.0030 (0.0030)	0.0023 (0.0032)
heavy × EID	0.0048 *** (0.0017)	-0.0137 * (0.0075)	0.0117 *** (0.0036)	-0.0007 (0.0034)
X	Yes	Yes	Yes	Yes
Constant	-0.0411 *** (0.0020)	0.0744 *** (0.0067)	-0.0626 *** (0.0034)	0.0603 *** (0.0028)
Observations	12141	6116	9636	9042
Adj. R^2	0.0175	0.0091	0.0140	0.0023

注：括号中数据是以企业为单位的稳健标准误，*** 表示 $p < 0.01$，** 表示 $p < 0.05$，* 表示 $p < 0.1$。

（二）样本时间段选择的稳健性

考虑到本书时间段的选择是 2003～2015 年，环境信息公开制度的出台是 2007 年 4 月，并从 2008 年开始实施，DID 估计中样本时间跨度的选择也经常会影响结果的稳健性，所以这里对样本时间段跨度进行稳健性检验，将时间跨度分别从 2015 年逐渐向前推移，直至 2009 年。从表 3 - 11 的结果可以看出，环境信息公开对企业投资效率的改善作用是显著存在的，这一关系对样本时间段的选择不敏感。从表 3 - 11 中可以发现，2003～2009 年样本检验结果的经济意义最明显，随着时间的推移，环境信息公开对企业投资效率的提升作用在降低，这也是符合边际作用递减的一般规律的，同时这也可能是多种因素的共同影响，如 2007 年以后我国上市公司数目大量增加等。

表 3-11   样本时间段选择的稳健性检验结果

Inefficiency	(1) 2003~2009年	(2) 2003~2010年	(3) 2003~2011年	(4) 2003~2012年	(5) 2003~2013年	(6) 2003~2014年
EID	0.0136*** (0.0026)	0.0105*** (0.0023)	0.0082*** (0.0021)	0.0080*** (0.0019)	0.0049*** (0.0018)	0.0045** (0.0018)
heavy	0.0030 (0.0022)	0.0029 (0.0022)	0.0029 (0.0022)	0.0029 (0.0022)	0.0028 (0.0022)	0.0029 (0.0022)
heavy×EID	−0.0093*** (0.0033)	−0.0081*** (0.0029)	−0.0077*** (0.0027)	−0.0067*** (0.0026)	−0.0047* (0.0024)	−0.0051** (0.0024)
Constant	0.0652*** (0.0034)	0.0639*** (0.0030)	0.0635*** (0.0027)	0.0636*** (0.0026)	0.0605*** (0.0024)	0.0606*** (0.0022)
观测值	6864	8234	9838	11753	13933	16278
Adj. R^2	0.0054	0.0056	0.0055	0.0055	0.0056	0.0055

注：括号中数据是以企业为单位的稳健标准误，*** 表示 $p<0.01$，** 表示 $p<0.05$，* 表示 $p<0.1$。

（三）企业发布年度独立环境报告

本部分通过考察企业是否发布年度独立环境报告（annual stand-alone report，ASR）对企业投资效率的影响，从一个侧面检验环境信息公开对企业投资效率的影响。因为样本数量的限制，所以样本主要集中在 2007 年之后，为强烈不平衡面板数据，这里采用双向固定效应模型进行估计。根据表 3-12，从总体上看，ASR 对企业投资非效率有负向影响，根据投资效率测度方法，发布年度独立环境报告能提升企业投资效率 0.86%（0.32%），ASR 对重污染企业投资效率的影响更明显。

表 3-12   企业发布独立年度环境报告对投资效率影响的检验结果

Inefficiency	比德尔等（Biddle et al., 2009）			理查森（Richardson, 2006）		
	全样本	重污染	非重污染	全样本	重污染	非重污染
SAR	−0.0086*** (0.0018)	−0.0102*** (0.0030)	−0.0073*** (0.0022)	−0.0032** (0.0016)	−0.0045* (0.0025)	−0.0028 (0.0020)

续表

Inefficiency	比德尔等（Biddle et al., 2009）			理查森（Richardson, 2006）		
	全样本	重污染	非重污染	全样本	重污染	非重污染
Constant	0.0855 *** (0.0337)	0.1069 *** (0.0336)	0.0706 *** (0.0326)	0.0665 *** (0.0255)	0.0748 *** (0.0239)	0.0603 *** (0.0259)
Year and Industry	Yes	Yes	Yes	Yes	Yes	Yes
X	Yes	Yes	Yes	Yes	Yes	Yes
Observations	17809	7416	10393	18153	7413	10740
Adj. R^2	0.182	0.172	0.192	0.109	0.0760	0.133
Bootstrap Hausman	156.31 ***	92.08 ***	79.53 ***	87.32 ***	33.58 ***	66.81 ***

注：1. Bootstrap Hausman 检验执行 2000 次 bootstrap 重复；
2. F 检验和 BP 检验的结果表明 OLS 是不合适的；
3. Sargan-Hansen 检验被用来区分固定效应和随机效应，结果同 Bootstrap Hausman 检验；
4. 括号中数据是以企业为单位的稳健标准误，*** 表示 $p < 0.01$，** 表示 $p < 0.05$，* 表示 $p < 0.1$。

由于企业是否发布 ASR 可能并非随机，这会受到企业营运情况、股票价格和企业环境表现等因素的影响，存在自选择性，这里采用 Heckman 两步法对表 3 - 12 可能存在的自我选择偏误进行修正。先构建 probit 模型估计企业是否发布 ASR 得到逆米尔斯比率（Inverse Mills Ratio），然后再放入回归模型，结果见表 3 - 13。类似研究如沙赫扎德（Shahzad）和沙夫曼（Sharfman, 2017）在研究 CSR 对 CFP 影响时也发现，必须考虑这种样本选择问题。Inverse Mills Ratio 都是显著的，所以可以认为存在自我选择偏误问题，在考虑自我选择偏误以后，ASR 对企业投资效率的积极影响依旧显著。通过对比可以发现，考虑自我选择偏误后，通过比德尔（Biddle, 2009）方法得到的结果显示 ASR 的影响减小了[①]，而通过理查森（2006）的方法计算的结果显示 ASR

———

[①] Biddle G C, Hilary G, Verdi R S. How does financial reporting quality relate to investment efficiency? [J]. Journal of Accounting and Economics, 2009, 48 (2 - 3).

的影响被增强了①，与表 3 - 12 中结果相比，两个结果更加接近，也更加符合常理。

表 3 - 13　　　基于 Heckman 的独立年度报告对投资效率影响的验证结果

Inefficiency	比德尔等（Biddle et al.，2009）			理查森（Richardson，2006）		
	全样本	重工业	非重工业	全样本	重工业	非重工业
EID	− 0.0054 ***	− 0.0047 **	− 0.0057 ***	− 0.0044 ***	− 0.0043 ***	− 0.0043 ***
	(0.0011)	(0.0019)	(0.0015)	(0.0011)	(0.0016)	(0.0014)
X	Yes	Yes	Yes	Yes	Yes	Yes
Inverse Mills Ratio	0.0261 ***	0.0662 ***	0.0104	0.0225 ***	0.0355 ***	0.0282 **
	(0.0057)	(0.0088)	(0.0074)	(0.0087)	(0.0120)	(0.0111)
Constant	0.0303 ***	0.0128 **	0.0375 ***	0.0537 ***	0.0582 ***	0.0489 ***
	(0.0035)	(0.0059)	(0.0045)	(0.0026)	(0.0038)	(0.0034)
Year	Yes	Yes	Yes	Yes	Yes	Yes
Observations	19816	8125	11691	18569	7539	11030
Wald test	640.9 ***	245.1 ***	470.2 ***	610.9 ***	129.9 ***	652.5 ***

注：1. 括号中数据是以企业层面聚集为单位的稳健标准误，*** 表示 p < 0.01，** 表示 p < 0.05，* 表示 p < 0.1；
2. 基于 MLE 的结果也基本与二步法结果一致。

三、异质性分析

为了探索环境信息公开对不同行业中企业投资效率造成的异质性影响，本部分构建分行业样本回归，根据每一个制造业重污染二位数行业构建一个处理组，同时以所有非重污染制造业企业为控制组（制造业企业之间具有更多相似性，所以不需要用全样本的控制组），发现环境信息公开对企业投资效率的积极影响还存在但并不一致，不同细分行业表现出显著差异，具体如表 3 - 14 所示。C0、C1 和 C3 行业虽

① Richardson S. Over-investment of free cash flow [J]. Review of Accounting Studies, 2006, 11 (2 - 3).

然政策净效果系数的经济意义明显，但是统计上并不显著，这可能是因为这三个行业本身属于竞争性行业，市场化程度高、行政垄断较少，从 heavy 系数来看，这三类行业的投资效率并没有明显的低于其他非重污染行业，投资效率的变化更加平稳。C4 和 C6 行业表现出更强的制度效果，相对于前面 3 个行业，这两类行业进入门槛更高、市场化程度较低、垄断性更强，从 heavy 系数来看，这两类行业本身的投资效率也比较低，环境信息公开政策的出台为其投资提供了好的契机。为了检验 PSM 估计的稳健性，本书中还通过更换匹配函数、变更 kernel 的带宽，设定 logit 估计倾向值得分、平衡性面板和分组国企样本等方法进行稳健性检验，结果显示这些都没有显著地改变上述结果，即企业环境信息公开有助于提升企业投资效率。

表 3 - 14　　　　环境信息公开制度出台对细分行业影响的回归结果

Inefficiency	(1)	(2)	(3)	(4)	(5)	(6)
	C0	C1	C3	C4	C6	C8
EID	0.0011 (0.0024)	- 0.0009 (0.0025)	- 0.0045 (0.0076)	0.0013 (0.0048)	- 0.0023 (0.0045)	0.0001 (0.0026)
heavy	0.0034 (0.0045)	0.0076 (0.0081)	0.0206 (0.0160)	0.0136 ** (0.0069)	0.0160 ** (0.0070)	0.0045 (0.0040)
heavy × EID	- 0.0043 (0.0050)	- 0.0053 (0.0083)	- 0.0234 (0.0162)	- 0.0135 ** (0.0066)	- 0.0197 *** (0.0070)	- 0.0082 * (0.0043)
X	Yes	Yes	Yes	Yes	Yes	Yes
Constant	0.0491 *** (0.0021)	0.0492 *** (0.0025)	0.0584 *** (0.0074)	0.0534 *** (0.0050)	0.0555 *** (0.0049)	0.0482 *** (0.0023)
Observations	5003	4691	4520	5996	5777	5357
Adj. R^2	0.000	0.002	0.016	0.004	0.013	0.003

注：1. 控制组均为制造业的非重污染企业；
　　2. 括号中数据是以企业为单位的稳健标准误，*** 表示 $p < 0.01$，** 表示 $p < 0.05$，* 表示 $p < 0.1$。

四、机制探讨

(一) 财务杠杆的中介效应

财务杠杆的因果中介效应分析结果呈现在表 3 – 15 中。虽然 Sobel 检验不显著，但是 ACME 的 95% 置信区间显著不包括 0，可以认为 EID 不仅对投资效率有直接积极影响，还通过财务杠杆对投资效率产生影响，系数大小为 – 0.0006，通过财务杠杆产生的间接效应占总效应的比例为 5.68%。已有研究发现 EID 有助于公司以更低的成本获取资本，且更容易获取资本，因为企业更加透明。财务杠杆在此表现为中介变量，EID 间接地通过金融市场来影响企业投资效率。从表 3 – 15 中第 (3) 列的系数来看，财务杠杆率对企业非投资效率也有影响，即提高杠杆率降低了非效率，所以有助于提高投资效率。本书尝试用融资约束替换财务杠杆，也发现了类似规律，所以可以认为 EID 可以通过影响企业在资本市场中的资金获取成本，从而对企业投资效率施加间接影响。为了进一步验证金融市场的作用，本书中还使用融资约束变量进行考察，可以得出类似结果。

表 3 – 15　　　　　　　财务杠杆的中介机制检验结果

变量	(1)	(2)	(3)	(4)	(5)	(6)
	杠杆			非效率		
EID	0.3585 (0.2931)	– 0.0043 (0.0054)			– 0.0038 (0.0053)	– 0.0005 (0.0069)
leverage			– 0.0015 *** (0.0004)		– 0.0015 *** (0.0004)	– 0.0015 *** (0.0004)
leverage × EID				– 0.0024 (0.0015)		– 0.0015 (0.0020)

变量	(1)	(2)	(3)	(4)	(5)	(6)
	杠杆			非效率		
X	Yes	Yes	Yes	Yes	Yes	Yes
Constant	0.8382 *** (0.5864)	0.0659 *** (0.0256)	0.0672 *** (0.0256)	0.0659 *** (0.0256)	0.0672 *** (0.0256)	0.0672 *** (0.0256)
Year and Industry	Yes	Yes	Yes	Yes	Yes	Yes
观测值	18198	18153	18153	18153	18153	18153
Adj. R^2	0.194	0.109	0.110	0.109	0.110	0.110
Bootstrap Hausman	58.39 ***	99.52 ***	99.42 ***	98.74 ***	100.16 ***	100.03 ***
	Mean	Low limit	Upper limit	% of Total Effect mediated		
ACME	−0.0006	−0.0011	−0.0002	5.68%		
Sobel tests	−1.56			7.14%		

注: 1. Hausman test, ACME 和 Sobel tests 都执行 2000 次 bootstrap 重复;
　　2. 括号中数据是以企业为单位的稳健标准误, *** 表示 $p < 0.01$, ** 表示 $p < 0.05$, * 表示 $p < 0.1$。

(二) 员工薪酬的中介效应

员工薪酬的因果中介效应分析结果见表 3 - 16, 可以发现 ACME 的 95% 置信区间显著不为 0, Sobel 检验也非常显著, 这表明 EID 通过员工激励中介变量对投资效率有一个显著的间接影响, 间接作用系数大小 -0.0017, 员工薪酬的间接效应占总效应的 17.21%。从表 3 - 16 的第 (1) 列数据可以发现, EID 可以增加员工收入, 这可能是通过提高公司透明度、增强员工话语权实现的, 另外相关研究认为, EID 能增加企业的市场价值, 而员工能从企业市场价值增加中获得收益。通过第 (3) 列数据可以发现员工收入水平对于公司效率的正向作用, 员工收入提高后会有更高的责任感、员工奉献和忠诚度, 这些都有助于公司效率的提升, 所以这里员工薪酬作为一个中介变量, 使 EID 能通过劳动力市场对企业投资效率提升有间接影响。

表 3 - 16　　　　　　　　员工薪酬的中介机制检验结果

变量	(1)	(2)	(3)	(4)	(5)	(6)
	lnsalary			Inefficiency		
EID	0.1101 ** (0.0491)	-0.0043 (0.0054)			-0.0040 (0.0054)	-0.0183 (0.0824)
lnsalary			-0.0030 * (0.0016)		-0.0030 * (0.0016)	-0.0030 * (0.0016)
lnsalary × EID				-0.0002 (0.0003)		0.0007 (0.0042)
X	Yes	Yes	Yes	Yes	Yes	Yes
Constant	17.4554 *** (1.1420)	0.0659 *** (0.0256)	0.1178 *** (0.0251)	0.0659 *** (0.0256)	0.1177 *** (0.0251)	0.1177 *** (0.0251)
Year and Industry	Yes	Yes	Yes	Yes	Yes	Yes
观测值	18196	18153	18151	18151	18151	18151
Adj. R^2	0.907	0.109	0.109	0.109	0.109	0.109
Bootstrap Hausman	254.59 ***	99.52 ***	64.37 ***	99.56 ***	65.33 ***	65.28 ***
	Mean	Low limit	Upper limit	% of Total Effect mediated		
ACME	-0.0017	-0.0031	-0.0005	17.21%		
Sobel tests	-2.33 ***			21.56%		

注：1. lnsalary 为员工薪酬的自然对数；
　　2. Hausman test，ACME 和 Sobel tests 都执行 2000 次 bootstrap 重复；
　　3. 括号中数据是以企业为单位的稳健标准误，*** 表示 $p < 0.01$，** 表示 $p < 0.05$，* 表示 $p < 0.1$。

第五节　研究结论和政策含义

一、研究结论

本部分中采用了 2 种被广泛应用的测量企业投资效率的方法测算了我国 2003 ~ 2015 年所选样本企业的投资效率，以 2007 年《环境信息公开办法（试行）》的出台为时间点，利用 DID 和 PSM 相结合的方法检验了环境信息公开政策的出台对企业投资效率的影响，最后分别从劳动力市场和金融市场角度对作用机制进行了探讨。

研究发现《环境信息公开办法（试行）》的实施显著地提高了重污染企业投资效率，而且还可以通过劳动力市场和资本市场间接地影响企业投资效率。具体结论如下：①在 DID 和 PSMDID 下，2007 年《环境信息公开办法（试行）》的出台对企业投资非效率有显著抑制作用，无论是全样本下还是制造业分组样本下，环境信息公开的出台都能显著提高企业投资效率，相关检验也进一步验证了估计方法的适宜性；②环境信息公开制度的出台能有效降低过度投资企业的投资意愿，增加投资不足企业的投资力度，从而降低投资非效率状况，在两种投资效率测度方法下的结果显示均能提高企业投资效率；③环境信息公开制度对重污染企业各细分行业的影响存在异质性，对食品、饮料、纺织、服装、皮毛、造纸、印刷等行业中上市企业投资效率提升作用不明显，对石油、化学、塑料、塑胶、金属、非金属等行业的投资效率提升效果更加明显，这种差异可以通过细分市场结构、竞争状况和行政干预情况的改善得到一定解释；④通过双向固定效应模型和 Heck-man 二步法估算结果发现，企业独立发布年度环境报告与企业投资效率间存在显著的积极关联；⑤财务杠杆和劳工薪酬是中介变量，企业环境信息公开通过中介变量对企业投资效率存在间接的中介效应。

二、政策含义

企业环境信息公开减少了企业存在的信息不对称问题，使股东、管理层、员工及其他利益相关者对公司状况有准确掌握，减少代理成本，提高了投资决策效率。通过降低投资者的不确定性和增加员工对公司的认同感，提高企业在金融市场和劳动力市场的认可度，进而减少了交易成本。环境信息公开制度的执行，可以使企业和居民通过提前预防来降低污染可能带来的损失，还不会影响企业正常经营活动，甚至通过提高公司透明度进而提高投资效率，这是对传统污染控制制度的补充和完善。

鼓励、支持甚至强制企业进行环境信息公开，进一步提高上市公司和重污染企业环境信息发布的数量和质量要求。企业的环境信息公开不仅有助于政府环境管理部门和民众对公司污染排放信息的了解，而且能帮助公司在劳动力市场和资本市场上以更低的成本获取资本。当前非上市公司只有国控重点污染企业才公布季度污染物排放量和排污费缴纳情况等信息，民众和ENGOs无法获取其他非上市重污染企业的污染排放信息。上市公司公开的年度独立环境责任报告和临时报告，内容不够规范具体，经常只报告环境利好而隐瞒环境损害或者潜在环境风险，有进一步改进空间。

第四章

环境信息披露与市场学习假说

第一节 研究问题

信息披露对市场效率的影响受到广泛的关注（Zhang and Yang，2023；Guo et al.，2022；Terry et al.，2023；Jayaraman and Wu，2019）①②③④。部分研究探讨了企业通过披露与环境、社会和治理（ESG）相关的信息为资本市场提供企业特质信息，以实现降低信息不对称、改善信息环境的目的（Zhang and Yang，2023；Gong et al.，

---

① Zhang J T, Yang Y L. Can environmental disclosure improve price efficiency? The perspective of price delay [J]. Finance Research Letters, 2023, 52.

② Guo C Y, Yang B C, Fan Y. Does mandatory CSR disclosure improve stock price informativeness? Evidence from China [J]. Research in International Business and Finance, 2022, 62.

③ Tarr D G, Kuznetsov D E, Overland I, Vakulchuk R. Why carbon border adjustment mechanisms will not save the planet but a climate club and subsidies for transformative green technologies may [J]. Energy Economics, 2023, 122: 106695.

④ Sudarshan J, Wu J S. Is Silence Golden? Real Effects of Mandatory Disclosure [J]. The Review of Financial Studies, 2019, 32 (6).

2019；Huang et al.，2021)①②③。也有研究提出市场关注企业的环境信息披露情况，更有投资者愿意以此作为投资决策的重要标准（Meng and Zhang，2022)④。但令人担忧的是，类似 EID 之类的非财务信息披露在改善市场状况的同时，也可能引来负面影响（Bhandari and Java-khadze，2017)⑤。相关研究中通过建立市场学习假说，发现美国市场中的强制披露和社会责任披露降低了企业的实际投资效率（Bhandari and Javakhadze，2017)⑥。但是，落后的产权保护制度和市场监管机制使新兴市场的信息处理能力异于发达市场（Morck et al.，2000)⑦。市场学习假说在信息市场的适用性尚未可知。

市场学习假说最早是由邦德等（Bond et al.，2012)⑧ 在分析市场效率时提出的。邦德等人⑧通过对二级交易市场的观察，提出了市场中存在预测性价格效率（FPE）和启示性价格效率（RPE）。前者是指股价中含有的未来现金流的信息。而后者是指拥有信息优势的管理层从股价信息中提取自己所不知道的"新"信息，从而对自己的投资决策

① Zhang J T, Yang Y L. Can environmental disclosure improve price efficiency? The perspective of price delay [J]. Finance Research Letters, 2023, 52.

② Gong Y J, Ho K C, Lo C C, Karathanasopoulos Andreas, Jiang I – Ming. Forecasting price delay and future stock returns: The role of corporate social responsibility [J]. Journal of Forecasting, 2019, 38 (4).

③ Huang Y X, Yang S G, Zhu Q, et al. Corporate Environmental Responsibility and Managerial Learning: Evidence from U. S. Listed Firms [J]. Sustainable Production and Consumption, 2021, 27: 1961 – 1974.

④ Meng J, Zhang Z X. Corporate environmental information disclosure and investor response: Empirical Evidence from China's capital market [J]. Energy Economics, 2022, 108.

⑤ Bhandari A, Javakhadze D. Corporate social responsibility and capital allocation efficiency [J]. Journal of Corporate Finance, 2017, 43.

⑥ Sudarshan J, Wu J S. Is Silence Golden? Real Effects of Mandatory Disclosure [J]. The Review of Financial Studies, 2019, 32 (6): 2225 – 2259.

⑦ Morck R K, Yeung B, Wu W. The Information Content of Stock Markets: Why do Emerging Markets have Synchronous Stock Price Movements? [J]. Journal of Financial Economics, 2000, 58 (1): 215 – 260.

⑧ Bond P, Edmans A, Itay Goldstein. The Real Effects of Financial Markets [J]. Annual Review of Financial Economics, 2012, 4 (1).

进行指导。市场学习假说指出股价信息中存在管理层不知道的信息，例如知情交易者的私人信息。这种私人信息可以通过股价传递给企业管理层，从而影响管理层的投资决策（Edmans et al.，2017；Pereira et al.，2020；Ye et al.，2023）①②③。部分研究通过分析美国和日本等发达市场，发现股票价格确实是管理层进行风险投资的重要来源（Jayaraman and Wu，2019；Bhandari and Javakhadze，2017；Sakawa et al.，2020）④⑤⑥。市场学习假说指出信息披露对预测性价格效率存在促进作用，但是对需要知情交易等"新"信息的启示性价格效率来说可能是无效的（Bai et al.，2016；Jayaraman and Wu，2019）⑦⑧。环境信息披露可以通过提供企业特质信息的方式改善市场环境，这有利于投资者更好地预测企业未来现金流的变化（Zhang and Yang，2023；Meng-tao et al.，2023）⑨⑩。但同时，环境信息披露也可以将知情交易信息挤出

① Edmans A，Jayaraman S，Schneemj E. The source of information in prices and investment-price sensitivity [J]. Journal of Financial Economics，2017，126（1）.

② Pereira D，Paulo S. Do managers pay attention to the market? A review of the relationship between stock price informativeness and investment [J]. Journal of Multinational Financial Management，2021，59.

③ Ye M，Zheng M Y，Zhu W. The effect of tick size on managerial learning from stock prices [J]. Journal of Accounting and Economics，2023，75（1）.

④ Sudarshan J，Wu J S. Is Silence Golden? Real Effects of Mandatory Disclosure [J]. The Review of Financial Studies，2019，32（6）：2225 – 2259.

⑤ Bhandari A，Javakhadze D. Corporate social responsibility and capital allocation efficiency [J]. Journal of Corporate Finance，2017，43.

⑥ Sakawa H，Watanabel N，Yamada A，et al. The real effect of mandatory disclosure in Japanese firms [J]. Pacific-Basin Finance Journal，2020，60.

⑦ Bai J，Philippon T，Savov A. Have financial markets become more informative? [J]. Journal of Financial Economics，2016，122（3）.

⑧ Jayarama S，Wu J S. Is Silence Golden? Real Effects of Mandatory Disclosure [J]. The Review of Financial Studies，2019，32（6）：2225 – 2259.

⑨ Zhang J T，Yang Y L. Can environmental disclosure improve price efficiency? The perspective of price delay [J]. Finance Research Letters，2023，52.

⑩ Chen M T，Yang D P，Zhang W Q，et al. How does ESG disclosure improve stock liquidity for enterprises—Empirical evidence from China [J]. Environmental Impact Assessment Review，2023，98.

股票价格（Gao et al.，2014）①。因此，管理层在股价中学习知情交易的效果也会下降。对启示性价格效率来说这带来了巨大的成本（Jayaraman and Wu，2019）②。

本章从环境信息披露的角度出发，探究市场学习假说是否适应中国市场。现有研究表明，美国等发达市场的信息披露确实将知情交易挤出，降低了启示性价格效率（Jayaraman and Wu，2019；Bhandari and Javakhadze，2017；Sakawa et al.，2020）③④⑤⑥。但是中国市场信息处理的特殊性可能让这一结果发生改变（Morck et al.，2000）⑦。一方面，相较于美国等发达市场，中国市场的环境信息披露仍处于发展中阶段。2021 年的相关数据表明，中国超过 93％的上市公司没有独立披露环境信息报告。信息披露从 0 到 1 的突破可能会使披露报告中存在知情交易者不知道，但是管理层知道的信息。这种信息上的替代作用可能会提高启示性价格效率。另一方面，落后的产权保护和市场监管制度可能会让新兴市场中的知情交易远远超过发达市场（Ojah et al.，2020）⑧。环境信息披露改善市场带来的收益可能远远超过挤出知情交

① Gao F，Lei L，Zhang X Y. Commitment to social good and insider trading ［J］. Journal of Accounting and Economics，2014，57（2－3）.

② Jayarama S，Wu J S. Is Silence Golden? Real Effects of Mandatory Disclosure ［J］. The Review of Financial Studies，2019，32：2225－2259.

③ Sudarshan J，Wu J S. Is Silence Golden? Real Effects of Mandatory Disclosure ［J］. The Review of Financial Studies，2019，32（6）.

④ Bhandari A，Javakhadze D. Corporate social responsibility and capital allocation efficiency ［J］. Journal of Corporate Finance，2017，43.

⑤ Sakawa H，Watanabel N，Yamada A，et al. The real effect of mandatory disclosure in Japanese firms ［J］. Pacific-Basin Finance Journal，2020，60.

⑥ Sudarshan J，Wu J S. Is Silence Golden? Real Effects of Mandatory Disclosure ［J］. The Review of Financial Studies，2019，32（6）.

⑦ Morck R K，Yeung B，Wu W. The Information Content of Stock Markets：Why do Emerging Markets have Synchronous Stock Price Movements? ［J］. Journal of Financial Economics，2000，58（1）：215－260.

⑧ Ojah K，Muhanji S，and Kodongo O. Insider trading laws and price informativeness in emerging stock markets：The South African case ［J］. Emerging Markets Review，2020，43：100690.

易的成本。本章从环境信息披露的角度出发，探究中国市场上的管理层学习。这对完善市场学习理论、深化新兴市场和发达市场的认知具有重要意义。

参考埃德曼斯等（Edmans et al.，2017）[①] 和黄玉轩（2017）等的做法[②]，本章通过构建传统市场模型来检验市场学习理论在中国资本市场上是否是有效的。使用 2008~2021 年中国上市公司数据检验环境信息披露对投资价格敏感性的影响。结果表明，环境信息披露并没有如市场学习模型预期的那样降低企业实际投资效率，反而提高了投资价格敏感性。这说明，中国市场中企业管理层仍然可以通过价格学习到"新"信息，并以此影响他们的投资决策。通过工具变量法、Heckman样本选择模型和 System GMM 等一系列稳健性检验处理内生性问题后，发现结果仍然是稳健性的。

本章中进一步分析了中国市场上市场学习假说失效的原因。笔者认为中国市场弱有效的市场效率是根本原因。从检验结果中发现进行自愿披露和不存在两职合一的企业通过环境信息披露可以提高投资价格敏感性。通过分位数回归分析发现，环境信息披露的改善效果随着企业投资敏感性的提高而失效。并且企业的环境信息披露与投资敏感性之间可能存在倒"U"型的非线性关系。最后，通过中介效应分析发现，环境信息披露会像理论预期那样挤出资本市场上的知情交易，也确实削弱了环境信息披露的改善效果。但是由于中国市场上大量的内幕信息和知情交易，使得环境信息披露带来的成本远不及改善市场环境带来的收益。

本章的核心贡献是讨论市场学习理论在以中国为主的新兴市场是

① Edmans A, Jayaraman S, Schneeme J. The source of information in prices and investment-price sensitivity [J]. Journal of Financial Economics, 2017, 126: 74–96.

② Huang Y, Yang S, Zhu Q, et al. Corporate environmental responsibility and managerial learning: Evidence from U. S. listed firms [J]. Sustainable Production and Consumption, 2021, 27: 1961–1974.

否适用。现有研究对象主要集中在美国、日本等发达市场，并且认为信息披露对知情交易的挤出效应使股价信息难以对管理层的投资决策提供有益指导（Jayaraman and Wu，2019；Sakawa et al.，2020；Bai et al.，2016；Terry et al.，2023）①②③④。在讨论非财务信息披露时，现有研究中往往使用披露的强势点或者关注点（Bhandari and Javakhadze，2017；Huang et al.，2021）⑤⑥。过于关注披露带来的绩效，可能忽视披露本身的效果。因此，本章从披露数量的角度出发探究了中国市场上环境信息披露对投资价格敏感性的影响。

本章中通过分析中国市场的环境信息披露进一步拓展了市场学习理论。发达市场和新兴市场的信息处理能力不同（Morck et al.，2000）⑦。环境信息披露的改善效果可能与市场发展阶段有关。在发达的资本市场中，环境信息披露的高昂成本会阻碍管理层的学习效果。但是对于仍处于发展阶段的新兴市场来说，环境信息披露对改善市场效果的收益要远超过挤出知情交易的成本。在市场学习理论下，环境信息披露可能是以倒"U"型的方式存在。随着市场的不断完善，环境信息披露对启示性价格效率的影响会下降，最终可能会产生负面影响。

① Jayaraman S, Wu J S. Is Silence Golden? Real Effects of Mandatory Disclosure [J]. The Review of Financial Studies, 2019, 32: 2225 – 2259.

② Sakawa H, Watanabel N, Yamada A, et al. The real effect of mandatory disclosure in Japanese firms [J]. Pacific-Basin Finance Journal, 2020, 60.

③ Bai J, Philippon T, Savov A. Have financial markets become more informative? [J]. Journal of Financial Economics, 2016, 122: 625 – 654.

④ Terry S J, Whited T M, Zakolyukina A A. Information versus Investment [J]. The Review of Financial Studies, 2023, 36: 1148 – 1191.

⑤ Bhandari A, Javakhadze D. Corporate social responsibility and capital allocation efficiency [J]. Journal of Corporate Finance, 2017, 43.

⑥ Huang Y, Yang S, Zhu Q, et al. Corporate environmental responsibility and managerial learning: Evidence from U.S. listed firms [J]. Sustainable Production and Consumption, 2021, 27: 1961 – 1974.

⑦ Morck R, Yeung B, Yu W. The information content of stock markets: why do emerging markets have synchronous stock price movements? [J]. Journal of Financial Economics, 2000, 58: 215 – 260.

本章的研究为新兴市场中披露信息的有效性提供了部分证据和可能的猜想。本章中以市场发展阶段为核心，信息替代论和挤出效应为辅，解读新兴市场中环境信息披露对投资价格敏感性的正向影响。虽然没有提供直接的证据链为本章研究结果提供完整的解释，但尽可能为新兴市场与发达市场的差异化结果提供了可能的猜想。这为未来的研究提供了可能的方向。

第二节 研究假说

一、股价信息

金融学中对股票价格的关注起源于哈耶克（Hayek，1945）[1]。他指出股票价格中含有不同的市场参与者提供的信息。股价信息可以为投资者的管理决策提供重要的参考意见。由于资本的高流动性和投资者的多样性，金融市场往往被认为是可以提供有效信息的市场之一（Goldstein，2023）[2]。此外，随着金融市场的不断完善和投资者逐渐老练，金融市场的信息量变得更大，市场价格中含有更多的信息（Bai et al.，2016；Carpenter et al.，2021）[3][4]。

为了研究市场信息可以为实体经济发展做出的贡献，部分学者研

---

① Hayek F A. The Use of Knowledge in Society [J]. The American Economic Review, 1945, 35：519 – 530.

② Goldstein I. Information in Financial Markets and Its Real Effects [J]. Review of Finance, 2023, 27：1 – 32.

③ Bai J, Philippon T, Savov A. Have financial markets become more informative? [J]. Journal of Financial Economics, 2016, 122：625 – 654.

④ Carpenter J N, Lu F, Whitelaw R F. The real value of China's stock market [J]. Journal of Financial Economics, 2021, 139：679 – 696.

究评估市场信息的反馈效用。邦德等（Bond et al.，2012）[①] 根据股价信息性的特点将市场信息效率分为两种。一种被称为预测性价格效率，是股价中关于未来现金流的信息。预测性价格效率中包含企业的管理层已经知道的信息，其主要作用是向市场的其他投资者提供企业的现金流情况。另一种被称为启示性价格效率，是企业管理层可以从股价信息中获得的"新"信息。这种"新"信息为管理层的投资决策提供了有效的建议（Bai et al.，2016；Carpenter et al.，2021）[②③]。部分研究认为（Bai et al.，2016；Carpenter et al.，2021；Goldstein，2023；Kacperczyk et al.，2020；Jayaraman and Wu，2019）[④⑤⑥⑦⑧]，对于企业的内部投资效率来说，提供管理层所不知情消息的启示性价格效率可以对企业实际投资行为产生影响。由于管理层已经了解了预测性价格效率中的信息，因此它可能无法直接作用于企业的实际投资决策。

二、市场学习理论下的信息披露

价格信息对管理者产生实际经济影响的渠道有两种（Bond et al.，

---

① Bond P，Edmans A，Goldstein I. The Real Effects of Financial Markets［J］. Annual Review of Financial Economics，2012，4：339 – 360.

②④ Bai J，Philippon T，Savov A. Have financial markets become more informative? ［J］. Journal of Financial Economics，2016，122：625 – 654.

③⑤ Carpenter J N，Lu F，Whitelaw R F. The real value of China's stock market［J］. Journal of Financial Economics，2021，139：679 – 696.

⑥ Goldstein I. Information in Financial Markets and Its Real Effects［J］. Review of Finance，2023，27：1 – 32.

⑦ Kacperczyk M，Sundaresan S，Wang T. Do Foreign Institutional Investors Improve Price Efficiency? ［J］. The Review of Financial Studies，2020，34：1317 – 1367.

⑧ Jayaraman S，Wu J S. Is Silence Golden? Real Effects of Mandatory Disclosure［J］. The Review of Financial Studies，2019，32：2225 – 2259.

2012)①。一种叫作激励渠道（incentive-contracting channel），是指在股东利益最大化的要求下，决策者选择的最有效的投资水平。它影响的是管理者做出实际决策的动机。另一种被称为学习渠道（learning channel），即二级市场中的各种知情交易活动影响股票价格。管理者从价格中学习，从而根据信息做出真正的决策（Edmans et al.，2017；Pereira et al.，2021；Ye et al.，2022)②③④。学习渠道影响的是管理者做出相关决策并产生实际影响的能力。也就是说，真正影响到市场资源配置的是 RPE，而非 FPE（Bond et al.，2012；Bai et al.，2016；Carpenter et al.，2021)⑤⑥⑦。

市场学习理论是指管理层从股票价格中获取自己不知道的内幕信息，从而对企业的投资决策进行有效反馈（Bond et al.，2012；Foucault and Frésard，2012)⑧⑨。传统模型和市场学习模型对信息披露的效果提出了不同的见解，其核心分歧在于如何观察企业未来现金流的不确定性（Jayaraman and Wu，2019)⑩。传统模型认为企业未来现金流的不

---

①⑤ Bond P，Edmans A，Goldstein I. The Real Effects of Financial Markets [J]. Annual Review of Financial Economics，2012，4：339 – 360.

②⑧ Edmans A，Jayaraman S，Schneemeier J. The source of information in prices and investment-price sensitivity [J]. Journal of Financial Economics，2017，126：74 – 96.

③ Pereira D，Silva P. Do managers pay attention to the market? A review of the relationship between stock price informativeness and investment [J]. Journal of Multinational Financial Management，2021，59：100675.

④ Ye M，Zheng M Y，Zhu W. The effect of tick size on managerial learning from stock prices [J]. Journal of Accounting and Economics，101515.

⑥ Bai J，Philippon T，Savov A. Have financial markets become more informative? [J]. Journal of Financial Economics，2016，122：625 – 654.

⑦ Carpenter J N，Lu F，Whitelaw R F. The real value of China's stock market [J]. Journal of Financial Economics，2021，139：679 – 696.

⑨ Foucault T，Frésard L. Cross-Listing，Investment Sensitivity to Stock Price，and the Learning Hypothesis [J]. The Review of Financial Studies，2012，25：3305 – 3350.

⑩ Jayaraman S，Wu J S. Is Silence Golden? Real Effects of Mandatory Disclosure [J]. The Review of Financial Studies，2019，32：2225 – 2259.

确定性来自某个随机变量，是一维的（Diamond，1985）[1]。而学习模型认为不确定性来自生产技术和市场需求（Goldstein and Yang，2015，2019）[2][3] 或者现有资产的现金流和增长机会（Edmans et al.，2017）[4]。管理层对于后者的了解不如市场中的知情交易者。因此，管理层需要从股价信息中获取知情交易信息，进而对自己的投资决策进行指导。

传统模型和学习模型对信息披露效果存在分歧。传统模型认为信息披露可以降低信息不对称和交易成本（Gao et al.，2014）[5]。较低的逆向选择成本可以便于企业筹集资金，专注于对未来资产的投资（Agnes Cheng et al.，2020）[6]。此外，通过信息披露，利益相关者可以更好地了解企业的经营状况，以此加强对企业的监督管理（Chen and Xie，2022）[7]。但是学习模型认为信息披露减少内幕交易这一行为会带来看不见的成本（Gao and Liang，2013）[8]。管理层对于企业充分的了解让他们天然具有信息优势。但市场汇总了投资者的各种信息，相较之下管理层的优势不再明显。企业管理层需要通过学习完善自己的投资决策。其中，股价信息中的内幕信息可以为管理层提供大量不知情的"新"信息。但是信息披露的挤出效应让管理层希望了解的信息量

---

① Diamond D W. Optimal Release of Information by Firms [J]. The Journal of Finance, 1985, 40：1071 – 1094.

② Goldstein I, Yang L. Information Diversity and Complementarities in Trading and Information Acquisition [J]. The Journal of Finance, 2015, 70：1723 – 1765.

③ Goldstein I, Yang L. Good disclosure, bad disclosure [J]. Journal of Financial Economics, 2019, 131：118 – 138.

④ Edmans A, Jayaraman S, Schneeme J. The source of information in prices and investment-price sensitivity [J]. Journal of Financial Economics, 2017, 126：74 – 96.

⑤ Gao F, Lisic L L, Zhang I X. Commitment to social good and insider trading [J]. Journal of Accounting and Economics, 2014, 57：149 – 175.

⑥ Agnes Cheng C S, Li S, Zhang E X. Operating cash flow opacity and stock price crash risk [J]. Journal of Accounting and Public Policy, 2020, 39：106717.

⑦ Chen Z, Xie G. ESG disclosure and financial performance：Moderating role of ESG investors [J]. International Review of Financial Analysis, 2022, 83：102291.

⑧ Gao P, Liang P J. Informational Feedback, Adverse Selection, and Optimal Disclosure Policy [J]. Journal of Accounting Research, 2013, 51：1133 – 1158.

降低，阻碍了学习效果的实现（Terry et al.，2023）①。因此，信息披露为企业的管理层既带来了收益，也带来了成本（Gao et al.，2014）②。披露企业信息降低了信息不对称，减少了流动性折扣（Gao et al.，2014）③。非财务的信息披露还可以展现企业自身在社会责任上的战略和表现，有利于提高企业的股价（Meng and Zhang，2022）④。但同时，信息披露也会阻碍管理层从股价中获得有效的内幕信息，降低了实际投资效率。

三、环境信息披露与投资价格敏感性

环境信息披露是信息披露的一种，可以有效减少信息不对称和提高信息透明度（Meng and Zhang，2022；Zhang and Yang，2023）④⑤。依照市场学习理论，环境信息披露可能减少管理层获得有效信息的数量。但部分研究提出中国市场上的环境信息披露促进企业的实际投资效率（Wang et al.，2020）⑥。中国市场仍属于弱有效市场，与美国等发达市场相比，在信息处理能力上存在差异（Morck et al.，2020）⑦。这可能导致市场学习理论并不能像预期那样发挥作用。

首先，要承认资本市场上环境信息披露可能同时满足传统模型和

① Terry S J，Whited T M，Zakolyukina A A. Information versus Investment ［J］. The Review of Financial Studies，2023，36：1148 –1191.

②③ Gao F，Lisic L L，Zhang I X. Commitment to social good and insider trading ［J］. Journal of Accounting and Economics，2014，57：149 –175.

④ Meng J，Zhang Z. Corporate environmental information disclosure and investor response：Evidence from China's capital market ［J］. Energy Economics，2022，108：105886.

⑤ Zhang J，Yang Y. Can environmental disclosure improve price efficiency？ The perspective of price delay ［J］. Finance Research Letters，2023，52：103556.

⑥ Wang X，Shen X，Yang Y. Does Environmental Information Disclosure Make Firms' Investments More Efficient？ Evidence from Measure 2007 of Chinese A-Listed Companies ［J］. Sustainability，2020，12：1895.

⑦ Morck R，Yeung B，Yu W. The information content of stock markets：why do emerging markets have synchronous stock price movements？ ［J］. Journal of Financial Economics，2000，58：215 –260.

市场学习模型。环境信息披露在提高信息透明度的同时阻碍管理层获得有效信息（Gao and Liang，2013）①。但是，新兴市场和发达市场对两种模型可能存在倾向性的不同（Morck et al.，2000）②。发达市场中完善的市场体系使其需要支付高昂的披露成本（Blankespoor et al.，2020）③。但由于产权保护和市场监管的不足，新兴市场上可能存在大量的内幕信息。因此，新兴市场的信息披露成本较低。信息披露在一个长期发展的市场中可能呈现倒"U"型的特征。依照传统模型，新兴市场中环境信息披露会促进企业对于未来的投资。随着市场不断完善发展和信息披露成本的上升，环境信息披露的效果可能会下降，甚至会产生负面影响。

其次，信息替代论可能在一定程度上解释这种差异（Goldstein and Yang，2019）④。如果企业披露的信息与知情交易者的信息是相互替代而不是互补的，那么可以促进学习效应的发生。例如，企业披露的环境信息往往是管理层已经知道的。但如果相关信息在披露之前并没有被知情交易者所了解，那么环境信息披露可以带来更多的学习效应。这种现象在中国等新兴市场是容易出现的。由于近年来对环境治理的重视，越来越多的企业被政府要求披露环境信息。因此，在披露制度尚未完善的新兴市场，环境信息披露可能是从无到有的质的突破，而不是量的增加。在这种情况下知情交易者对企业披露的情况极有可能是不了解的。

---

① Gao P, Liang P J. Informational Feedback, Adverse Selection, and Optimal Disclosure Policy [J]. Journal of Accounting Research, 2013, 51: 1133 – 1158.

② Morck R, Yeung B, Yu W. The information content of stock markets: why do emerging markets have synchronous stock price movements? [J]. Journal of Financial Economics, 2000, 58: 215 – 260.

③ Blankespoor E, Dehaan E, Marinovic I. Disclosure processing costs, investors' information choice, and equity market outcomes: A review [J]. Journal of Accounting and Economics, 2020, 70: 101344.

④ Goldstein I, Yang L. Good disclosure, bad disclosure [J]. Journal of Financial Economics, 2019, 131: 118 – 138.

最后，并不能保证中国市场上的环境信息披露对知情交易的挤出效应是明显的。一方面，相较于发达市场，新兴市场存在较为不透明的市场环境（Eun et al.，2015）[①]。知情交易的数量和质量可能会远超发达市场。另一方面，中国市场上的环境信息披露制度还需要完善（Hu et al.，2023）[②]。企业尚未披露完整、全面和有效的环境信息。因此，环境信息披露挤出知情交易所带来的成本可能远远小于披露收益。

第三节 研究设计

一、研究数据

上海证券交易所在 2008 年发布了《上市公司环境信息披露指引》，要求重污染企业披露环境信息情况，并鼓励其他企业进行自愿披露。因此，研究中使用的数据是 2008~2021 年中国上市公司数据。参考传统期刊的数据处理方法（Zhang and Yang，2023；Meng-tao et al.，2023）[③④]，对数据进行了以下的处理。①剔除了部分出现连续亏损、停牌转让的企业，例如 ST、*ST 和 SP 企业；②考虑到金融行业会计准则与普通企业存在差异，因此，金融行业样本也被剔除；③剔除了数据缺失较为

---

① Eun C S, Wang L, Xiao S C. Culture and R^2 [J]. Journal of Financial Economics, 2015, 115：283 – 303.

② Hu J, Zou Q, Yin Q. Research on the effect of ESG performance on stock price synchronicity：Empirical evidence from China's capital markets [J]. Finance Research Letters, 2023, 55 (A)：103847.

③ Zhang J, Yang Y. Can environmental disclosure improve price efficiency? The perspective of price delay [J]. Finance Research Letters, 2023, 52：103556.

④ Chen M T, Yang D P, Zheng W Q, et al. How does ESG disclosure improve stock liquidity for enterprises—Empirical evidence from China [J]. Environmental Impact Assessment Review, 2023, 98：106926.

严重的样本；④企业样本中极端值的存在会影响回归结果的准确性，造成严重的估计偏误。研究中对除了 EID 之外的数据进行上下 1% 缩尾处理，并覆盖原始值。研究中使用的所有数据来自国泰安数据库。国泰安数据库经常是中国研究中首选的数据库之一，其中的数据具有可靠性、准确性和真实性（Guo et al.，2022；Chen et al.，2023）[1][2]。

二、环境信息披露

对企业的环境信息披露状况如何衡量是本研究的关注重点。国际上有多家机构提供企业的非财务信息披露情况。其中具有代表性的有两类（Zhang，2022）[3]。第一类是汤森路透（Thomson Reuters）提供的 Asset4 ESG 绩效得分。Asset4 ESG 绩效得分中的环境得分是根据企业在环境方面表现提供加权得分，侧重体现企业的环境表现（Yu et al.，2020）[4]。第二类是 KLD 公司和彭博公司提供的企业披露情况。当企业披露某种环境情况时赋值为 1，不披露则赋值为 0。其中，KLD 在此基础上进一步区分，将企业的披露情况分为主动披露（strengths）和得到关注时披露（concerns）（Huang et al.，2021）[5]。而彭博的 ESG 数据并没有进行区分，只是根据企业是否披露进行等权打分（Schiemann and

① Guo C, Yang B, Fan Y. Does mandatory CSR disclosure improve stock price informativeness? Evidence from China [J]. Research in International Business and Finance, 2022, 62: 101733.

② Chen Y, Li T, Zeng Q, et al., Effect of ESG performance on the cost of equity capital: Evidence from China [J]. International Review of Economics & Finance, 2023, 83: 348 - 364.

③ Zhang D. Environmental regulation, green innovation, and export product quality: What is the role of greenwashing? [J] International Review of Financial Analysis, 2022, 83: 102311.

④ Yu E P Y, Luu B V, Chen C H. Greenwashing in environmental, social and governance disclosures [J]. Research in International Business and Finance, 2020, 52: 101192.

⑤ Huang Y, Yang S, Zhu Q, et al. Corporate environmental responsibility and managerial learning: Evidence from U. S. listed firms [J]. Sustainable Production and Consumption, 2021, 27: 1961 - 1974.

Tietmeyer，2022) [1]。企业披露的相关信息越多，则其得分越高。

本章的 EID 指标构建策略参考第二类情况。企业的环境绩效是在披露情况基础上打分得到的。使用第二种策略可以更好地衡量企业的披露效果。同时，本章研究中也没有将 EID 进一步区分为 strengths 和 concerns。一方面，企业数据难以支持进行区分，另一方面，希望看到 EID 披露的整体效果。但是考虑到 KLD 和彭博 ESG 数据库提供的企业环境信息披露情况是根据发达国家的披露要求制定的，可能并不适应中国企业的披露情况。因此，研究中并没有直接使用 KLD 和彭博 ESG 数据，而是基于披露规则自行构建指标体系。参考张济涛和杨永亮（2023） [2]以及王海森（2022）等人的研究 [3]，构造了一个包含 5 个一级指标和 30 个二级指标的企业环境信息披露体系。其中，如果企业进行定量披露则赋值为 2，进行定性披露则赋值为 1，不披露则赋值为 0。最终，将企业在 30 个指标上的得分相加即为企业的 EID 得分。构建指标体系时尽可能地覆盖了企业相关的环境信息披露情况，具有全面、客观、准确的特点。考虑到系数可视化问题，研究中将 EID 缩小 100 倍。

三、模型设定

实证框架参考了埃德曼斯（Edmans，2017） [4] 和黄玉轩等（2021）

① Schiemann F, Tietmeyer R. ESG Controversies, ESG Disclosure and Analyst Forecast Accuracy [J]. International Review of Financial Analysis, 2022, 84: 102373.

② Zhang J, Yang Y. Can environmental disclosure improve price efficiency? The perspective of price delay [J]. Finance Research Letters, 2023, 52: 103556.

③ Wang H, Yang G, Ouyang X, et al. Does environmental information disclosure promote the supply of environmental public goods? Evidence based on a dynamic spatial panel Durbin model [J]. Environmental Impact Assessment Review, 2022, 93: 106725.

④ Edmans A, Jayaraman S, Schneemeier J. The source of information in prices and investment-price sensitivity [J]. Journal of Financial Economics, 2017, 126: 74-96.

的做法①。为了降低遗漏变量的影响，使用双向固定效应模型。同时，在传统市场学习模型的基础上，增加了 EID 和托宾 Q 的交乘项来研究管理层从 EID 中的学习程度对投资效率的影响。具体回归模型如公式（4-1）所示：

$$INV_{i,t+1} = \alpha_i + \beta_1 q_{i,t} + \beta_2 CFO_{i,t} + \beta_3 EID_{i,t} + \beta_4 q \times EID_{i,t}$$
$$+ \beta_5 CFO \times EID_{i,t} + \beta_6 Size_{i,t} + \mu_i + \varphi_t + \varepsilon_{i,t} \qquad (4-1)$$

式中，INV 是衡量企业投资的代理变量，使用 t+1 年的资本支出与 t 年的企业规模（总资产）的比值来表示。资本支出由企业经营租赁所支付的现金加上购建固定资产、无形资产和其他长期资产的现金流净额组成。参考班达里和贾瓦哈泽（Bhandari and Javakhadze，2017）的做法②，在稳健性检验中进一步在资本支出中加入企业的研发支出。

托宾 Q 和企业现金流在本章的研究中极其重要。参考黄玉轩等（2021）的做法③，按照公司的账面价值缩放市场价值来衡量企业的托宾 Q。在稳健性检验中，按照资产总计减去无形资产净额，减去商誉净额来缩放市场价值以衡量企业的托宾 Q。企业现金流（CFO）是企业在经营活动中产生的现金流净额。公司规模可能会影响企业的投资情况。按照埃德曼斯（Edmans，2017)④ 提出的传统市场学习模型，加入总资产的自然对数作为公司规模的代理变量。我们还在稳健性检验中参考黄玉轩等（2021)⑤ 及班达里（Bhandari）和贾瓦哈泽（Java-

①③⑤ Huang Y, Yang S, Zhu Q, et al. Corporate environmental responsibility and managerial learning: Evidence from U. S. listed firms [J]. Sustainable Production and Consumption, 2021, 27: 1961 – 1974.

② Bhandari A, Javakhadze D. Corporate social responsibility and capital allocation efficiency [J]. Journal of Corporate Finance, 2017, 43: 354 – 377.

④ Edmans A, Jayaraman S, Schneemeier J. The source of information in prices and investment-price sensitivity [J]. Journal of Financial Economics, 2017, 126: 74 – 96.

khadze，2017)[①]，提供了增加企业控制变量的结果。

本章研究中使用了双向固定效应模型。M_i 表示企业的个体固定效应。l_t 表示时间固定效应。$\varepsilon_{i,t}$ 是随机扰动项。相关回归结果除非特殊说明均使用了异方差稳健标准误。我们关注的系数。如果 $\beta_3 > 0$，说明中国市场的环境信息披露可以提高企业的投资效率。

四、描述性统计

表 4-1 提供了描述性统计的分析结果。环境信息披露总分为 0.42 分。企业 EID 的最高分为 0.37，最低分为 0，平均值为 0.07，中位数为 0.04。这说明中国市场上的环境信息披露整体水平较低。研究中使用了 EID 与 q 的交互项进行相关系数检验。结果表明 EID×q 与环境披露存在正相关并且在 1% 的统计学水平上是显著的。环境信息披露可能会提高企业的实际投资效率。我们将在接下来的实证分析中对两者进行因果推断。

表 4-1 　　　　　　　　　　　　　　　描述性统计

变量	N	Mean	St Dev	Min	p50	Max	Skewness	Kurtosis	Correlation
$INV_{i,t+1}$	34963	0.06	0.07	0	0.04	0.36	2.10	8.19	—
EID	36935	0.07	0.07	0	0.04	0.37	1.37	4.39	0.05 ***
q	37725	2.08	1.39	0.87	1.63	9.37	2.84	12.91	0.04 ***
CFO	39560	0.05	0.07	−0.18	0.05	0.26	−0.08	4.12	0.19 ***
EID×q	36321	0.13	0.16	0	0.08	3	4.06	33.65	0.08 ***
EID×CFO	36918	0	0.01	−0.06	0	0.08	2.37	14.28	0.13 ***
ASSET	39606	22	1.350	19.06	21.83	26.09	0.61	3.43	−0.09 ***

注：本表报告了回归中主要变量的汇总统计；***、** 和 * 分别表示在 1%、5% 和 10% 水平上显著。

---

① Bhandari A, Javakhadze D. Corporate social responsibility and capital allocation efficiency [J]. Journal of Corporate Finance, 2017, 43: 354-377.

　　根据表4-1绘制了2021年中国上市公司环境信息披露情况（见图4-1）。从数据来看，中国上市公司环境信息披露仍处于前期阶段，存在较大的发展空间。76%的上市公司社会责任报告中没有披露环境相关信息。93.9%的上市公司没有单独披露环境报告（envreport）。仅有8%的企业定量披露2021年CO_2排放量情况（CO_2 emission）。SO_2（SO_2 emission）和COD（COD emission）等污染物的定量披露不超过20%。此外，环境违法（envviolation）、环境信访（envpetlettercase）和突发环境事件（suddenenvaccident）的披露量不超过2%。披露情况前三分别是污染物排放达标（keypollmonunit）、年报中包含披露环境相关信息（annualreport）和环保理念（eptconcept）。总的来说，从中国企业2021年的披露情况来看，大部分企业仅披露容易漂绿的软性信息，对于更能体现企业环保实际情况的硬性信息，企业大多选择不披露或者定性披露。

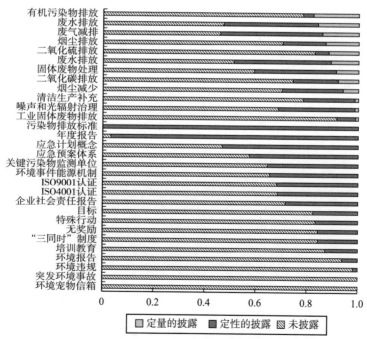

图4-1　2021年中国企业环境信息披露情况

第四节 实证结果

一、基准结果

表 4－2 提供了基准回归结果。第（1）列的结果表示，托宾 Q 和现金流都会增加企业的投资。在第（2）列的回归中，将 EID 和托宾 Q 的交乘项加入回归模型。结果表明，环境信息披露促使企业的投资－q 敏感性上升，即企业的投资效率提高。在第（3）列的回归中，将 EID 与 CFO 的交乘项加入回归。虽然 EID 对投资－q 敏感性依然显著，但是对现金流的依赖是没有变化的。这一结果与贾亚拉曼和吴（Jayaraman and Wu，2019）[①] 的结果是相似的。学习模型对股价的影响是独一无二的。在第（4）列中使用了 1000 次 Bootstrap 标准误的结果以保证结果的稳健性。

表 4－2 基准回归结果

变量	$INV_{i,t+1}$			
	FE	FE	FE	Bootstrap
	（1）	（2）	（3）	（4）
q	0.0039 *** (0.0005)	0.0025 *** (0.0006)	0.0025 *** (0.0006)	0.0025 *** (0.0006)
CFO	0.0401 *** (0.0060)	0.0352 *** (0.0062)	0.0349 *** (0.0082)	0.0349 *** (0.0081)

---

① Jayaraman S, Wu J S. Is Silence Golden? Real Effects of Mandatory Disclosure [J]. The Review of Financial Studies, 2019, 32: 2225 - 2259.

续表

变量	INV$_{i,t+1}$			
	FE	FE	FE	Bootstrap
	(1)	(2)	(3)	(4)
EID		−0.0457*** (0.0166)	−0.0460*** (0.0169)	−0.0460*** (0.0167)
EID×q		0.0219*** (0.0068)	0.0218*** (0.0069)	0.0218*** (0.0067)
EID×CFO			0.0051 (0.0878)	0.0051 (0.0875)
ASSET	−0.0089*** (0.0012)	−0.0101*** (0.0012)	−0.0101*** (0.0012)	−0.0101*** (0.0012)
Constant	0.2649*** (0.0252)	0.2690*** (0.0276)	0.2690*** (0.0277)	0.2690*** (0.0275)
Firm FE	YES	YES	YES	YES
Year FE	YES	YES	YES	YES
Observations	33192	31814	31814	31814
R-squared	0.091	0.089	0.089	0.089
Number of firms	3920	3879	3879	3879

注：标准误差在括号内；***、**和*分别表示在1%、5%和10%水平上显著。

在基准回归中检验了模型4-1，结果表明EID提高了投资-q敏感性。EID提高了企业的启示性价格效率，为管理层进行投资决策提供了"新"信息。在中国市场中检验出环境信息披露的效果与目前在发达资本市场中的结果存有较大的差异，这可能是由于中国市场不完善的产权制度和监管机制使环境信息披露带来的收益是超过成本的。

二、稳健性检验

基于双向固定效应的估计结果，认为环境信息披露可以提高企业的内部投资效率，但是该结果也有可能存在内生性问题导致估计偏误。首先，市场学习模型通过考虑企业的固定效应来避免遗漏变量造成的估计偏误。但是即使控制企业个体和时间固定效应，仍然可能存在其他维度的遗漏变量缺失。此外，在中国关注环境保护的大背景下，企业的实际投资越多，越有可能将部分投资转移到环境保护方面。因此，可能存在的反向因果也会影响估计结果。最后，关注 EID 对于企业未来投资的影响。在指标构建过程中需要滞后相关数据，研究中可能造成了部分样本缺失而引来样本选择偏误等问题。因此，为了保证回归结果的稳健性，进行了以下的稳健性检验。

（一）工具变量法

儒家文化是研究 ESG 问题较为常用的工具变量（Zhang and Yang，2023；Deng et al.，2023；He et al.，2022）[1][2][3]。从相关性方面考虑，文化影响人的行为方式。儒家文化所崇尚的仁义思想可能会影响管理层采取更倾向于环保主义的战略（Wang and Lo，2022）[4]，这有利于促进企业环境信息披露的发展。从外生性方面考虑，在构建儒家文化指标的过程中，学者常用孔庙数量这种历史上的横截面数据。这样的数据选择更容易满足工具变量的外生性需求。

参考现有研究，对儒家文化采用了两种衡量方法。第一种是以企业注册地所处半径 50 千米内的孔庙的数量（Biv1）作为儒家文化的代

① Zhang J，Yang Y. Can environmental disclosure improve price efficiency? The perspective of price delay [J]. Finance Research Letters，2023，52：103556.

② Deng X，Li W，Ren X. More sustainable，more productive：Evidence from ESG ratings and total factor productivity among listed Chinese firms [J]. Finance Research Letters，2023，51：103439.

③ He F，Du H，Yu B. Corporate ESG performance and manager misconduct：Evidence from China [J]. International Review of Financial Analysis，2022，82：102201.

④ Wang X，Lo K. Civil society，environmental litigation，and Confucian energy justice：A case study of an environmental NGO in China [J]. Energy Research & Social Science，2022，93：102831.

理变量（Zhang and Yang，2023；Deng et al.，2023）[1][2]。第二种是以企业所处地级市拥有的书院的数量（Biv2）作为儒家文化的代理变量（He et al.，2022）[3]。由于研究中所用的儒家文化的相关数据属于横截面数据，并且关注 EID × q 的系数。参考 Bartik IV 的构建思路（Goldsmith-Pinkham et al.，2020）[4]，将工具变量定义为儒家文化、企业当年同行业 EID 均值和托宾 Q 的交乘项。

表 4 - 3 提供了工具变量法的回归结果。第（1）列为第一阶段回归结果。正如预期的那样，儒家文化会影响经理人的投资行为，促使企业披露更多的环境信息。第（2）列提供了第二阶段的回归结果。在使用工具变量法处理了内生性问题后，环境信息披露仍然可以提高企业的实际投资效率，并且结果在 5% 的统计学水平上显著。第（3）列是工具变量的外生性的检验结果。在将工具变量加入模型 4 - 1 进行回归后，发现儒家文化对投资效率的影响并不显著。这说明研究中使用的工具变量满足外生性的需求。

表 4 - 3　　　　　　　　　工具变量法的回归结果

变量	$EID \times q$ First	$INV_{i,t+1}$ Second	$INV_{i,t+1}$ FE
	（1）	（2）	（3）
Biv1	0. 0473 *** (0. 0049)		0. 0023 (0. 0016)

①　Zhang J, Yang Y. Can environmental disclosure improve price efficiency? The perspective of price delay [J]. Finance Research Letters, 2023, 52: 103556.

②　Deng X, Li W, Ren X. More sustainable, more productive: Evidence from ESG ratings and total factor productivity among listed Chinese firms [J]. Finance Research Letters, 2023, 51: 103439.

③　He F, Du H, Yu B. Corporate ESG performance and manager misconduct: Evidence from China [J]. International Review of Financial Analysis, 2022, 82: 102201.

④　Goldsmith-Pinkham P, Sorkin I, Swift H. Bartik Instruments: What, When, Why, and How [J]. American Economic Review, 2020, 110: 2586 - 2624.

变量	EID × q First	INV$_{i,t+1}$ Second	INV$_{i,t+1}$ FE
	(1)	(2)	(3)
Biv2	0.0140 *** (0.0018)		0.0003 (0.0005)
EID × q		0.0528 ** (0.0208)	0.0180 *** (0.0063)
Control	YES	YES	YES
Firm FE	YES	YES	YES
Year FE	YES	YES	YES
Observations	29185	29185	29185
F value of the first stage	96.64		
Kleibergen-Paap rk LM		132.001	
P-value		(0.0000)	
Kleibergen-Paap rk Wald F		1202.376	
Hansen J statistic		0.281 (0.5959)	

注：括号内数字为标准误差；***、** 和 * 分别表示在1%、5%和10%水平上显著。

（二）Heckman 样本选择模型

研究中关注 EID 对于企业未来投资的影响。在指标构建过程中需要滞后相关数据，这可能造成了部分样本缺失而引来样本选择偏误等问题。Heckman 样本选择模型可以处理因为样本选择偏误造成的内生性问题。在加入控制变量和工具变量的基础上，还在选择方程中加入了管理层持股比例这一变量。本研究中分别使用 MLE 估计和两步法估计计算 Heckman 样本选择模型，结果如表 4 - 4 所示。结果表明，EID 可以提高企业的实际投资效率，管理层从 EID 中获得了"新"信息，并影响投资行为。

表 4 – 4　　　　　　　Heckman 样本选择模型的估计结果

变量	INV$_{i,t+1}$	
	MLE（1）	Twostep（2）
EID × q	0.0188 *** (0.0059)	0.0293 * (0.0160)
EID	0.0015 (0.0121)	0.01770 (0.0138)
q	− 0.0002 (0.0005)	7.5076 *** (1.6319)
IMR		10.8641 *** (1.1330)
Constant	0.1235 *** (0.0085)	− 11.5140 *** (2.3659)
Control	YES	YES
Firm FE	NO	NO
Industry FE	YES	YES
Year FE	YES	YES
Observations	30747	29373
LR test	13.06 ***	

注：1. 第（1）列报告了采用异方差标准误差的 MLE 方法的估计结果，第（2）列为第二阶段的回归结果；

2. 结果具有行业控制和时间固定效应；

3. 括号内数字为标准误差，*** 、** 和 * 分别表示在 1%、5% 和 10% 水平上的显著性。

（三）系统 GMM

企业当年的投资计划可能受到过去投资计划的影响。被解释变量的序列相关可能会影响回归结果。本部分中使用比差分 GMM 更稳健的系统 GMM 处理可能的序列相关问题。通过引入被解释变量的滞后一期 INV$_{i,t}$，构造系统 GMM 模型进行回归检验。研究中分别使用了一步法和两步法以及它们的正交化结果进行系统 GMM 估计，结果如表 4-5 所示。结果表明，EID 对企业投资-q 敏感性在 5% 的统计学水平上存在正向显著的关系。结果是稳健的。

表 4-5 系统 GMM 的估计结果

变量	One-step		Two-step	
	Normal (1)	Orthogonal (2)	Normal (3)	Orthogonal (4)
$EID \times q$	0.1742 ** (0.0806)	0.1376 ** (0.0701)	0.1728 ** (0.0777)	0.1418 ** (0.0671)
$INV_{i,t}$	0.4715 *** (0.1607)	0.2791 * (0.1502)	0.3370 ** (0.1376)	0.2590 * (0.1457)
Constant	0.1600 ** (0.0791)	0.2087 *** (0.0757)	0.2244 *** (0.0715)	0.2489 *** (0.0698)
Control	YES	YES	YES	YES
Firm FE	YES	YES	YES	YES
Year FE	YES	YES	YES	YES
Observations	29666	29666	29666	29666
Number of firms	3529	3529	3529	3529
AR (1)	0.000	0.002	0.000	0.002
AR (2)	0.131	0.799	0.437	0.909
Hansen test	0.386	0.887	0.386	0.887

注：第（1）列和第（2）列报告了系统 GMM 的一步和一步正交化的结果，第（3）列和第（4）列报告了系统 GMM 的两步和两步正交化的结果；括号内数字为标准误差；***、** 和 * 分别表示在 1%、5% 和 10% 水平上显著。

（四）更改固定效应和聚类水平

在基准回归结果中控制了企业的个体固定和时间固定效应，但是区域和行业层面的控制变量也可能会影响企业的回归结果。在控制个体和时间固定效应的基础上，进一步分别加入了多维固定效应。此外，参考阿巴迪等（Abadie et al.，2017）的研究[①]，选择合适的聚类标准误可以解决固定效应估计造成的偏误。在双向固定效应模型的基础上使用不同的多维聚类水平进行稳健性检验（Chen and Xie，2022)[②]。结果如图 4 - 2 所示，即使使用不同的固定效应和聚类水平，结果仍然是稳健的。

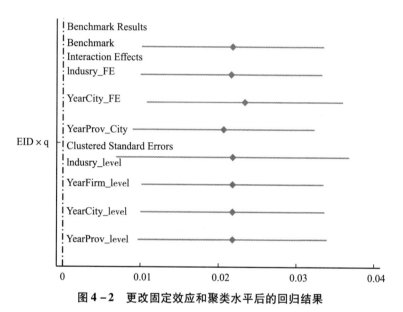

图 4 - 2　更改固定效应和聚类水平后的回归结果

注：在保留公司固定效应和年份固定效应的基础上，引入行业固定效应、年×市互动固定效应、年×省互动固定效应。同时，采用行业集群、年×企业集群、年×城市集群、年×省集群等交互聚类方法。图中深色线段为95%置信区间，线中间灰色点为回归系数，垂直虚线为0值。

（五）模型平均化

模型平均化可以运用各种信息准则，给予不同指标不同权重，解决可能存在的模型不确定问题。本部分中在 AIC、BIC 和 NOIC 信息准则的

① Abadie A, Athey A, Imbens S, et al. When should you adjust standard errors for clustering?［J］. The Quarterly Journal of Economics，2017，138（10）：1093.
② Chen Z, Xie G. ESG disclosure and financial performance：Moderating role of ESG investors［J］. International Review of Financial Analysis，2022（83）：102291.

筛选下，重新进行多元回归，结果如表 4-6 所示。结果表明，EID 对企业投资 -q 敏感性在 1% 的统计学水平上存在显著的正向关系。

表 4-6   模型平均化结果

变量	INV$_{i,t+1}$		
	AIC (1)	BIC (2)	AICC (3)
EID × q	0.0170 *** (0.0037)	0.0201 *** (0.0032)	0.0170 *** (0.0037)
Constant	0.1156 *** (0.0080)	0.1120 *** (0.0076)	0.1156 *** (0.0080)
Control	YES	YES	YES
Industry FE	YES	YES	YES
Year FE	YES	YES	YES
Observations	31814	31814	31814
R - squared	0.128	0.128	0.128

注：在 AIC、BIC 和 AICC 信息标准筛选下再次进行了多元回归。固定效应包括行业和年度固定效应。括号内数字为标准误差。***、** 和 * 分别表示在 1%、5% 和 10% 水平上显著。

（六）替换变量

为了保证数据的稳健性，替换了不同的变量对结果进行稳健性检验。首先，替换了环境信息披露的数据。使用了华证 ESG 中的环境得分和环境评级（Hu et al.，2023）[1]。华证 ESG 使用环境管理体系、外部环境认证、绿色经营目标、绿色产品和环境违规事件五个维度衡量企业的环境情况，是研究中国企业环境问题时常用的 ESG 数据库。其次，按照资产总计减去无形资产净额，减去商誉净额来缩放市场价值提供了另外一种衡量企业托宾 Q 的方法。最后，参考班达里和贾瓦哈

① Hu J, Zou Q, Yin Q. Research on the effect of ESG performance on stock price synchronicity：Empirical evidence from China's capital markets [J]. Finance Research Letters，2023：103847.

泽（Bhandari and Javakhadze，2017）的研究[①]，进一步在资本支出中加入企业的研发支出，以构建新的企业投资指标，相关结果如表4-7所示。研究中使用不同的方法替换了市场学习模型的关键指标，但是结果表明，环境信息披露仍然可以提高企业的投资价格敏感性。

表4-7　　　　　　　　　　替换变量的估计结果

变量	INV$_{i,t+1}$			
	E 评分 （1）	E 评级 （2）	替换托宾 Q （3）	替换被解释变量 （4）
EID × q	0.0002 ** (0.0001)	0.0012 *** (0.0004)	0.0199 *** (0.0061)	0.0366 *** (0.0116)
Constant	0.7175 *** (0.0978)	0.2982 *** (0.0285)	0.2874 *** (0.0270)	0.3979 *** (0.0512)
Control	YES	YES	YES	YES
Industry FE	YES	YES	YES	YES
Year FE	YES	YES	YES	YES
Observations	10374	29926	31814	17322
R - squared	0.044	0.092	0.088	0.079

注：括号内数字为标准误差。***、** 和 * 分别表示在1%、5%和10%水平上显著。

（七）增加控制变量

不同学者在构建市场学习模型时，会对模型进行部分改动。黄玉轩等人（2021）[②] 认为未来的业绩表现可能会影响 CSR 对投资价格敏感性的影响，因此在控制变量中加入了销售收入增长率。由于中国企业中更多地考虑营业收入。因此使用营业收入增长率替代销售收入增长率。此外，财务约束会影响管理层对于投资价格的敏感性，部分研

① Bhandari A, Javakhadze D. Corporate social responsibility and capital allocation efficiency [J]. Journal of Corporate Finance, 2017 (43): 354-377.

② Huang Y, Yang S, Zhu Q, et al. Corporate environmental responsibility and managerial learning: Evidence from U. S. listed firms [J]. Sustainable Production and Consumption, 2021 (27): 1961-1974.

究深入分析了不同财务约束下信息披露的效果。我们使用资本约束指数（KZ）代表企业所受的融资约束情况，并将其加入回归模型。最后，班达里和贾瓦哈泽（Bhandari and Javakhadze，2017）[①] 使用公司的市净账面价值比率与行业比率平均值之间的差距衡量企业价值被高估的情况。当企业价值被高估时，可能会进行更多的投资。将三个可能影响企业投资的控制变量加入回归模型后，结果如表 4 - 8 的第（1）列所示。在增加了三个控制变量后，环境信息披露对投资价格敏感性的正向影响依然显著。

表 4 - 8　　　　　　　　　增加变量和替换模型的估计结果

变量	$INV_{i,t+1}$	
	增加控制变量 （1）	替换模型 （2）
EID × q	0. 0154 ** （0. 0072）	
EID × log（M/A）		0. 0546 *** （0. 0177）
Constant	0. 2877 *** （0. 0312）	0. 2946 *** （0. 0298）
Control	YES	YES
Industry FE	YES	YES
Year FE	YES	YES
Observations	26075	31814
R - squared	0. 109	0. 092

注：括号内数字为标准误差。 *** 、 ** 和 * 分别表示在 1% 、5% 和 10% 水平上显著。

（八）替换模型

随着对启示性价格效率的深入研究，部分学者在传统学习模型的

---

① Bhandari A, Javakhadze D. Corporate social responsibility and capital allocation efficiency [J]. Journal of Corporate Finance, 2017 (43)：354 - 377.

基础上提出了新的模型。参考白等（Bai et al.，2016）[①] 和卡佩尔奇克等（Kacperczyk et al.，2020）的研究[②]，如公式 4 – 2 所示，这里替换了模型。

$$INV_{i,t+1} = a + b_1 \log \left(\frac{M}{A} \right)_{i,t} + b_2 \log \left(\frac{M}{A} \right)_{i,t} \times EID_{i,t}$$

$$+ b_3 EID_{i,t} + b_4 q_{i,t} + b_5 CFO_{i,t} + b_6 \log \left(\frac{M}{A} \right)_{i,t} \times q_{i,t}$$

$$+ b_7 \log \left(\frac{M}{A} \right)_{i,t} \times CFO_{i,t} + \mu_i + \varphi_t + \epsilon_{i,t} \quad (4-2)$$

式中，M 是企业 i 在 t 年的后复权年个股市值。A 是企业的总资产。其他变量定义与公式 4 – 1 相同。研究中关注的系数为 b_2。相关结果如表 4 – 8 的第（2）列所示。在替换了模型后，环境信息披露对启示性价格效率存在显著的正向关系。

三、异质性分析

（一）披露动机

部分研究通过分析美国和日本市场强调了企业的强制披露适应市场学习假说。参考薛淑玉等人（2023）[③] 以及张济涛和杨永亮（2023）的研究[④]，我们按照样本性质将企业分为强制披露企业和自愿披露企

① Bai J, Philippon T, Savov A. Have financial markets become more informative? ［J］. Journal of Financial Economics，2016（122）：625 – 654.

② Kacperczyk M, Sundaresan S, Wang T. Do Foreign Institutional Investors Improve Price Efficiency? ［J］. The Review of Financial Studies，2020（34）：1317 – 1367.

③ Xue S, Chang Q, Xu J. The effect of voluntary and mandatory corporate social responsibility disclosure on firm profitability：Evidence from China ［J］. Pacific-Basin Finance Journal，2023（77）：101919.

④ Zhang J, Yang Y. Can environmental disclosure improve price efficiency? The perspective of price delay ［J］. Finance Research Letters，2023（52）：103556.

业，并分别研究它们的环境信息披露是否存在不同的效果，结果如表 4 – 9 所示。自愿信息披露对企业投资价格敏感性存在显著的正向影响，而强制披露没有显著的影响，这与美国和日本的负相关结果有相似之处（Jayaraman and Wu，2019；Sakawa et al.，2020）[1][2]。这说明强制披露的企业在一定程度上可能已经受到了市场学习假说的影响。中国市场上要求强制披露的企业一般是重点行业的大型企业，这种企业严格的管理制度可能加剧 EID 挤出效应带来的成本，因此，EID 对投资价格敏感性的影响在强制披露的企业中并不显著。

表 4 – 9　　　　　　　　　EID 和投资价格敏感性—EID 的动机

变量	INV$_{i,t+1}$	
	Voluntary（1）	Mandatory（2）
EID × q	0. 0160 **（0. 0080）	0. 0267（0. 0175）
EID	– 0. 0359 *（0. 0194）	– 0. 0538（0. 0374）
Constant	0. 2891 ***（0. 0287）	0. 2760 **（0. 1087）
Control	YES	YES
Firm FE	YES	YES
Year FE	YES	YES
Observations	27689	4125
R – squared	0. 084	0. 140

注：参考薛淑玉（2023）等人以及张济涛和杨永亮（2023）的研究，将"深圳100 指数"和"上海公司治理板块"上市公司披露的环境信息报告定义为强制披露，其他定义为自愿披露。括号内数字为标准误差。*** 、** 和 * 分别表示在1% 、5% 和10% 水平上显著。

---

①　Jayaraman S，Wu J S. Is Silence Golden? Real Effects of Mandatory Disclosure［J］. The Review of Financial Studies，2019（32）：2225 – 2259.

②　Sakawa H，Watanabel N，Yamada A，et al. The real effect of mandatory disclosure in Japanese firms［J］. Pacific-Basin Finance Journal，2020（60）：101298.

（二）两职合一

两职合一指的是企业并不会聘请专业的经理人为企业进行管理决策，而是由董事长兼任首席 CEO。两职合一的企业领导人可能由于缺乏专业的行业知识而在企业管理上出现错误。按照企业是否存在两职合一的情况对其进行异质性分析，结果如表 4 – 10 所示。结果表明，不存在两职合一的企业披露环境信息可以有效促进投资价格敏感性，专业的管理层会主动从股价中提取有用的信息，并将其纳入自己的投资决策。而存在两职合一的企业，由于管理者可能缺乏专业能力，难以使用股价信息进行有效学习。

表 4 – 10　　　　EID 和投资敏感性异质分析结果（两职合一企业）

变量	$INV_{i,t+1}$	
	NO （1）	YES （2）
EID × q	0. 0226 *** （0. 0077）	0. 0165 （0. 0141）
EID	− 0. 0508 *** （0. 0194）	− 0. 0139 （0. 0376）
Constant	0. 3065 *** （0. 0328）	0. 3598 *** （0. 0588）
Control	YES	YES
Firm FE	YES	YES
Year FE	YES	YES
Observations	22935	8417
R – squared	0. 087	0. 098

注：括号内数字为标准误差。*** 、** 和 * 分别表示在 1%、5% 和 10% 水平上显著。

（三）分位数回归

企业的投资效率不同，环境信息披露的改善效果可能存在差异。

根据企业投资效率的情况，使用分位数回归探究环境信息披露的阶段性影响。绘制的5%～95%的分位数结果如图4-3所示。结果表明，环境信息披露对企业投资敏感性的影响呈现倒"U"型结果。对于投资效率较低的企业来说，环境信息披露对企业投资敏感性的改善是逐渐增强的。但是对于投资效率较高的企业来说，环境信息披露的改善效果下降，甚至可能产生负面影响。这在一定程度上可以说明新兴市场和资本市场的区别。研究中并没有否定市场学习模型，信息披露对投资敏感性的影响可能会随着市场的不断完善而消失，甚至产生负面影响。

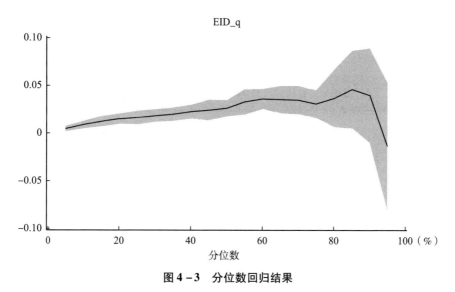

图4-3 分位数回归结果

第五节 进一步分析

一、EID与投资价格敏感性的非线性关系

从分位数回归结果中观察到随着企业投资效率的提高，EID 的改

善效果会下降甚至为负。进一步考虑当企业披露更多的环境信息时，披露成本是否会上升导致改善效果下降。我们在回归模型中增加了 EID × q 的二次项，并进行回归，结果如表 4 - 11 所示。结果表明，EID 对投资敏感性的一次项系数为正，二次项系数为负。这说明 EID 对投资价格敏感性的影响存在倒"U"型的非线性关系。当企业披露的环境信息超过一定界限时，企业的披露成本会慢慢超过披露带来的收益。披露对投资敏感性的促进效果会下降。图 4 - 4 为 EID 与投资价格敏感性的倒"U"型曲线图。正如描述性统计中分析的那样，中国市场中多数企业仅仅披露少量的 EID 信息，这种从 0 到 1 的突破让披露的收益超过成本，但随着披露的数量越来越多，披露的成本也就体现出来。

表 4 - 11　　　　　EID 与投资价格敏感性的非线性关系回归结果

变量	$INV_{i,t+1}$	
	（1）	（2）
$(EID \times q)^2$	- 0.0174 ***	- 0.0335 ***
	(0.0055)	(0.0074)
EID × q	0.0409 ***	0.0663 ***
	(0.0070)	(0.0131)
Constant	0.0427 ***	0.2674 ***
	(0.0012)	(0.0276)
Control	NO	YES
Firm FE	YES	YES
Year FE	YES	YES
Observations	31830	31814
R - squared	0.074	0.090

注：括号内数字为标准误差报告。*** 、** 和 * 分别表示在 1%、5% 和 10% 水平上显著。

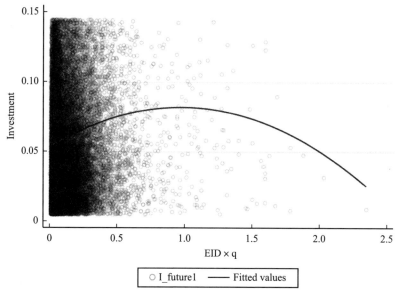

图4-4 EID与投资价格敏感性的非线性关系

注：纵坐标为企业投资，横坐标为环境信息披露，图注中的散点代表实际观测值分布，线为对样本观测点的拟合曲线。

二、EID 的挤出效应

市场学习理论从信息披露的挤出效应解读 EID 对于投资敏感性的负面影响（Jayaraman and Wu, 2019）[1]。在中国市场中，环境信息披露可能对市场的知情交易仍然存在挤出效应。对这一问题进行实证分析。相关结果如表4-12所示。第（1）列是基准回归结果。第（2）列结果表明，环境信息披露可以降低知情交易，提高市场透明度。这是传统模型提及的环境信息披露带来的优势。第（3）列结果表明，知情交易可以有效促进管理层的学习行为。知情交易为管理层带来可以影响投资决策的有效信息。第（4）列中，将 EID×q 和 PIN×q 同时加入回

① Jayaraman S, Wu J S. Is Silence Golden? Real Effects of Mandatory Disclosure [J]. The Review of Financial Studies, 2019 (32): 2225-2259.

归模型。结果表明，相对于基准回归结果，EID × q 对于投资价格敏感性的系数下降。这一结果表明，通过挤出股价中的知情交易，环境信息披露对投资价格敏感性的影响下降。相较于发达市场完善的披露规则，新兴市场的披露仍处于发展阶段（Hu et al.，2023）[①]。虽然披露仍然可以降低知情交易，但是信息披露带来的透明度收益要远超过挤出效应的成本。这可能是发达市场和新兴市场中信息披露效果不同的原因。

表 4 – 12   EID 的挤出效应

变量	$INV_{i,t+1}$ (1)	PIN (2)	$INV_{i,t+1}$ (3)	$INV_{i,t+1}$ (4)
EID × q	0.0218 *** (0.0069)			0.0212 *** (0.0069)
EID	− 0.0460 *** (0.0169)	− 0.0080 ** (0.0032)		− 0.0462 *** (0.0168)
PIN × q			0.0722 *** (0.0150)	0.0748 *** (0.0153)
Constant	0.2690 *** (0.0277)	0.2167 *** (0.0074)	0.2732 *** (0.0271)	0.2811 *** (0.0275)
Control	YES	YES	YES	YES
Firm FE	YES	YES	YES	YES
Year FE	YES	YES	YES	YES
Observations	31814	36224	31900	31812
R – squared	0.089	0.277	0.093	0.094

注：括号内数字为标准误差。 *** 、** 和 * 分别表示在 1% 、5% 和 10% 水平上显著。

第六节　研究结论与政策含义

基于中国市场上的环境信息披露，本章中探究了新兴市场是否适

---

① Hu J, Zou Q, Yin Q. Research on the effect of ESG performance on stock price synchronicity: Empirical evidence from China's capital markets [J]. Finance Research Letters, 2023, 55: 103847.

应市场学习模型。更具体地说，探究了中国的环境信息披露是否如市
场学习模型预期的那样降低企业层面的实际投资效率。研究结果表明，
环境信息披露有效提高了企业的实际投资效率。在经过一系列稳健性
检验后，结果依然稳健。本章中进一步分析产生这一现象的原因。研
究发现，进行自愿披露和不存在两职合一的企业可以有效发挥环境信
息披露的作用。此外，随着企业投资效率的上升，环境信息披露对投
资敏感性的影响会先提高，后下降。当企业的投资效率到达一定程度
时，环境信息披露的效果失效，甚至可能出现负面影响。最后，本章
的研究中发现环境信息披露与投资价格敏感性存在倒"U"型的非线
性关系。通过 EID 的挤出效应对此做出解释。新兴市场上环境信息披
露可以挤出知情交易，但是环境信息披露改善市场环境的收益超过挤
出知情交易信息的成本。但随着企业披露更多的环境信息，披露成本
也会上升。管理层能从股价中获得的内幕信息量会下降，对于投资决
策的指导作用会被慢慢削弱。

本研究的主要贡献是探究市场学习理论是否适应以中国为代表的
新兴市场。现有研究通过分析美国、日本等发达市场，为市场学习理
论提供了实证结果（Jayaraman and Wu，2019；Bhandari and Java-
khadze，2017；Sakawa et al.，2020）[1][2][3]。但是新兴市场的市场发展程
度、信息披露质量与发达市场不同（Morck et al.，2000）[4]。通过分析
环境信息披露对投资价格敏感性的影响为两种市场的差异提供了证据。
此外，本研究进一步拓展了环境信息披露对实体经济可能存在的影响。

① Jayaraman S, Wu J S. Is Silence Golden? Real Effects of Mandatory Disclosure [J]. The Review of Financial Studies, 2019 (32): 2225 – 2259.

② Bhandar A, Javakhadze D. Corporate social responsibility and capital allocation efficiency [J]. Journal of Corporate Finance, 2017 (43): 354 – 377.

③ Sakawa H, Watanabel N, Yamada A, et al. The real effect of mandatory disclosure in Japanese firms [J]. Pacific-Basin Finance Journal, 2020 (60): 101298.

④ Morck R, Yeung B, Yu W. The information content of stock markets: why do emerging markets have synchronous stock price movements? [J]. Journal of Financial Economics, 2000 (58): 215 – 260.

我们发现环境信息披露与投资价格敏感性之间存在非线性的关系。这在一定程度上解释了传统模型和市场学习模型可能同时存在于同一市场，只不过受到市场发展和企业披露情况的影响而表现出不同的状态。最后，从市场发展阶段、信息替代论和挤出效应三个方面为市场差异提出部分证据和可能的猜想。这些猜想可能为市场学习理论的进一步完善提供方向，同时也为股价信息影响实体经济提供可能存在的差异化解释。

本研究仍然存在一定的局限。首先，从环境信息披露的角度出发解读市场学习模型在新兴市场上的差异表现。研究过程中可能忽视了部分环境信息披露本身有别于其他信息披露的特质，例如环境友好、资源保护的理念是否存在特殊的机制影响。其次，中国市场的市场结构、发展阶段可能仍有别于其他新兴市场。环境信息披露对投资敏感性的促进作用可能是只属于中国市场的特殊作用。未来还需要进一步讨论在其他新兴市场是否发现了与中国市场一样的影响。最后，由于缺乏对两种市场差异化的深度理解，本研究可能缺少关键证据去证明基准结果的原因。我们只能提出部分可能存在的猜想以供后续研究进一步讨论。

第五章

环境信息披露与上市公司价值

第一节 研究问题

作为世界上人口最多、面积第三大的国家，我国的经济增长速度比任何一个主要国家都要快。与此同时，我国的环境问题也越发严重[1][2]。我国环境的恶化不仅是由经济增长造成的，一定程度上也与不完善的环境政策有关。在这种情况下，各级政府积极作出战略调整，以缓解环境保护与经济发展之间的利益冲突[3][4]。近年来，上市公司为经济的发展作出了贡献，但也产生了各种环境问题。因此，企业越来

---

① Liu J, Diamond J. China's environment in a globalizing world [J]. Nature, 2005, 435 (7046).

② Wang X, Sun C, Wang S, et al. Going Green or Going Away? A Spatial Empirical Examination of the Relationship between Environmental Regulations, Biased Technological Progress, and Green Total Factor Productivity [J]. International Journal of Environmental Research and Public Health, 2018, 15 (9).

③ Shen M, Yang Y. The Water Pollution Policy Regime Shift and Boundary Pollution: Evidence from the Change of Water Pollution Levels in China [J]. Sustainability, 2017, 9 (8).

④ Tian X-L, Guo Q-G, Han C, et al. Different extent of environmental information disclosure across Chinese cities: Contributing factors and correlation with local pollution [J]. Global Environmental Change-Human and Policy Dimensions, 2016, 39: 244 – 257.

越需要为其活动对环境产生的影响负责①。各种环境披露政策正是通过影响企业的财务业绩来规范企业的环境决策和活动的。已有研究表明 EID 和 CFP 之间有着积极的联系。根据波特假说，适当设计的环境监管促使企业打破低效的运营惯性并进行创新，从而能够提高企业的生产率和盈利能力②③④。然而，因为污染控制支出会降低企业的边际利润，有些研究证明二者之间存在矛盾⑤。总之，许多研究探讨了 EID 和 CFP 之间的关系，但是结果仍然不明确。本书想要探讨 EID 政策是否会影响企业价值，基于我国最重要的 EID 政策——EID 测度，采用准自然实验的方法，探讨 EIDMT 对国有和非国有企业价值的净影响。同时，基于双重差分倾向得分匹配模型（PSM－DID）进一步讨论不同地区是否存在不同的结果。最后，通过分别改变因变量和 EIDMT 样本来检验基准测试结果的稳健性。

第二节 假说提出

一、企业价值和账面市值比

账面市值比是指一只股票的账面价值与其市场价值的比率。人们

---

① Braam G J M, De Weerd L U, Hauck M, et al. Determinants of corporate environmental reporting: the importance of environmental performance and assurance [J]. Journal of Cleaner Production, 2016, 129: 724－734.

② Porter M E, Linde C V D. Toward a New Conception of the Environment-Competitiveness Relationship [J]. The Journal of Economic Perspectives, 1995, 9 (4).

③ Ahmad N, Li H－Z, Tian X－L. Increased firm profitability under a nationwide environmental information disclosure program? Evidence from China [J]. Journal of Cleaner Production, 2019, 230 (C).

④ Yin H, Li M, Ma Y, et al. The Relationship between Environmental Information Disclosure and Profitability: A Comparison between Different Disclosure Styles [J]. International Journal of Environmental Research and Public Health, 2019, 16 (9).

⑤ Palmer K, Oates W E, Portney P R. Tightening Environmental Standards: The Benefit-Cost or the No-Cost Paradigm? [J]. The Journal of Economic Perspectives, 1995, 9 (4).

认为，账面市值比高的股票比账面市值比低的股票能够获得更高的平均回报。根据以往的文献，账面市值比总是通过预测股票回报来预测公司的价值。会计的估值理论认为公司的价值是账面价值和市场对未来收益的预期的结合。此外，许多学者使用账面价值比来解释股票回报的横截面变化①。科塔里和山肯（Kothari and Shanken，1997）评估了跟踪预期市场回报时间序列变化的能力，他们发现相当多的证据表明股票回报和账面市值比之间存在联系②。庞蒂夫和沙尔（Pontifg and Schall，1998）研究了总账面市值比是否可以预测市场回报，他们认为道琼斯工业指数的账面市值比可以预测1926~1994年间的市场回报③。因此，采用账面价值比来评估公司价值是合适的。

二、EID 对企业财务绩效的影响

一般来说，EID 可以通过诱导企业创新和减少企业内部的信息不对称性对 CFP 产生积极影响。根据波特假说，适当设计的 EID 政策会促使企业打破低效的经营惰性和创新，从而使企业能够提高其生产率和盈利能力④⑤⑥。这些公司认为环境信息披露可以吸引投资者，并

---

① Jiang H. Institutional investors, intangible information, and the book-to-market effect [J]. Journal of Financial Economics, 2009, 96 (1).

② Kothari S P, Shanken J. Book-to-market, dividend yield, and expected market returns: A time-series analysis [J]. Journal of Financial Economics, 1997, 44 (2).

③ Pontiff J, Schall L D. Book-to-market ratios as predictors of market returns [J]. Journal of Financial Economics, 1998, 49 (2).

④ Porter M E, Linde C V D. Toward a New Conception of the Environment-Competitiveness Relationship [J]. The Journal of Economic Perspectives, 1995, 9 (4).

⑤ Ahmad N, Li H – Z, Tian X – L. Increased firm profitability under a nationwide environmental information disclosure program? Evidence from China [J]. Journal of Cleaner Production, 2019, 230 (C).

⑥ Yin H, Li M, Ma Y, et al. The Relationship between Environmental Information Disclosure and Profitability: A Comparison between Different Disclosure Styles [J]. International Journal of Environmental Research and Public Health, 2019, 16 (9).

满足利益相关者的要求。因此，更广泛的环境信息披露可以给企业带来竞争优势。作为信息透明度的代表，EID 对公司价值产生显著的积极影响，如托宾 Q 值、财务杠杆和资产回报率[①]。而当公司面临高财务风险时，EID 将对公司价值产生更大的影响，因为债权人会要求更多的信息，以使自己了解公司的最新发展并做出经济决策。

然而，许多实证结果也显示 EID 与 CFP 之间存在负相关或无显著关系。帕默等（Palmer et al.，1995）认为即使没有环境监管，市场竞争也会迫使企业提高运营效率和创新[②]。此外，外生管制也影响了企业利润最大化，降低了企业利润。侯（Hou，2019）将企业社会责任奖励作为社会责任的指标，研究发现台湾地区承担社会责任的公司比那些不追求企业社会责任计划的公司可以获得更好的财务结果[③]。总的来说，以往关于环境信息披露与企业财务业绩之间的关系研究都得到了好坏参半的结果。

三、信息披露在公司价值中的作用

信息披露在避免管理人员和股东之间的信息不对称方面起着监督作用。上市公司经常使用及时的信息披露和年度报告作为信息透明度的代理。过去对信息披露文件的研究表明，这些公司的信息披

① Chang K. The effect of environmental performance and preference disclosure on financial perform-ance：Empirical evidence from unbalanced panel data of heavy-pollution industries in China ［J］. Journal of Industrial Engineering and Management，2015，8（1）.

② Palmer K，Oates W E，Portney P R. Tightening Environmental Standards：The Benefit-Cost or the No – Cost Paradigm? ［J］. The Journal of Economic Perspectives，1995，9（4）.

③ Hou T C – T. The relationship between corporate social responsibility and sustainable financial performance：firm-level evidence from Taiwan ［J］. Corporate Social Responsibility and Environmental Management，2019，26（1）：19 – 28.

露策略主要由三种因素驱动：产品市场竞争[①②③]、媒体[④⑤]和金融分析师[⑥]。

产品市场竞争经常被证明是纪律的替代来源。谢赫（Sheikh，2018）使用托宾 Q 值来衡量企业价值，认为由产品市场竞争驱动的 CEO 权力对企业价值有积极的影响[⑦]。许多研究表明，在不同的产品竞争环境中运营的公司中，信息披露对企业价值有不同的影响。大多数学者的研究表明当产品市场竞争较低时，信息披露对企业价值有显著的积极影响[⑧]。谢赫（Sheikh，2018）使用工具变量法估计回归来检验产品市场竞争如何影响企业社会责任和企业价值之间的关系。结果表明，在低产品竞争环境或面临低产品流动性的企业中，企业社会责任对企业价值没有影响，企业社会责任的影响取决于企业社会责任的强度，而不是企业社会责任[⑨]。然而，李等（Li et al.，2019）认为碳信息披露、非金融碳信息披露和金融碳信息披露与股权融资成本呈负

① Hart S L. A Natural-Resource-Based View of the Firm [J]. The Academy of Management Review, 1995, 20 (4).

② Armitage S, Marston C. Corporate disclosure, cost of capital and reputation：Evidence from finance directors [J]. The British Accounting Review, 2008, 40 (4).

③ Qiu Y, Shaukat A, Tharyan R. Environmental and social disclosures：Link with corporate financial performance [J]. The British Accounting Review, 2016, 48 (1).

④ M. P D. Exposure, legitimacy, and social disclosure [J]. Journal of Accounting and Public Policy, 1991, 10 (4).

⑤ Gray R, Kouhy R, Lavers S. Constructing a research database of social and environmental reporting by UK companies [J]. Accounting, Auditing & Accountability Journal, 1995, 8 (2).

⑥ Aerts W, Cormier D, Magnan M. Corporate environmental disclosure, financial markets and the media：An international perspective [J]. Ecological Economics, 2007, 64 (3).

⑦ Sheikh S. CEO power, product market competition and firm value [J]. Research in International Business and Finance, 2018, 46.

⑧ Ryu D, Ryu D, Hwang J H. Corporate social responsibility, market competition, and shareholder wealth [J]. Investment Analysts Journal, 2016, 45 (1).

⑨ Sheikh S. Corporate social responsibility, product market competition, and firm value [J]. Journal of Economics and Business, 2018, 98.

相关[①]。

媒体通过传播有关企业的信息，在金融市场中扮演着至关重要的角色，可以影响企业的声誉资本，企业对媒体报道很敏感[②]。王等（Wang et al.，2019）获取了2005年1月至2014年12月期间308份与积极环境活动相关的媒体报道，并将媒体发布的信息分为四种类型：对过去行动的描述、未来计划活动的公告、对环境管理的认可和年度报告[③]。他们评估发现在市场和宣布计划的未来活动之间有很强的联系。王等（Wang et al.，2019）使用准自然实验来探索媒体倾向和企业行为之间的关系，证明了媒体可以将声誉成本强加于企业[④]。

公司还可以通过财务报告提供信息披露，其中包括财务报表、财务报表附注，以及管理层的讨论和分析。公司的财务会计质量会削弱其信息风险，从而降低公司的股权资本成本。齐默曼（Zimmerman，2013）认为，外部财务报告质量只对美国上市公司的公司价值产生二级影响[⑤]。

四、EID 影响企业价值的机制

早期对 EID 和公司价值之间关系的研究往往集中在特定环境问题的影响上，如1984年在印度博帕尔发生的联合碳化物公司的化学物质

① Li L, Liu Q, Wang J, et al. Carbon Information Disclosure, Marketization, and Cost of Equity Financing [J]. International Journal of Environmental Research and Public Health, 2019, 16 (1).

② Dyck A, Volchkova N, Zingales L. The Corporate Governance Role of the Media: Evidence from Russia [J]. The Journal of Finance, 2008, 63 (3).

③④ Wang Y, Delgado M S, Khanna N, et al. Good news for environmental self-regulation? Finding the right link [J]. Journal of Environmental Economics and Management, 2019, 94.

⑤ Zimmerman J L. Myth: External Financial Reporting Quality Has a First-Order Effect on Firm Value [J]. Accounting Horizons, 2013, 27 (4).

泄漏①、超级基金修正案和再授权法案（SARA）②。他们都发现 EID 越大的公司，EID 对企业价值的负面影响越弱。原因之一是 EID 可以通过提高透明度和问责制，以及增强对利益相关者的信任，来提高企业价值③。另一个原因是广泛和客观的环境披露可以提高公司的股价，因为它们有助于创造一个积极和强大的公司声誉以及其他竞争优势④。克拉克森等（Clarkson et al.，2007）研究了五个敏感行业中自愿环境披露对企业价值的影响，并证明在 EID 和公司价值之间存在一种正向关系。为了验证这种正相关关系是否是现金流成分，他们通过披露指标回归检验企业在未来实现盈利的能力⑤。

相比之下，一些学者认为，更多的环境披露会促使分析师更精确地预测收益，从而通过降低信息风险⑥来降低预期的未来现金流和股权资本（COEC）成本。因此，更好的环境信息披露与较低的公司价值相关联。例如，伯德里纳特和博尔斯特（Badrinath and Booster，1996）调查了股市对环保局司法行动的反应，发现在环境处罚信息被披露后，这些公司平均损失了其公司价值的 0.43%⑦。对于 EID 是否以及如何影响公司的价值，目前还没有明确的答案。因此，本章研究的第一个假设是：

---

① Blacconiere W G, Patten D M. Environmental disclosures, regulatory costs, and changes in firm value [J]. Journal of Accounting and Economics, 1994, 18 (3).

② Blacconiere W G, Northcut W D. Environmental Information and Market Reactions to Environmental Legislation [J]. Journal of Accounting, Auditing & Finance, 1997, 12 (2).

③ Sheikh S. CEO power, product market competition and firm value [J]. Research in International Business and Finance, 2018, 46.

④ Qiu Y, Shaukat A, Tharyan R. Environmental and social disclosures: Link with corporate financial performance [J]. The British Accounting Review, 2016, 48 (1).

⑤ Clarkson P M, Li Y, Richardson G D, et al. Revisiting the relation between environmental performance and environmental disclosure: An empirical analysis [J]. Accounting, Organizations and Society, 2007, 33 (4).

⑥ Nor N M, Bahari N A S, Adnan N A, et al. The Effects of Environmental Disclosure on Financial Performance in Malaysia [J]. Procedia Economics and Finance, 2016, 35.

⑦ Badrinath S G, Bolster P J. The role of market forces in EPA enforcement activity [J]. Journal of Regulatory Economics, 1996, 10 (2).

假设 5H-1：EID 与企业价值之间存在正相关关系。

许多研究表明，公司治理机制可以通过所有权、董事会机制、审计委员会质量、管理者独立性等影响公司的信息披露[1][2][3][4]。此外，关系对企业价值与 EID 的关系起着调节作用，因为关系包括与政府机构和官僚的关系[5][6]。国有企业由于其拥有的所有权必须承担更多的环境保护责任。因此，他们愿意表达他们对 EID 的积极态度。相对而言，非国有企业处于弱势，将政治战略置于更重要的地位。因此，本章研究的第二个假设是：

假设 5H-2：EIDMT 在非国有企业的企业价值中比在国有企业中发挥着更重要的作用。

第三节 研究设计

一、研究方法

DID 被认为是研究政策冲击效应和准自然实验的重要方法。伯特

---

① Al-Bassam B M, Ntim C G, Opong K K, et al. Corporate Boards and Ownership Structure as Antecedents of Corporate Governance Disclosure in Saudi Arabian Publicly Listed Corporations [J]. Business & Society, 2018, 57 (2).

② Valentina L, Nicola C. Corporate governance and environmental social governance disclosure: A meta-analytical review [J]. Corporate Social Responsibility and Environmental Management, 2019, 26 (4).

③ Cucari N, Falco S E D, Orlando B. Diversity of Board of Directors and Environmental Social Governance: Evidence from Italian Listed Companies [J]. Corporate Social Responsibility and Environmental Management, 2018, 25 (3).

④ Ntim C G, Soobaroyen T, Broad M J. Governance structures, voluntary disclosures and public accountability [J]. Accounting, Auditing & Accountability Journal, 2017, 30 (1).

⑤ Chen J J, Cheng X, Gong S X, et al. Do higher value firms voluntarily disclose more information? Evidence from China [J]. The British Accounting Review, 2014, 46 (1).

⑥ Gu F F, Hung K, Tse D K. When Does GuanxiMatter? Issues of Capitalization and Its Dark Sides [J]. Journal of Marketing, 2008, 72 (4).

兰（Bertrand，2004）指出，DID 模型有效性的前提之一是实验组和控制组在处理前必须满足平行趋势检验[①]。如图 5-1 所示，全样本的实验组和控制组曲线在 2008 年以前几乎是平行的，然而在 2008 年以后，实验组与控制组增长趋势出现明显变化。这说明，使用 DID 模型来检验环境信息公开政策对上市公司价值的政策冲击，是符合平行趋势假设前提的。基于此，本书将《环境信息公开办法（试行）》看作一次准自然实验，利用双重差分法评估政策对上市公司绩效的影响。根据双重差分模型的原理，将 2008 年进行环境信息披露的公司定义为实验组，未进行环境信息披露的公司定义为控制组。本书构建了以下模型：

$$y_{i,t} = \beta_0 + \beta_1 treat_{it} + \beta_2 T_t + \beta_3 treat_{it} \times T_t + \sum \tau_j \times X_{jit} + \varepsilon_i + \delta_{it}$$

$$(5-1)$$

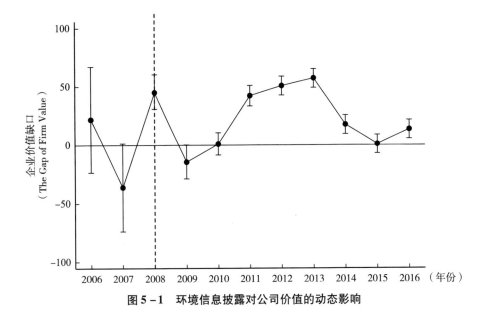

图 5-1　环境信息披露对公司价值的动态影响

① Bertrand M, Duflo E, Mullainathan S. How Much Should We Trust Differences-in-Differences Estimates? [J]. The Quarterly Journal of Economics, 2004, 119 (1).

式中，i 代表不同的上市公司；t 代表时间虚拟变量；$y_{i,t}$ 代表 i 公司在 t 年的公司价值；treat 是哑变量，treat 取 1 时表示样本为处理组，取 0 时表示样本为控制组，T_t 是年份虚拟变量；X_{jit} 是一系列控制变量；δ_{it} 是控制变量系数矩阵；ε_i 是随机扰动项。表 5-1 提供了三种情况下的估计系数。

表 5-1   DID 模型中各参数的含义

状态	2008 年之前（Pt = 0）	2008 年之后（Pt = 1）	差异
处理组（treat = 1）	$\beta_0 + \beta_1$	$\beta_0 + \beta_1 + \beta_2 + \beta_3$	$\Delta y_t = \beta_2 + \beta_3$
对照组（treat = 0）	β_0	$\beta_0 + \beta_2$	$\Delta y_0 = \beta_2$
DID	β_1	$\beta_1 + \beta_3$	$\Delta y = \beta_3$

但是，不同上市公司具有异质性。因此在采用双重差分法时应该选择与实验组特征尽可能相似的无环境信息披露的上市公司作为控制组。DID 方法可以解决内生性，但难以解决样本偏差问题，这可能导致非随机策略的实现。而 PSM 方法可以求解样本选择偏差。EIDMT 是一个具有准实验框架的 EID 政策。为了衡量政策操作的净影响，本书使用 PSM 方法对基于倾向得分的系统差异较小的样本进行了统计比较[1][2]。

PSM 提供了倾向得分，这意味着实现 EIDMT 的概率可以根据 logit 回归计算出来，如式（5-2）所示：

$$p(x_b^1) = pr(D_1 = 1 \mid x_b^1) = \frac{\exp(\lambda_b x_b^1)}{1 + \exp(\lambda_b x_b^1)} \qquad (5-2)$$

① Zhang Y-J, Peng Y-L, Ma C-Q, et al. Can environmental innovation facilitate carbon emissions reduction? Evidence from China [J]. Energy Policy, 2017, 100.

② Lechner M. Program Heterogeneity and Propensity Score Matching：An Application to the Evaluation of Active Labor Market Policies [J]. The Review of Economics and Statistics, 2002, 84 (2).

式中，x_b^1 表示我国上市制造公司 1 的可观察特征，影响 EID。倾向得分 $p(x_b^1)$ 反映了 1 的可能性。D_1 是一个虚拟变量，当实体 1 公开其环境信息时，$D_1 = 1$；否则，$D_1 = 0$。λ_b 为对应的系数。选择的非 EID 公司将根据其倾向得分与 EID 公司进行匹配。此外，核匹配中使用非 EID 公司的加权平均值来构建每个公司的反事实匹配，如式（5 - 3）所示：

$$\omega(m,n) = \frac{K\left(\frac{p_m - p_n}{R}\right)}{\sum K\left(\frac{p_m - p_n}{R}\right)} \tag{5 - 3}$$

式中，p_m 和 p_n 表示 EID 公司 m 和非 EID 公司 n，$\omega(m, n)$ 为倾向得分，n 为核匹配中使用的权重，R 为带宽参数。

二、变量和数据

为了全面衡量环境信息披露对企业价值的影响，本书需要排除其他因素对企业价值的影响。因此，结合采用 PSM 方法和 DID 方法来解决内生问题，估计外部冲击对 EIDMT 的影响。表 5 - 2 定义了本书中使用的控制变量。

与公司相关的数据来自 CSMAR 金融和交易数据库，根据以下四个原则筛选初始观察样本：①选取 2005 ~ 2011 年在上海证券交易所和深圳证券交易所上市的制造企业作为研究样本；②由于金融上市公司的监管体系和报表结构与其他行业存在很大差异，根据以往研究的一般处理方法排除了金融行业的样本；③排除特殊处理（ST）样本；④将连续变量按 1% 的水平进行筛选。

最后，将 6066 例"固定面板"观察数据作为不平衡面板数据分组，其中 5266 例为对照组，800 例为实验组。变量的描述性统计数据如表 5 - 3 所示。相关系数和多重共线性检验结果分别如表 5 - 4 和表 5 - 5 所示。

表 5 - 2   变量的定义

变量名称	变量符号	计算方法
公司市值（账面率）	BMR	资产总计/市值
监事人数	supervisor	监事人数
领导结构	LS	虚拟变量，2 表示 CEO 不是 COB 的公司，否则为 1
前十名股东的比例	PTSH	前十股东持股百分比之和（%）
两权分离率	separation	实际控制人拥有上市公司控制权与所有权之差
持股比例	mshare	董事、监事和高级管理人员持股比例，未流通股份
资产周转率	turnover	营业收入/流动资产期末余额
投资水平	il	（固定资产 + 在建工程 + 工程物资）/上一期固定资产
杠杆水平	lev	资产负债率 = 总资产/总负债
销售增长率	growth	被投资企业当年的营业收入增加额与去年营业收入总额的比值
现金比率	cash	现金及现金等价物期末余额/流动负债
综合税率	taxrate	（营业税金及附加 + 所得税费用）/营业总收入
年份	T	该年的虚拟变量，2008 年之后为 1，2008 年之前为 0
企业是否为 EID 公司	Treat	虚拟变量，treat = 1 指是 EID 公司，否则为 0

表 5 - 3   各变量的描述性统计

变量	样本容量	平均值	标准差	最小值	最大值
BMR	15363	0.840	0.780	0.0100	12.10
supervisor	15894	3.730	1.130	3	7
cash	15896	0.190	0.140	0.0100	0.680
taxrate	15837	0.0300	0.0300	- 0.0100	0.160
PTSH	15324	58.99	15.24	22.41	92.95
turnover	14170	0.720	0.440	0.120	2.570
LS	14247	1.750	0.430	1	2
il	13402	70.16	250.8	1.570	1961
lev	15896	0.420	0.200	0.0500	0.880
growth	14169	0.180	0.350	- 0.490	2.060
separation	14599	5.620	8.060	0	29.58
mshare	15324	0.0900	0.170	0	0.670

表5-4

相关系数

变量	BMR	supervisor	cash	taxrate	PTSH	turnover	LS	il	lev	growth	separation	mshare
BMR	1											
supervisor	0.144***	1										
cash	-0.312***	-0.170***	1									
taxrate	-0.235***	0.006	0.200***	1								
PTSH	-0.143***	-0.055***	0.297***	0.105***	1							
turnover	0.053***	0.086***	-0.024*	-0.201***	0.135***	1						
LS	0.139***	0.136***	-0.200***	-0.053***	-0.096***	0.078***	1					
il	-0.057***	-0.029**	0.021	0.008	-0.020	-0.011	-0.015	1				
lev	0.486***	0.185***	-0.589***	-0.253***	-0.222***	0.162***	0.181***	-0.050***	1			
growth	-0.067***	-0.011	0.042***	0.064***	0.163***	0.227***	-0.007	0.025*	0.042***	1		
separation	0.022*	-0.015	-0.074***	-0.024*	0.043***	0.056***	0.050***	0.047***	0.091***	0.016	1	
mshare	-0.204***	-0.187***	0.440***	0.084***	0.278***	-0.105***	-0.252***	-0.007	-0.367***	0.038***	-0.216***	1
year	-0.262***	-0.136***	0.285***	0.051***	0.035***	-0.003	-0.130***	0.005	-0.217***	0.047***	-0.049***	0.329***

表5-5 　　　　　　　　　　方差膨胀因子（VIF）

变量	VIF	1/VIF
growth	1.47	0.680
il	1.44	0.694
mshare	1.27	0.787
lev	1.17	0.855
cash	1.15	0.870
toptenholder	1.14	0.877
taxrate	1.1	0.909
separation	1.07	0.935
supervisor	1.06	0.943
turnover	1.05	0.952
LS	1.01	0.990
Mean VIF	1.18	

第四节　实证结果

一、基准结果

我国企业通常依靠地方政府的支持[①]。因此，本书将上市制造企业分为国有企业和非国有企业。根据公式（5-1），基准回归结果如表5-6所示。第（1）、（3）和（5）列为无控制变量的回归结果。三种回归结果表明，交互项（T×Treat）的系数在1%水平上均显著为正，

① Moretz T. An assessment of China's ability to regulate its iron and steel industries [J]. Journal of Chinese Governance, 2018, 3 (1).

说明进行环境信息披露的制造企业的企业价值大于其他制造企业。系数值显示，实验组中各制造企业、国有制造企业和非国有企业的企业值分别比对照组高出 0.46%、0.31% 和 0.37%。第（2）、（4）、（6）列为引入控制变量后的回归结果，交互项（T×Treat）的系数仍然显著为正，但系数的值有一定的变化。如表 5-7 所示，根据 2002~2016 年的样本检验的基准回归结果也是稳健的。

表 5-6　　　　　　　　　　　　基准回归结果

变量	全样本		国有企业		非国有企业	
	(1)	(2)	(3)	(4)	(5)	(6)
T	-0.346 *** (-19.37)	-0.101 *** (-4.50)	-0.225 *** (-5.93)	-0.146 *** (-3.87)	-0.266 *** (-11.54)	-0.0700 ** (-2.51)
Treat	-0.0943 * (-1.86)	-0.0256 (-0.46)	0.0130 (0.15)	0.0184 (0.22)	-0.184 *** (-3.38)	-0.120 ** (-2.36)
T×Treat	0.462 *** (6.75)	0.247 *** (3.52)	0.310 *** (2.78)	0.303 *** (2.89)	0.365 *** (5.25)	0.183 *** (2.79)
X	NO	YES	NO	YES	NO	YES
N	6066	4708	3179	2640	2554	1820

注：1. 为了报告尽可能完整的信息，本书只报告剔除其他控制变量和常数项的虚拟变量的回归结果；
　　2. 括号中数字为 t 值；*、**、*** 分别代表 10%、5% 和 1% 的显著性水平。

表 5-7　　　　　　　　　　2002~2016 年的基准回归结果

变量	全样本		国有企业		非国有企业	
	(1)	(2)	(3)	(4)	(5)	(6)
T	-0.334 *** (-25.99)	-0.101 *** (-5.30)	-0.0941 *** (-3.25)	-0.0392 (-1.38)	-0.323 *** (-16.81)	-0.143 *** (-5.07)
Treat	-0.0750 (-1.55)	-0.0372 (-0.67)	0.0281 (0.35)	-0.00309 (-0.04)	-0.226 *** (-4.29)	-0.163 *** (-3.04)
T×Treat	0.480 *** (8.89)	0.255 *** (4.31)	0.253 *** (2.86)	0.230 *** (2.60)	0.435 *** (7.69)	0.283 *** (5.04)

变量	全样本		国有企业		非国有企业	
	(1)	(2)	(3)	(4)	(5)	(6)
X	NO	YES	NO	YES	NO	YES
N	15363	11514	6400	4957	7340	5867

注：1. 为了报告尽可能完整的信息，本文只报告了剔除其他控制变量和常数项的虚拟变量的回归结果；

2. 括号中数字为 t 值；*、**、*** 分别代表10%、5%、1%的显著性水平。

为了克服本书选择的上市制造公司的系统差异，减少 DID 估计的偏差，本书中使用 PSM 方法将 EID 公司与非 EID 公司进行匹配。首先，使用 logit 和 probit 回归来估计我国上市制造企业的倾向得分。然后，根据核匹配，选择个体特征与 EID 公司相似的非 EID 公司。为了避免偏差，本书使用了不同的核匹配类型〔高斯分布（Gaussian）、双权值（Biweight）、均匀分布（Uniform）和三核匹配（Tricube）〕来减少偏差。总体而言，交互项系数（T×Treat）在 1% 水平上均显著为正，说明 EID 对企业价值发挥了积极作用，结果如表 5-8 所示。最后，使用 PSM-DID 方法评估 EIDMT 对固定值的净影响，结果如表 5-9 所示。研究发现交互项（T×Treat）的系数仍然显著为正，这与基准回归一致。整个企业和非国有企业的交互项系数在 1% 水平上均具有统计学意义，国有企业的回归系数也显著为正，这意味着我国上市制造企业的企业值与 EIDMT 的实施显著相关。对 2002~2016 年数据采用 PSM-DID 方法进行回归的结果仍然稳健，如表 5-10 所示。

表 5-8　　　　应用 PSM 方法后不同内核匹配类型的结果

变量	(1) Gaussian	(2) Biweight	(3) Uniform	(4) Tricube
T	-0.227 *** (-8.50)	-0.229 *** (-8.76)	-0.235 *** (-9.22)	-0.226 *** (-8.57)

续表

变量	（1） Gaussian	（2） Biweight	（3） Uniform	（4） Tricube
Treat	− 0. 0344 （− 0. 60）	− 0. 0660 （− 1. 15）	− 0. 0580 （− 1. 02）	− 0. 0664 （− 1. 19）
T × Treat	0. 365 *** （4. 60）	0. 393 *** （4. 92）	0. 391 *** （5. 17）	0. 396 *** （5. 02）
X	YES	YES	YES	YES
N	4724	4719	4758	4764

注：*、** 和 *** 分别代表 10%、5% 和 1% 的显著性水平。

表 5 – 9　　　　　　　　　基于 PSM – DID 方法的回归结果

变量	logit			probit		
	（1） 全样本	（2） 国有企业	（3） 非国有企业	（4） 全样本	（5） 国有企业	（6） 非国有企业
T	− 0. 226 *** （− 8. 33）	− 0. 166 *** （− 4. 01）	− 0. 208 *** （− 6. 12）	− 0. 227 *** （− 8. 66）	− 0. 178 *** （− 4. 40）	− 0. 199 *** （− 5. 87）
Treat	− 0. 0530 （− 0. 91）	0. 0536 （0. 65）	− 0. 190 *** （− 3. 34）	− 0. 0635 （− 1. 11）	0. 0545 （0. 62）	− 0. 175 *** （− 3. 05）
T × Treat	0. 382 *** （4. 75）	0. 262 ** （2. 31）	0. 389 *** （4. 63）	0. 387 *** （4. 69）	0. 264 ** （2. 30）	0. 371 *** （4. 17）
X	YES	YES	YES	YES	YES	YES
N	4729	2813	1588	4690	2810	1615

注：1. 本书以采用 logit 回归计算的倾向得分作为基准结果，并对稳健性进行检验回归；
　　2. *、** 、*** 分别代表 10%、5% 和 1% 的显著性水平；
　　3. 所有控制变量和常数项均包含，但未报告；
　　4. 参数由埃帕尼科夫核函数匹配。

表 5 – 10　　　　2002 ~ 2016 年基于 PSM – DID 方法的回归结果

变量	logit			probit		
	（1） 全样本	（2） 国有企业	（3） 非国有企业	（4） 全样本	（5） 国有企业	（6） 非国有企业
T	− 0. 159 *** （− 6. 73）	− 0. 0335 （− 0. 78）	− 0. 147 *** （− 4. 52）	− 0. 107 *** （− 4. 48）	0. 0281 （− 0. 62）	− 0. 126 *** （− 4. 19）

续表

变量	logit			probit		
	(1) 全样本	(2) 国有企业	(3) 非国有企业	(4) 全样本	(5) 国有企业	(6) 非国有企业
Treat	−0.024 (−0.41)	0.0146 (−0.17)	−0.178*** (−3.04)	−0.0312 (−0.52)	0.00894 (−0.1)	−0.164*** (−2.86)
T×Treat	0.395*** (−5.95)	0.222** (−2.19)	0.423*** (−5.99)	0.348*** (−5.07)	0.158 (−1.62)	0.397*** (−5.68)
X	YES	YES	YES	YES	YES	YES
N	7018	4086	2265	7016	4146	2279

注：1. 本书以采用 logit 回归计算的倾向得分作为基准结果，并对稳健性进行检验回归；
2. *、**、***分别代表10%、5%和1%的显著性水平；
3. 所有控制变量和常数项均包含，但未报告；
4. 参数由埃帕尼科夫核函数匹配。

　　根据公式（5-3），本书利用表5-11中的核匹配得到了前后特征变量的差异结果。在内核匹配之前，EID 公司与非 EID 公司之间存在显著差异。例如，在采用 PSM 方法之前，EID 和非 EID 公司之间的平均现金流差异在1%水平上显著，即存在样本选择偏倚。然而，匹配后，应用 PSM 方法后的现金流的 p 值大于10%，这表明 EID 公司和非 EID 公司之间没有显著差异，2002~2016年采用核匹配算法前后样本的比较如表5-12所示。

表5-11　　　　采用核匹配算法前后样本的比较

变量	Unmatched Matched	Mean		% Bias	t-test	
		Treated	Control		t	p > |t|
supervisor	U	3.953	3.689	22.6	11.04	0.000
	M	4.097	3.928	14.5	2.30	0.022
cash	U	0.182	0.197	−11.2	−5.08	0.000
	M	0.165	0.165	−0.3	−0.06	0.954

续表

变量	Unmatched Matched	Mean		% Bias	t - test	
		Treated	Control		t	p > | t |
taxrate	U	0.027	0.026	4.6	2.24	0.025
	M	0.025	0.024	3.7	0.57	0.567
PTSH	U	58.310	59.127	-5.3	-2.51	0.012
	M	55.616	54.955	4.3	0.74	0.460
turnover	U	0.793	0.709	18.5	8.72	0.000
	M	0.829	0.832	-0.6	-0.10	0.920
LS	U	1.807	1.736	17.1	7.66	0.000
	M	1.854	1.827	6.4	1.27	0.205
il	U	54.194	73.855	-8.3	-3.55	0.000
	M	55.185	78.842	-10.0	-1.75	0.080
lev	U	0.464	0.413	25.4	11.92	0.000
	M	0.497	0.482	7.6	1.36	0.175
growth	U	0.147	0.183	-10.5	-4.64	0.000
	M	0.139	0.172	-9.6	-1.66	0.096
separation	U	6.162	5.501	8.1	3.75	0.000
	M	6.708	6.704	0.1	0.01	0.993
mshare1	U	0.056	0.092	-23.0	-10.00	0.000
	M	0.021	0.030	-6.1	-2.08	0.037

注：在第（1）列中，U 为使用 PSM 前的样本，M 为应用 PSM 后匹配的样本。

表 5 - 12　　　　2002~2016 年采用核匹配算法前后样本的比较

变量	Unmatched Matched	Mean		% Bias	t - test	
		Treated	Control		t	p > | t |
supervisor	U	3.983	3.693	22.8	11.26	0.000
	M	4.115	3.959	12.2	1.93	0.053
cash	U	0.182	0.197	-11.4	-5.15	0.000
	M	0.165	0.166	-0.4	-0.08	0.934

续表

变量	Unmatched Matched	Mean		% Bias	t – test	
		Treated	Control		t	p > | t |
taxrate	U	0.027	0.026	2.6	1.15	0.249
	M	0.026	0.025	1.7	0.29	0.775
PTSH	U	58.281	59.152	−5.6	−2.64	0.008
	M	55.602	54.920	4.4	0.75	0.456
turnover	U	0.812	0.717	17.4	8.54	0.000
	M	0.852	0.840	2.2	0.31	0.760
LS	U	1.807	1.736	17.1	7.66	0.000
	M	1.856	1.838	4.0	0.79	0.427
il	U	93.762	217.060	−4.3	−1.55	0.122
	M	104.390	210.090	−3.7	−0.90	0.368
lev	U	0.464	0.415	23.3	10.660	0.000
	M	0.499	0.485	6.4	1.06	0.290
growth	U	0.177	0.251	−4.9	−1.95	0.051
	M	0.177	0.237	−4.0	−0.77	0.440
separation	U	6.226	5.542	8.2	3.80	0.000
	M	6.770	6.583	2.2	0.35	0.724
mshare1	U	0.056	0.092	−23.0	−9.98	0.000
	M	0.021	0.025	−2.3	−0.79	0.432

注：在第（1）列中，U 为使用 PSM 前的样本，M 为应用 PSM 后匹配的样本。

采用 PSM 方法前后的样本比较结果见表 5-13。根据 p 值，匹配后样本的标准化差异小于匹配前的标准化差异，说明有效地避免了 EID 企业与匹配后的非 EID 企业之间的系统差异。表 5-14 中基于 2002~2016 年样本的结果与此一致。因此，样本是合适的，EIDMT 的实现可以看作一个随机实验。基于 PSM-DID 方法的结果比单独使用 DID 方法更有说服力。

表 5 – 13   采用 PSM 法前后样品的比较

样本	Pseudo – R	LR chi²	p > chi²	Mean Bias	B（%）	R	% Var
Unmatched	0.032	377.96	0.000	14.1	45.1*	1.06	82
Matched	0.007	12.68	0.315	5.7	11.2	0.89	45

注：1. 伪 r（Pseudo – R）表示 logit 回归的拟合优度；
　　2. 似然比 chi2（LR chi2）表示 logit 回归的充分性；
　　3. p 值代表显著性概率值；
　　4. B（%）提供不匹配和匹配样本之间的标准化偏差。

表 5 – 14   2002～2016 年应用 PSM 方法前后样本的比较

样本	Pseudo – R	LR chi²	p > chi²	Mean Bias	B（%）	R	% Var
Unmatched	0.029	341.94	0.000	12.8	37.2*	0.54	91
Matched	0.004	7.94	0.719	4.0	11.2	0.16*	55

注：1. 伪 r（Pseudo – R）表示 logit 回归的拟合优度；
　　2. LR chi2 表示 logit 回归的充分性；
　　3. p 值代表显著性概率值；
　　4. B（%）提供了未匹配和匹配样本之间的标准化偏差。

二、稳健性检验

（一）安慰剂试验

安慰剂测试是一种反事实测试，它对政策或事件的影响做出相反的假设。在本书中进行安慰剂试验是为了检验上述结果的稳健性。本书提前设定了 EID 的日期，通过将年份虚拟变量相乘，建立两个新的交互项。表 5 – 15 显示了整个企业、国有企业和非国有企业的回归结果。2007 年 EIDMT 并没有影响这些公司的价值。该结果与表 5 – 16 中2002～2016 年样本的检验结果一致。

表 5 –15   安慰剂试验结果

变量	(1) 全样本	(2) 国有企业	(3) 非国有企业	(1) 全样本	(2) 国有企业	(3) 非国有企业
yr06 × Treat	−0.332 (−1.54)	−0.306 (−1.24)	−0.680 *** (−11.17)			
yr07 × Treat				−0.0951 (−1.34)	0.0241 (0.24)	−0.0410 (−0.55)
X	YES	YES	YES	YES	YES	YES
N	5397	2941	2126	5436	2944	2148

注：1. * 、** 和 *** 分别表示 10%、5% 和 1% 的显著性水平；
　　2. 包括所有控制变量和常数项，但未报告；
　　3. 参数由 Epanechnikov 核函数匹配。

表 5 –16   2002～2016 年样本安慰剂试验结果

变量	(1) 全样本	(2) 国有企业	(3) 非国有企业	(1) 全样本	(2) 国有企业	(3) 非国有企业
yr06 × Treat	−0.445 * (−1.90)	−0.335 (−1.03)	−0.781 ** (−2.10)			
yr07 × Treat				−0.273 (−1.40)	−0.0837 (−0.21)	−0.187 (−1.10)
X	YES	YES	YES	YES	YES	YES
N	15363	6400	7340	15363	6400	7340

注：1. * 、** 、*** 分别代表 10%、5%、1% 的显著性水平；
　　2. 所有控制变量和常数项均包括，但未报告；
　　3. 参数由埃帕尼切尼科夫核函数匹配。

（二）替换因变量

虽然本书使用账面市值比来衡量公司价值，但还有其他方法来衡量公司价值。因此，继续采用股价回报作为因变量，使用 500 次自助自抽样来估计 EIDMT 的影响。使用 PSM – DID 方法可以更有说服力地减少样本选择偏差，结果见表 5 – 17。研究发现整个样本的估计系数仍然具有统计学意义，这表明环境披露与公司的市场价值之间存在正相关关系。这一结果与布拉科尼尔和彭定康（Blacconiere and Patten，

1994）的结果一致①。表 5 - 18 是将 2005 ~ 2011 年的样本改为 2002 ~ 2016 年的样本后的回归结果，结果仍然是稳健的。

表 5 - 17　　　　　　　　EIDMT 对股价回报的影响回归结果

变量	logit			probit		
	(1) 全样本	(2) 国有企业	(3) 非国有企业	(4) 全样本	(5) 国有企业	(6) 非国有企业
T	-0.00213*** (-6.38)	-0.00302*** (-6.82)	-0.000911* (-1.65)	-0.00228*** (-6.44)	-0.00301*** (-7.45)	-0.000935* (-1.65)
Treat	0.00104 (1.32)	0.000503 (0.54)	0.00191 (1.24)	0.00116 (1.35)	0.000745 (0.82)	0.00206 (1.45)
T × Treat	0.00257*** (2.68)	0.00270** (2.51)	0.00203 (1.07)	0.00242** (2.37)	0.00244** (2.23)	0.00191 (1.08)
X	YES	YES	YES	YES	YES	YES
N	4763	2818	1628	4735	2790	1614

注：1. 本书采用 logit 回归计算倾向得分作为基准结果，并对稳健检验进行检验回归；
　　2. *、**、*** 分别代表 10%、5% 和 1% 的显著性水平；
　　3. 所有控制变量和常数项均包含但未报告；
　　4. 参数由埃帕尼科夫核函数匹配。

表 5 - 18　　　　2002 ~ 2016 年 EIDMT 对股价回报的影响回归结果

变量	logit			probit		
	(1) 全样本	(2) 国有企业	(3) 非国有企业	(4) 全样本	(5) 国有企业	(6) 非国有企业
T	-0.00166*** (-4.67)	-0.00324*** (-8.50)	-0.00126** (-2.53)	-0.00220*** (-5.65)	-0.00260*** (-5.81)	-0.00152*** (-2.96)
Treat	0.000654 (0.83)	0.000224 (0.24)	0.000509 (0.35)	0.000680 (0.88)	0.000434 (0.49)	0.000914 (0.59)
T × Treat	0.00256*** (2.75)	0.00303*** (3.00)	0.00422*** (2.59)	0.00306*** (3.41)	0.00211** (2.15)	0.00403** (2.25)
X	YES	YES	YES	YES	YES	YES

---

① Blacconiere W G, Patten D M. Environmental disclosures, regulatory costs, and changes in firm value [J]. Journal of Accounting and Economics, 1994, 18 (3).

续表

变量	logit			probit		
	（1） 全样本	（2） 国有企业	（3） 非国有企业	（4） 全样本	（5） 国有企业	（6） 非国有企业
N	7064	4184	2258	7035	4158	2259

注：1. 本书采用 logit 回归计算的倾向得分作为基准结果，并对稳健性进行检验回归；
　　2. ＊、＊＊、＊＊＊分别代表 10%、5% 和 1% 的显著性水平；
　　3. 所有控制变量和常数项均包含但未报告；
　　4. 参数由埃帕尼科夫核函数匹配。

（三）替代 EIDMT 示例

如前所述，本书的研究重点是 2006 ~ 2016 年 EIDMT 对上市制造公司企业价值的影响。为了进一步保证研究结果，对重污染行业的公司的研究结果的稳健性进行了检验。基于 PSM – DID 方法的结果见表 5 – 19。在整个样本和非国有样本中，交互项 T × Treat 的交互系数在 1% 水平上显著为正，这与表 5 – 9 中制造业的结果一致。表 5 – 20 为应用 2002 ~ 2016 年样本后的回归结果，结果仍然是稳健的。

表 5 – 19　　　EIDMT 对重污染工业企业价值的影响回归结果

变量	logit			probit		
	（1） 全样本	（2） 国有企业	（3） 非国有企业	（4） 全样本	（5） 国有企业	（6） 非国有企业
T	- 0. 225 *** （ - 5. 78）	- 0. 134 ** （ - 2. 16）	- 0. 247 *** （ - 4. 97）	- 0. 220 *** （ - 5. 56）	- 0. 139 ** （ - 2. 33）	- 0. 230 *** （ - 4. 54）
Treat	0. 0412 （0. 50）	0. 0593 （0. 60）	- 0. 180 * （ - 1. 91）	0. 0356 （0. 43）	0. 0545 （0. 57）	- 0. 153 （ - 1. 47）
T × Treat	0. 329 *** （2. 89）	0. 238 （1. 59）	0. 522 *** （3. 55）	0. 335 *** （2. 81）	0. 218 （1. 57）	0. 480 *** （3. 15）
X	YES	YES	YES	YES	YES	YES
N	2482	1629	708	2480	1617	700

注：1. 本书采用 logit 回归计算的倾向得分作为基准结果，并对稳健性进行检验回归；
　　2. ＊、＊＊、＊＊＊分别代表 10%、5% 和 1% 的显著性水平；
　　3. 所有控制变量和常数项均包含但未报告；
　　4. 参数由埃帕尼科夫核函数匹配。

表5-20　　2002~2016年 EIDMT 对重污染行业企业价值的影响回归结果

变量	logit			probit		
	(1) 全样本	(2) 国有企业	(3) 非国有企业	(4) 全样本	(5) 国有企业	(6) 非国有企业
T	-0.0524 (-1.28)	0.175** (2.52)	-0.284*** (-3.82)	-0.143*** (-3.94)	0.0278 (0.44)	-0.316** (-2.14)
Treat	0.0192 (0.25)	0.0101 (0.10)	-0.103 (-0.93)	0.0217 (0.27)	-0.0000172 (-0.00)	-0.158 (-0.90)
T×Treat	0.355*** (3.73)	0.173 (1.40)	0.551*** (4.25)	0.445*** (4.67)	0.321*** (2.60)	0.564*** (2.98)
X	YES	YES	YES	YES	YES	YES
N	3639	2356	1000	3728	2327	968

注：1. 本书采用以 logit 回归计算的倾向得分作为基准结果，并对稳健性进行检验回归；
　　2. *、**、*** 分别代表10%、5%和1%的显著性水平；
　　3. 所有控制变量和常数项均包含在内但未报告；
　　4. 参数由埃帕尼科夫核函数匹配。

三、异质性分析

表5-21为我国东部、中部、西部的异质性影响回归结果。从交互项 T×Treat 的系数上来看，EIDMT 对我国西部的国有企业有显著影响，但对我国东部和中部的企业价值的影响无统计学意义。这一结果表明，我国东部的非国有企业更注重环境信息的宣传。对于国有企业来说，我国西部地区的估计系数在1%的水平上具有统计学意义。然而，对于整个样本来说，我国东部和西部的交互项均在1%水平上显著。表5-22中，即使使用2002~2016年的数据进行回归，结果也是稳健的。

表5-21 东部、中部和西部的异质性影响回归结果

解释变量	全样本			国有企业			非国有企业		
	(1)东部	(2)中部	(3)西部	(4)东部	(5)中部	(6)西部	(7)东部	(8)中部	(9)西部
T	-0.209*** (-6.12)	-0.235*** (-4.43)	-0.282*** (-4.57)	-0.119* (-1.94)	-0.207*** (-2.91)	-0.183** (-2.22)	-0.177*** (-4.66)	-0.220** (-2.19)	-0.381*** (-4.91)
Treat	-0.0565 (-0.84)	-0.0585 (-0.36)	-0.131 (-1.11)	0.0925 (0.78)	0.230 (1.04)	-0.206 (-1.56)	-0.117* (-1.75)	-0.366*** (-3.31)	0.0750 (0.27)
T×Treat	0.304*** (3.55)	0.497** (2.20)	0.599*** (3.23)	0.0593 (0.41)	0.338 (1.13)	0.587*** (2.82)	0.355*** (3.63)	0.420*** (2.59)	0.319 (0.91)
X	YES	YES	YES	YES	YES	YES	YES	YES	YES
N	2712	1076	789	1383	750	562	1093	233	123

注：1. *、**和***分别代表10%、5%和1%的显著性水平；
2. 包括所有控制变量和常数项，但未报告；
3. 所有参数基于 logit 回归估计；
4. 参数由埃帕尼科夫核函数匹配。

表5-22　2002~2016年东部、中部和西部的异质性影响回归结果

解释变量	全样本			国有企业			非国有企业		
	(1)东部	(2)中部	(3)西部	(4)东部	(5)中部	(6)西部	(7)东部	(8)中部	(9)西部
T	-0.136*** (-4.68)	0.000904 (0.01)	-0.145* (-1.73)	-0.0445 (-0.86)	-0.119 (-1.13)	0.196* (1.69)	-0.114*** (-3.14)	0.237 (1.33)	-0.273 (-0.51)
Treat	-0.0211 (-0.30)	0.0669 (0.39)	-0.131 (-1.08)	0.0775 (0.64)	0.0549 (0.24)	-0.221* (-1.69)	-0.0669 (-0.94)	-0.471*** (-3.17)	0.203 (0.33)
T×Treat	0.291*** (3.54)	0.294 (1.49)	0.652*** (3.93)	0.0687 (0.50)	0.320 (1.19)	0.471** (2.47)	0.339*** (3.91)	0.124 (0.58)	0.432 (0.70)
X	YES	YES	YES	YES	YES	YES	YES	YES	YES
N	4126	1548	1147	2169	999	838	1603	121	43

注：1. *、**和***分别代表10%、5%和1%的显著性水平；
2. 包括所有控制变量和常数项，但未报告；
3. 所有参数基于logit回归估计；
4. 参数由埃帕尼科夫核函数匹配。

第五节　研究结论和政策含义

一、研究结论

本书通过我国最重要的 EID 政策之一，应用 PSM – DID 方法研究了 EIDMT 对企业价值的影响，主要结论如下：①EIDMT 对我国上市制造企业的价值具有显著影响。对 EIDMT 样本进行修改后的回归结果表明，EIDMT 对重污染行业的企业也有积极的影响。一个可能的原因是 EID 在减少信息不对称性方面发挥了监管作用，从而能够吸引更多的投资者。此外，EIDMT 通过公开抵制和政府罚款的形式对 EID 不佳的公司进行额外惩罚，因此环境披露良好的公司具有相对的竞争优势。②EIDMT 在非国有企业的企业价值中扮演着比在国有企业中更重要的角色。国有企业由于对其拥有所有权，必须承担更多的环境保护责任。③基于区域的异质性影响回归分析结果表明，EIDMT 对东西部地区的企业价值有显著影响，但对华中地区的企业价值影响不大。因为大多数非国有上市制造企业都在我国东部；在我国西部，国有企业的数量远远高于非国有企业。

二、政策含义

本书在理论方面的贡献如下。首先，现有的关于环境政策与企业价值关系的研究主要集中在企业社会责任和环境、社会和治理的披露上，但缺乏对 EID 的讨论。本书是首次研究 EIDMT 对企业价值的净影响。其次，本书利用 PSM – DID 方法对 EID 的净效应提供了严格的经验结果，自动避免了外生冲击。

从政府的角度来看，通过考虑我国上市公司的现状，为相关政策的制定提供了严格的参考，以最大限度地发挥环境政策的影响。这对我国环境保护工作的发展也具有一定的指导意义。从企业的角度来看，本书的贡献是为上市公司提供一个实证参考。研究发现有 EID 的公司有更好的企业价值，这给了公司一个额外的机会来提升他们的企业价值和企业的财务表现。

第六章

政府环境信息公开与地区污染排放

第一节 研究问题

　　环境信息公开制度的污染减排效果和环境改善效果主要通过政府环境信息公开体现，政府环境信息公开的作用对象是地方政府，通过环境信息公开增加社会各界对环境信息的了解，可以加强对地方政府环境保护工作的监督并降低政府失灵造成的损失，最终提高地方政府环境保护效率。本书首先探索地级市的环境信息公开程度与污染物排放之间的关联，随后通过准随机试验检验环境信息公开政策出台对地方污染物减排的影响，最终得出政府环境信息公开对污染排放的影响。

第二节 假说提出

　　自 1986 年美国环保部门的应急计划与社区知情权法 （emergency

planning and community right-to-know act，EPCRA)① 实施以来，通过减少环境信息不对称提高了民众环保意识，形成了多主体共同参与的治理模式，激发社会各阶层力量，逐渐成为被世界各国广泛采纳的污染控制第三类制度工具。蒂坦伯格（Tietenberg，1998）认为环境信息的公开会激励公民自发地监督企业环保行为②，敦促政府提高环境保护管理效率，即便在命令控制性和市场激励性制度不足的情况下，它仍然能有效促使排污者减少污染排放。1998 年联合国欧洲经济委员会通过了《关于在环境事物中获取信息、公众参与决策和获取司法救济的公约》，主要目的是提高公众监督，促使污染者保护环境及避免政府部门的决策失当，虽然公约本身具有区域性质，但是其重要性和影响是全球性的。世界银行先后在印度尼西亚、印度、菲律宾、越南和中国等地试点 PERP 类项目，都取得了良好的效果，试点过程中发现它能弥补传统环境管制制度体系的不完善和执行力弱的问题。阿格达斯和卢梭（Arguedas and Rousseau，2015）发现在非民主国家环境管理部门经常存在环境执法力度不足的问题③，此时环境信息公开就可以起到很好的补充效果。

发展中国家的第一个重要的环境公共信息披露项目是印度尼西亚的污染控制、评估与评级项目，大量的研究都证明环境信息公开能减少污染的总排放，同时能起到传统污染控制制度难以达到的作用。加西亚等人（García et al.，2007)④ 对 PROPER 自 1995 年实施以来的效果进行评估，发现项目使 BOD 和 COD 改善32%，而且原来污染排放

---

① 关于本项目的具体内容，可以参考美国环保局网站相关内容，具体可见 https：//www. epa. gov/epcra。

② Tietenberg T. Disclosure Strategies for Pollution Control ［J］. Environmental & Resource Economics，1998，11 (3 -4)：587 -602.

③ Arguedas C，Rousseau S. Emission Standards and Monitoring Strategies in a Hierarchical Setting ［J］. Environmental & Resource Economics，2015，60 (3)：395 -412.

④ Jorge H. Garcí A，Sterner T，Afsah S. Public disclosure of industrial pollution：the PROPER approach for Indonesia? ［J］. Environment and Development Economics，2007，12 (6)：739 -756.

记录少的企业改善力度更明显。卡图里亚（Kathuria，2007）[①] 使用
1996~2000 年印度的古吉拉特邦月度水质数据，检验新闻报刊上的环
境污染事件报道是否对当地污染控制起到了显著作用，结果证实了猜
想。鲍尔斯等（Powers et al.，2011）[②] 对印度的绿色评级项目（The
Green Rating Project，GRP）项目进行的检验也进一步验证了印度环境
信息披露制度的有效性，同时还发现富裕地区、重污染地区，更愿意
执行环境信息披露制度。达科·门萨和奥克雷克（Darko-Mensah and
Okereke，2013）[③] 采用半结构化问卷和访谈环保局官员的方式评估了
非洲第一个环境表现分级和公开披露项目——加纳 AKOBEN 项目的实
施效果，发现它对传统环境管制工具形成很好的补充，减排效果显著。
污染排放登记类环境信息披露制度主要以美国为代表，相关研究也认
为其非常成功，多西等人（Doshi et al.，2013）[④] 对 1995 年美国环保局
扩展有害物质排放目录范围以后，1995~2000 年被纳入考察的企业的
有害物质的排放情况进行研究，认为公共环境信息披露制度的强制压
力要求企业提升环境表现，公司总部和拥有众多平行分支机构的公司
改善得更明显。政府环境信息公开可以加强民众对污染现状和环境保
护问题的认识，有利于环境非政府组织（Environmental Non-Governmen-
tal Organization，ENGOs）和民众参与环境保护，贾马普里亚（Jamal-
puria，2013）[⑤] 认为新兴的非正式环境制度有利于传播环境信息，进一

① Kathuria V. Informal regulation of pollution in a developing country: Evidence from India [J].
Ecological Economics, 2007, 63 (2-3): 403-417.

② Powers N, Blackman A, Lyon T P, et al. Does Disclosure Reduce Pollution? Evidence from
India's Green Rating Project [J]. Environmental & Resource Economics, 2011, 50 (1): 131-155.

③ Darko-Mensah A B, Okereke C. Can environmental performance rating programmes succeed in
Africa? An evaluation of Ghana's AKOBEN project [J]. Management of Environmental Quality, 2013, 79
(5): 425-440.

④ Doshi A R, Dowell G W, Toffel M W. How firms respond to mandatory information disclosure
[J]. Strategic Management Journal, 2013, 34 (10): 1209-1231.

⑤ Jamalpuria A. On information dissemination as an informal environmental regulation [J]. Envi-
ronment & Development Economics, 2013, 18 (6): 749-772.

步，布里古利奥（Briguglio，2017）[①] 发现非政府组织（non-governmental organizations，NGOs）对于气候政策的制定发挥了重要作用。当然，也有一些研究认为环境信息公开制度的减排作用不明显，如卡瑟里亚（Kathuria，2009）[②] 认为发展中国家所披露信息的质量太差，可能起不到实际减排效果，布莱克曼和基尔德加德（Blackman and Kildegaard，2010）[③] 通过对墨西哥的研究也认为非正式环境制度减排效果不理想。

改革开放以来，中国经济的快速发展伴随着严重的环境污染，自1979 年开始正式实施环境保护政策以来，中国主要采用命令控制性制度和以排污费为主要内容的激励性制度。而随着经济发展，民众生活水平提高及环保理念的建立，水环境污染问题逐渐成为普通民众最关心的话题之一。而针对中国的环境信息制度实际效果的研究开始于1999 ~ 2000 年镇江和呼和浩特的两个试点公共信息披露 Green Watch 项目，将企业环境表现分级后再通过媒体公布结果，王等（2004）[④] 发现该项目显著地减少了污染排放，镇江和呼和浩特的污染物排放达标率分别提高了 10% 和 39%。黄溶冰和陈丹萍（2015）[⑤] 利用 2006 ~ 2010 年中国 31 个省份的 "三废" 排放数据和从上市公司年报中提取了环境信息披露数据，检验了环境信息披露对污染减排的作用，验证了环境信息公开对于污染减排的显著作用。任盛钢等（2016）[⑥] 使用 2000 ~

---

① Briguglio M. ENGO Impacts on Climate Change Policy in European Malta [J]. Sociology and Anthropology，2017，5（4）：269 – 278.

② Kathuria V. Public disclosures：using information to reduce pollution in developing countries [J]. Environment Development & Sustainability，2009，11（5）：955 – 970.

③ Blackman A，Kildegaard A. Clean technological change in developing-country industrial clusters：Mexican leather tanning [J]. Environmental Economics and Policy Studies，2010，12（3）：115 – 132.

④ Wang H，Bi J，Wheeler D，et al. Environmental performance rating and disclosure：China's Green Watch program [J]. Journal of Environmental Management，2004，71（2）：123 – 133.

⑤ Huang R，Chen D. Does Environmental Information Disclosure Benefit Waste Discharge Reduction? Evidence from China [J]. Journal of Business Ethics，2015，129（3）：535 – 552.

⑥ Ren S，Li X，Yuan B，et al. The effects of three types of environmental regulation on eco-efficiency：A cross-region analysis in China [J]. Journal of Cleaner Production，2016，173：245 – 255.

2013 年省级面板数据和 STIRPAT 模型研究三类环境管制制度对生态效率的影响，环境信息类制度对生态效率提升具有显著的促进作用。徐圆（2014）[①] 验证了民众的环境诉求压力和媒体的披露对促进地方工业减排的作用，使用谷歌趋势（google trends）上"环境污染"关键词的搜索量来代表公众的环境关注度，用百度新闻上"环境污染"关键词的数量代表新闻报道。田先亮等（2016）[②] 使用 2008～2010 年中国城市污染源监管信息公开指数（PITI），采用固定效应模型研究地区环境公共信息披露的影响因素，发现互联网使用者越多、人均收入越高的地区环境披露水平越高，同时高的环境透明度会带来低污染排放和高污染治理投资。不过谭叶玲（2014）[③] 认为中国政府是特色选举政府，虽然有环境管理部门，但是污染控制要依靠地方政府态度，在晋升激励的作用下经济发展重于一切，环境信息公开制度的作用可能不显著。

中国关于环境信息公开的实践最早源于 Green watch 试点项目的实施，随着试点经验的不断积累和制度的完善，2007 年中国第一部关于环境信息公开的综合性规章《环境信息公开办法（试行）》出台，具有里程碑意义，2014 年 12 月 19 日《企业事业单位环境信息公开办法》（环境保护部令第 31 号）对相关部门的责任作出具体明确的规定。在中国，环境信息公开的制度变迁较为被动，重大事件会直接或间接推动政府环境信息公开（孙岩等，2018）[④]。当前，环境信息公开制度作

[①] 徐圆. 源于社会压力的非正式性环境规制是否约束了中国的工业污染？[J]. 财贸研究，2014，25（2）：7 – 15.

[②] Tian X-L, Guo Q-G, Han C, et al. Different extent of environmental information disclosure across chinese cities: Contributing factors and correlation with local pollution [J]. Global Environmental Change, 2016, 39: 244 – 257.

[③] Tan Y. Transparency without Democracy: The Unexpected Effects of China's Environmental Disclosure Policy [J]. Governance, 2014, 27（1）: 37 – 62.

[④] 孙岩，刘红艳，李鹏. 中国环境信息公开的政策变迁：路径与逻辑解释 [J]. 中国人口·资源与环境，2018，28（2）：168 – 176.

为第三类污染控制制度，对于鼓励民众参与环境保护、监督地方政府保护环境和敦促企业减少排放起到了显著的作用。正确认识环境信息公开在环境治理中的地位和作用对实现更有效的污染排放、社会和谐稳定有着重要意义。同时中国经济的发展离不开参与国际分工，中国公司嵌入全球价值链的同时也面临来自国外环境保护的正式和非正式制度的压力，因此，明晰环境信息公开制度的作用机制能更好地推进中国企业走向国际化。根据上述研究，本书认为地方政府的环境信息公开有助于形成社会各界对地方政府的有效监督，从而降低本地区的污染排放总量，形成假说如下：

假说 H6-1：政府环境信息公开有助于对地方政府形成有效监督，能显著降低污染排放总量。

已有研究从不同侧面表明环境信息公开制度对地方环境的积极改善作用，由于环境信息公开本身度量的困难以及《环境信息公开办法（试行）》（已废止），对直接量化中国环境信息公开对地方污染减排的实际环境效果的研究较为缺乏。王华等（2004）[①]的研究只集中于对2个城市的单个项目进行常规的统计对比分析，缺乏进一步严格的论证，徐圆（2014）[②]的研究中所采用的环境信息公开的指标过于单一和片面；黄溶冰和陈丹萍（2015）[③]的研究是从上市公司年度报告中提取省级环境信息披露指标，因为上市公司本身所在行业、业务和地域分布所限，所以可比性差，同时上述研究都是以省为单位，所得结果包含

---

① Wang H, Bi J, Wheeler D, et al. Environmental performance rating and disclosure: China's Green Watch program [J]. Journal of Environmental Management, 2004, 71 (2): 123-133.

② 徐圆. 源于社会压力的非正式性环境规制是否约束了中国的工业污染？[J]. 财贸研究, 2014, 25 (2): 7-15.

③ Huang R, Chen D. Does Environmental Information Disclosure Benefit Waste Discharge Reduction? Evidence from China [J]. Journal of Business Ethics, 2015, 129 (3): 535-552.

过多其他因素；田先亮等人（2016）① 的研究则以环境信息公开指数的
影响因素为重点，而且没有考虑地方环境污染程度与环境信息公开度
之间的内生性问题。可以看出，为数不多的检验环境信息披露的环境
改善效果的相关研究，主要集中在省级层面而忽视了地区间的异质性，
所用环境信息公开指标通常采用主观构建衡量指标的方法，因而缺乏
客观性。因此，本书采用客观公正的环境信息披露衡量指标并从地级
市层面展开制度效果的定量研究，这是对以往研究的有效补充。与本
书使用样本和方法最为一致的研究是李光琴等人（2018）② 的研究，但
是其研究重心是环境非政府组织的作用，并且只研究了 2003～2014 年
信息公开事件本身带来的影响，而本书的样本空间为 2003～2015 年，
考察的是 PITI 得分以及发布得分的行为与污染物排放的关联，所考虑
的控制变量和匹配变量更加全面和准确。

第三节　研究设计

一、政府环境信息公开的度量

当前对于地方政府环境信息公开的测度主要是通过构建指标进行
测度，指标构建的合理性和可信度对于同类研究的比较具有重要意义，
其中当前对中国政府环境信息公开研究中最被广泛认可的指标是 PITI。
PITI 是公共环境研究中心（Institute of Public and Environmental Affairs，

① Tian X‑L, Guo Q‑G, Han C, et al. Different extent of environmental information disclosure across chinese cities: Contributing factors and correlation with local pollution [J]. Global Environmental Change, 2016, 39: 244–257.
② Li G, He Q, Shao S, et al. Environmental non‑governmental organizations and urban environmental governance: Evidence from China [J]. Journal of Environmental Management, 2018, 206: 1296.

IPE）和自然资源保护协会（Natural Resources Defense Council，NRDC）联合发布的污染源监管信息公开指数，评价内容主要包括环境监管信息（50）、互动回应（15）、企业排放数据（20）、环境影响评价（15）四部分[①]，每部分再分为若干细则，每一个指标都从时效性、全面性、用户友好度和系统性方面评分，得分越高说明政府的环境信息公开程度越高。PITI 指数已经连续发布九年并获得社会各界广泛关注，是衡量中国政府环境信息公开程度的最有公信力的指标之一。从 2011 年开始陆续出现地方环保组织利用 PITI 指标进行的环境评价，如绿色潇湘对湖南 8 市进行的环境评价、南京绿石对江苏 4 市的环境评价、绿满江淮对安徽 11 市的环境评价，获得了广泛的认可，PITI 也成为相关学术研究中不可替代的指标。约翰逊（Johnson，2015）[②] 及吴凤石和文波（2015）[③] 都认为 PITI 是中国环境信息公开制度实施以来最重要的创新之一。

二、政府环境信息公开得分对污染物排放的影响

为了考察政府环境信息公开程度高低对地方污染排放造成的影响，本书研究了环保重点城市从 2008 年到 2015 年 PITI 的变化对地区污染排放的影响。PITI 越高的地区，民众的环境参与度会更深，地方政府受到的监管更充分，有利于达成地区污染减排目标，所以 PITI 应该对污染排放有负向影响。除此之外，地区污染物排放除了受环境信息公开影响外，也可能受经济发展水平、经济结构、资本

---

① 本指标构成从 2013 年开始有过一次调整，由原来的八类调整到四类八项，各类权重也有所变化。

② Johnson T. Environmental Information Disclosure and Civil Society Innovation［M］. London：Palgrave Macmillan，2015.

③ Wu F，Wen B. Nongovernmental organizations and environmental protests［J］. Routledge Handbook of Environment and Society in Asia，2015：105 – 119.

充裕度、市场开放程度、劳动力市场结构、经济发展阶段、民众收入水平和地方财政情况等多方面的影响，同时也存在固定的趋势和不可观测的地方特征，所以采用双向固定效应模型对模型（6-1）进行估计。

$$y_{i,t} = \alpha_0 + \alpha_1 \times PITI_{i,t-1} + \sum \beta_j \times X_j + \delta_{i,t} + \varepsilon_i + \theta_t \quad (6-1)$$

式中，i 代表重污染城市，t 是时间变量，X 代表控制变量矩阵。

模型（6-1）的被解释变量为污染排放水平 y。在考虑相关研究文献和数据实际可获得性的基础上，本书主要采用工业废水排放量的自然对数（lnwater）来衡量环境污染排放，以其他两类污染物工业二氧化硫排放量的自然对数（lnso2）和工业烟尘排放量的自然对数（lndust）结果作为参考。考虑到污染物总量指标受地区经济规模的影响，为了地区之间的可比性，这里再采取强度指标进行检验，分别为：单位 GDP 工业废水排放量的自然对数（lnwater_s），单位 GDP 工业二氧化硫排放量的自然对数（lnso2_s）和单位 GDP 工业烟尘排放量的自然对数（lndust_s）。

关键解释变量为用 PITI 衡量的政府环境信息公开情况，数据来源为 IPE 发布的 2008～2015 年政府环境信息公开年度报告。虽然 IPE 公布的环保重点城市数据共涉及 120 个城市，但是因为 4 个直辖市与其他地级市在经济总量等方面存在显著差异，所以剔除直辖市样本，剩余 116 个地级市的 889 组数据。因为原始 PITI 得分范围为（8.3，85.3），为了可比性需要这里对 PITI 取百分比，即原始 PITI 得分除以 100。因为属于短面板数据，为尽量规避反向因果关系的影响，这里采用滞后一期的环境信息公开指数作为解释变量的工具变量。

考虑到相关文献和数据的可得性，选择以下控制变量：

（1）经济发展水平的自然对数（lngdp）。格罗斯曼和克鲁格

（Grossman and Kruger，1995）① 的环境库兹涅茨曲线理论认为经济发展水平和环境污染之间存在倒"U"型曲线关系，经济发展水平和污染排放水平一开始保持正相关性，在到达最高点之后呈现负相关性。考虑到地区间经济总量的可比性问题，这里用人均 GDP 的自然对数来衡量经济发展水平，以 2015 年为不变价进行折算。

（2）产业结构（industry）。蔡宏宾等（2016）认为地区经济发展方式与污染排放紧密相关②。本书主要研究的是废水排放量和废水排放强度的变化，对照的污染排放指标是工业的其他两种废弃物排放，所以这里用工业增加值占 GDP 比重来衡量地区产业结构。

（3）资本—劳动比率（lncap_lab）。企业的类型也会显著地影响企业污染物排放，企业类型的一种划分方法就是根据资本—劳动比率将企业划分为资本密集型和劳动密集型企业。蔡宏宾等（2016）将资本—劳动比例作为资本密集度的代理变量，发现资本密集型企业污染排放水平更低③。这里采用固定资产投资与就业人口的自然对数来衡量资本—劳动比率。

（4）地区开放程度（lnfdi）。中国的外商直接投资对地区污染排放的影响虽然没有得到一致结论，但是大多数研究认为两者之间存在显著的非线性关系，一方面，外商直接投资带来了先进的技术和管理经验；另一方面，"污染天堂"假说也在一定程度上得到证实（Lin and Sun，2016；谢锐，赵果梅，2016；Liu，Hao & Gao，2017）④⑤⑥。这里

① Grossman G M，Krueger A B. Economic Growth and the Environment ［J］. The Quarterly Journal of Economics，1995，110（2）：353–377.

②③ Cai H，Chen Y，Gong Q. Polluting thy neighbor：Unintended consequences of China's pollution reduction mandates ［J］. Journal of Environmental Economics & Management，2016，76：86–104.

④ Lin L，Sun W. Location choice of FDI firms and environmental regulation reforms in China ［J］. Journal of Regulatory Economics，2016，50（2）：207–232.

⑤ 谢锐，赵果梅. GMRIO 模型视角下中国对外贸易环境效应研究 ［J］. 数量经济技术经济研究，2016，33（5）：84–102.

⑥ Chang C P，Hao Y. Environmental performance，corruption and economic growth：global evidence using a new data set ［J］. Applied Economics，2017，49（1）：1–17.

采用实际利用外商投资金额与 GDP 比例的自然对数来衡量地区开放程度。

（5）劳动力市场结构（employment）。工业是污染排放的最重要源头，工业占经济比重的高低影响着地方政府环境信息公开的程度，同时制造行业从业人员对污染排放和环境治理的认知也更加深刻。这里采用第二产业从业人员比重来衡量劳动力市场结构。

（6）人口自然增长率（growth）。城市的宜居度、居民的满意度和幸福感会影响居民的生育率，同时新出生人口对环境更加敏感，也进一步提高了本地区人口密度，这对地方政府提出更高的环保和环境信息公开要求。这里用人口自然增长率（人口自然增长率 = 出生率 − 死亡率）来衡量。

（7）收入水平（lnsalary）。随着收入水平的增加，居民对生态环境品质提出更高的要求，同时也有更多的能力和意愿来维护个人权利不受侵犯，对政府的环境信息公开也更加关注，如田先亮等（2016）发现更高的互联网普及率、低失业率会增加 PITI[①]。就业人口工资收入是大多数家庭收入的最主要部分，这里采用职工平均工资的自然对数来衡量收入水平的变化。

（8）地方财政状况（revenue）。财政状况好的地区在污染治理方面有更多的选择权，不必过度依赖上级政府的转移支付，政府环境信息公开相关人员和配套设施更加到位。也有学者在地级市层面研究中考虑能源消耗对污染物排放的影响，但是地级市数据中用水和工业电力消耗等只统计市辖区数据，这与其他指标冲突。

---

① Tian X‑L, Guo Q‑G, Han C, et al. Different extent of environmental information disclosure across chinese cities: Contributing factors and correlation with local pollution [J]. Global Environmental Change, 2016, 39: 244‑257.

三、发布政府环境信息报告对污染物减排的净影响

为了更精确地评估公开政府环境信息的行为对地区污染物减排带来的净影响，需要采用准实验研究方法来进一步评估。中国地方政府的污染治理努力受地区经济发展阶段和晋升激励的影响较大，地方政府环境信息公开和地方污染排放情况都存在时间趋势，需要剔除时间趋势可能造成的影响。地区间污染排放的差异可能受多种不随时间变化的因素的影响，比如自然资源禀赋、地理位置以及气候条件等，而这些因素又很难通过引进变量完全考虑周全并精准刻画。IPE 从 2008 年开始，通过发布年度报告的形式公布地方政府环境信息的行为对地方政府和污染排放企业来说，可以认为是一次偶然突发事件，但是这仅仅影响 120 个环保重点城市，对其他城市不造成影响。DID 方法是一种能有效克服上述问题的准实验方法，通过 PSM 过程还能进一步弥补 DID 在同质性假设上的不足，因此，利用 PSM – DID 方法来做结果的稳健性检验。

$$y_{it} = \gamma_0 + \gamma_1 \times Transparent_i + \gamma_2 \times T_t + \gamma_3 \times Transparent_i \times T_t$$
$$+ \sum \beta_j \times X_j + \vartheta_i + \varphi_t + \omega_{it} \qquad (6-2)$$

式中，i 代表不同的城市，t 是时间变量，y 代表污染物排放，这里主要研究工业废水排放量，其他两类污染物数据作为参考，X 代表控制变量矩阵，主要包括经济发展水平的自然对数、产业结构、资本—劳动比率、地区开放程度、劳动力市场结构、人口增长率、收入水平和地方财政状况。

T 是一个时间虚拟变量，PITI 从 2008 年开始发布，所以 2008 年及以后的 Transparent 取值为 1，其他年份为 0。Transparent 是一个虚拟变量，用来衡量这个城市是否属于 PITI 年报内的重点污染城市，如果属于 PITI 年报内则为 1，其他城市为 0。如表 6 – 1 所示，本书感兴趣的

对象是 γ_3，所以可以先通过构建双向固定效应模型直接估算 γ_3，然后再进行 PSMDID 估计，将结果进行对比更有稳健性。

表 6-1　　　　　　　　　　双重差分系数

状态	2008 年之前	2008 年之后	差异
处理组，Transparent = 1	$\gamma_0 + \gamma_1$	$\gamma_0 + \gamma_1 + \gamma_2 + \gamma_3$	$\Delta y_1 = \gamma_2 + \gamma_3$
控制组，Transparent = 0	γ_0	$\gamma_0 + \gamma_2$	$\Delta y_0 = \gamma_2$
DID			$\Delta y = \gamma_3$

四、描述性统计

如表 6-2 所示为相关变量的描述性统计情况，除比例性变量外，加总性统计值都经过自然对数化处理，基本统计量与相关研究较为吻合，不存在显著偏差。虽然从样本量可以看出其为非平衡面板数据，但是共同取值范围区间较大，非平衡数据问题带来的影响较小，这也会在后文进一步确认。

表 6-2　　　　　　　　　　描述性统计

变量/统计量	均值	标准差	中位数	最大值	最小值	样本量
lnwater	8.369	1.068	8.466	11.42	2.833	3628
lnso2	10.53	1.112	10.73	13.12	0.693	3622
lndust	9.77	1.135	9.877	15.46	3.526	3573
lnwater_s	5.621	0.975	5.644	9.9	0.753	3625
lnso2_s	7.786	1.235	7.79	12.05	−2.247	3619
lndust_s	7.032	1.263	7.035	12.48	0.657	3570
lngdp	0.182	1.093	0.21	3.808	−2.784	3360

续表

变量/统计量	均值	标准差	中位数	最大值	最小值	样本量
industry	48.99	11.13	49.47	90.97	9	3646
lncap_lab	11.86	0.835	11.98	13.95	7.883	3647
lnfdi	2.798	1.284	2.968	7.264	-3.23	3455
employment	43.66	14.22	43.24	84.4	4.46	3649
growth	5.935	4.846	5.4	40.78	-8.9	3631
lnsalary	10.16	0.571	10.21	12.68	2.283	3629
revenue	651.9	940.8	589.2	55013	70.49	3645

第四节 实证结果

一、政府环境信息公开得分对污染排放的影响

(一) 基准回归

如表 6-3 所示, 列 (1)、(3) 和 (5) 的结果显示, 在常规双向固定效应模型下, 没有发现 PITI 得分的高低与污染排放量之间有明显的关系, 虽然系数有明显的经济意义, 也与预期相符, 但是统计性不显著, 在考虑所有控制变量情况下, 结果没有发生显著变化, 控制变量符号也基本与预期相符。列 (2)、(4) 和 (6) 为更换单位 GDP 污染物排放量强度指标后的回归结果, 结果依然没有发生明显改变。本书采用 Heckman 样本选择模型对上述问题进行了检验, 但是检验发现选择方程难以成立, 分东中西三地区进行分样本估计, 结果类似, 经济意义显著、统计性不显著。

表 6 – 3　　　政府环境信息公开得分对污染物排放影响的回归结果

变量	(1)	(2)	(3)	(4)	(5)	(6)
	lnwater	lnwater_s	lnso2	lnso2_s	lndust	lndust_s
PITI	- 0. 1593	- 0. 1752	- 0. 0533	- 0. 0697	- 0. 0884	- 0. 1108
	(0. 1758)	(0. 1744)	(0. 2650)	(0. 2663)	(0. 3325)	(0. 3266)
lngdp	- 0. 4793	- 0. 9631 **	- 1. 2779 ***	- 1. 7621 ***	- 0. 4434	- 0. 9562 *
	(0. 3216)	(0. 3767)	(0. 3910)	(0. 4805)	(0. 6347)	(0. 5683)
industry	0. 0103	0. 0208 *	0. 0413 ***	0. 0518 ***	- 0. 0001	0. 0110
	(0. 0105)	(0. 0108)	(0. 0126)	(0. 0135)	(0. 0188)	(0. 0177)
lncap_lab	0. 0926	0. 1197	0. 1658	0. 1930	0. 1135	0. 1422
	(0. 0966)	(0. 0943)	(0. 1267)	(0. 1298)	(0. 1811)	(0. 1767)
lnfdi	- 0. 0168	- 0. 0168	- 0. 0144	- 0. 0145	- 0. 0743	- 0. 0744
	(0. 0397)	(0. 0392)	(0. 0734)	(0. 0735)	(0. 0652)	(0. 0643)
employment	0. 0030	0. 0042	- 0. 0039	- 0. 0027	- 0. 0011	0. 0001
	(0. 0036)	(0. 0035)	(0. 0062)	(0. 0063)	(0. 0057)	(0. 0055)
growth	0. 0061	0. 0055	- 0. 0040	- 0. 0045	0. 0128 *	0. 0121 *
	(0. 0049)	(0. 0047)	(0. 0076)	(0. 0079)	(0. 0073)	(0. 0072)
lnsalary	0. 0311	- 0. 0425	- 0. 8453 *	- 0. 9188 *	- 0. 3878	- 0. 4748
	(0. 3201)	(0. 3043)	(0. 4762)	(0. 4775)	(0. 4652)	(0. 4510)
revenue	- 0. 0000	- 0. 0000	0. 0002	0. 0002	- 0. 0002	- 0. 0002
	(0. 0001)	(0. 0001)	(0. 0002)	(0. 0002)	(0. 0002)	(0. 0002)
Constant	7. 1858 **	4. 0640	16. 7856 ***	13. 6637 ***	13. 0635 **	10. 0477 **
	(3. 0971)	(2. 9524)	(4. 7339)	(4. 7690)	(5. 0098)	(4. 8562)
Time	Yes	Yes	Yes	Yes	Yes	Yes
观测值	623	623	623	623	604	604
Adj. R^2	0. 0970	0. 427	0. 132	0. 405	0. 299	0. 108

注：1. 下方括号内为地级市层面聚集稳健标准误。
　　2. *** 表示 $p < 0.01$，** 表示 $p < 0.05$，* 表示 $p < 0.1$。
　　3. FE 与 OLS 对比的 F 检验显著，聚类稳健标准误下的 hausman 检验建议选择 FE，三类估计结果相差不大。

（二）异质性分析

环境信息公开可以提升污染减排的效果，但是统计性并不十分显著，这一定程度上是由环境信息公开制度作为参与性、补充性制度的特点所决定的，原因可能还包括以下几个方面：①模型（6-1）没有穷尽可能影响污染排放水平的重要变量，PITI 呈现多种效应混合的结果，难以剔除其他因素的影响，需要通过增加更多变量或者分组，尽可能地降低样本内随时间变化的差异；②PITI 指标本身仍处于不断优化过程中，它的构成在样本时间段内发生过调整，这导致 PITI 数值本身的可比性变差；③在 2013 年之前环境信息公开的文件只有 2008 年出台的《环境信息公开办法（试行）》，这个办法中都是原则性的条例，缺乏可操作性和具体细则，2013 年开始国家相继出台了多部涉及具体细则的规章制度①，这可能会影响环境信息公开得分，因为地方政府受上级政府约束更强；④内生性问题未能有效解决，污染物排放相关指标具有内生性（钟茂初和姜楠，2017）②，地区的废水排放可能会影响环境信息公开得分情况，这将会导致有偏估计，虽然鉴于短面板的特征使用了滞后一期的解释变量作为工具变量以尽量规避内生性问题，但是并没有完全消除内生性问题可能带来的影响。

在政府环境信息公开情况下，上级政府、NGOs 和民众的监督，社会各界的压力促进地方政府重视环境保护，民众对环境问题的关注度和参与度也受教育水平和收入水平的影响，受教育程度高的群体对污染的危害认识更深，收入水平高的群体对环境质量的要求也越高，同时也更有时间和精力参与到环保活动中。省会城市一般会受到省级政府更多的约束、平均受教育水平和收入水平也更高，所以在省会城市环境信息公开制度对地方政府减排工作的影响应该会更加显著。如表 6-4 中列（1）和列（2）所示，PITI 得分高的地区有着更少的废水排放量和单位 GDP 的废水排放强度，系数的经济意义要明显大于

---

① 《污染源环境监管信息公开目录（第一批）》、《国家重点监控企业自行监测及信息公开办法（试行）》和《国家重点监控企业污染源监督性监测及信息公开办法（试行）》、《建设项目环境影响评价政府信息公开指南（试行）》等。

② 钟茂初，姜楠. 政府环境规制内生性的再检验［J］. 中国人口·资源与环境，2017，27（12）：70-78.

表6-3中所示意义，统计意义也都在5%下显著。但是表6-4中列（3）和列（4）的结果显示非省会城市中，政府环境信息公开得分对减少废水排放强度的影响很弱，在废水排放量方面没有发现减排效果，经济意义不明显，统计显著性很差。这表明环境信息公开可以有效地激励地方企业减少污染排放，虽然这可能只对部分地方有效，或者是制度的效果与其他效应混在一起难以分离。之后本书通过IPE发布PITI年度报告这一随机事件减轻内生性问题对结果的影响并进一步验证环境信息公开的减排有效性。

如表6-4的列（5）和列（6）所示，2013年之前样本中，政府环境信息公开得分对减少废水排放量和排放强度都有显著效果，但是表6-5中列（1）和列（2）的结果显示，在2013年及之后样本中却没有发现这种关系，甚至环境信息公开得分的系数符号相反，虽然统计性上不显著，这可能是由多个原因导致的：①2013年开始，国家陆续出台了一系列环境信息公开的文件，政府环境信息公开的形式、内容和程度逐渐走入规范化，政府官员主要受上级政府考核约束，2013年之前环境信息公开得分可以衡量地方政府的环保努力、政府效率和官员作为，但是2013年之后部分地区可能是被动地公布环境信息，并不能体现其真正的环保态度和作为。参与性制度作为约束性制度和激励性制度的补充，非正式制度的效果可能逐渐由正式制度替代。②PITI指标在2013年发生一次结构上的变化，考虑的项目更加全面具体，这可能影响PITI指标在2013年前后的可比性，甚至影响PITI系数的显著性水平，但环境信息公开的环境改善效果发生如此大的转变仍然值得怀疑。鉴于此，本书后续采用DID策略来检验发布政府环境信息报告行为本身对地方污染减排的影响，以及制度影响随时间的变化，NGOs发布PITI年报是一次随机事件，可以认为得到的结果更加精确。

表 6-4　　政府环境信息公开得分环境改善效果的分样本检验结果

变量	(1)	(2)	(3)	(4)	(5)	(6)
	省会城市		非省会城市		2013 年之前样本	
	lnwater	lnwater_s	lnwater	lnwater_s	lnwater	lnwater_s
PITI	-0.8614 **	-0.8701 **	0.0286	-0.0038	-0.5592 **	-0.5594 *
	(0.3972)	(0.3936)	(0.1860)	(0.1866)	(0.2839)	(0.2868)
lngdp	-1.6135 ***	-2.0799 ***	-0.1018	-0.5329 *	-0.3645	-0.6012
	(0.5800)	(0.5746)	(0.3172)	(0.3183)	(0.4013)	(0.4053)
industry	-0.0156	0.0010	0.0086	0.0175 *	0.0105	0.0165
	(0.0195)	(0.0193)	(0.0092)	(0.0092)	(0.0128)	(0.0129)
lncap_lab	0.0956	0.1328	0.0571	0.0803	0.1801	0.2035
	(0.1618)	(0.1603)	(0.0923)	(0.0926)	(0.1562)	(0.1578)
lnfdi	-0.0051	-0.0052	-0.0165	-0.0169	-0.0235	-0.0269
	(0.0727)	(0.0721)	(0.0396)	(0.0397)	(0.0515)	(0.0520)
employment	0.0122 *	0.0122 *	0.0016	0.0025	0.0058	0.0080
	(0.0074)	(0.0073)	(0.0041)	(0.0041)	(0.0070)	(0.0070)
growth	-0.0085	-0.0075	0.0082	0.0074	0.0078	0.0077
	(0.0121)	(0.0120)	(0.0051)	(0.0051)	(0.0064)	(0.0065)
lnsalary	-0.2871	-0.3394	0.0301	-0.0461	-0.0975	-0.1084
	(0.6232)	(0.6175)	(0.3025)	(0.3035)	(0.4469)	(0.4514)
revenue	-0.0000	-0.0000	0.0003	0.0002	0.0000	0.0000
	(0.0001)	(0.0001)	(0.0002)	(0.0002)	(0.0002)	(0.0002)
Constant	12.8468 **	8.7410	7.2113 **	4.3507	7.3522	3.5903
	(6.3721)	(6.3130)	(2.9857)	(2.9959)	(4.6616)	(4.7081)
Time	Yes	Yes	Yes	Yes	Yes	Yes
观测值	143	143	480	480	407	407
Adj. R-2	0.0947	0.0947	0.219	0.277	0.346	0.308

注：1. 下方括号内为地级市层面聚集稳健标准误。
2. *** 表示 $p<0.01$，** 表示 $p<0.05$，* 表示 $p<0.1$。
3. 列 (3)~(6) 的结果因为已经考虑个体效应，所以不需要控制地理位置等不随时间改变的差异性。

政府环境信息公开对社会的影响是多方面的，政府环境信息公开可能通过其他社会经济途径间接对减少污染排放产生影响，这里尝试探讨政府环境信息公开对减少排污影响的作用机制。除前面考虑的地区经济发展水平和人口增长率因素以外，这里还考虑以居民消费价格指数（cpi）为代表的消费者态度和以金融机构存款的自然对数（ln-cash）为代表的金融市场活跃度，具体结果如表 6-5 的列（3）～（6）所示。从列（3）的结果看，环境信息公开程度的提高一定程度上表明政府透明度、政府官员效率与官员作为的提升，这有助于吸引企业来到本区进行投资，有利于预防污染带来的财产损失，实现环境治理与经济发展的双赢。从列（4）的结果看，环境信息公开程度的提高可以降低民众对环境问题的焦虑、不安和不确定性，增加民众的满意度与幸福感，提升本地区的宜居度，有利于预防污染可能带来的人身健康损失，同时吸引人才流入，最终带来人口出生率的提高。从列（5）的结果看，环境信息公开程度的提升也可以减轻民众对于消费品问题的担忧，减少信息不对称进而增加消费，同时人均收入的提高、人口迁徙和新出生人口的增加又进一步增加消费市场活跃度。经济发展水平的提高带来人均收入的提高，新企业和人口的迁入又进一步增加金融机构货币存量以及经济的活跃度，又带来结果列（6）：政府环境信息公开与金融机构现金存量之间表现出显著的正相关性。结合列（4）～（6）的结果，政府环境信息公开可以通过人力资本、消费者市场和金融市场来促进地区经济的发展，而经济的活跃又为治理污染、改善环境提供了空间。

表6-5 政府环境信息公开得分的其他影响回归结果

变量	(1)	(2)	(3)	(4)	(5)	(6)
	2013 年及之后的样本		全样本			
	lnwater	lnwater_s	lngdp	growth	cpi	lncash
PITI	0.1009 (0.2394)	0.1016 (0.2395)	0.0650 ** (0.0270)	2.6974 * (1.3774)	0.0049 * (0.0029)	0.0574 * (0.0325)

变量	(1)	(2)	(3)	(4)	(5)	(6)
	2013 年及之后的样本		全样本			
	lnwater	lnwater_s	lngdp	growth	cpi	lncash
lngdp	-0.2018 (0.6667)	-1.0892 (0.6668)		2.4898 (2.4120)	-0.0114** (0.0050)	0.0087 (0.1311)
industry	0.0129 (0.0177)	0.0287 (0.0177)	0.0152*** (0.0016)	-0.1285 (0.0862)	0.0003** (0.0001)	0.0060** (0.0028)
lncap_lab	-0.1944 (0.2154)	-0.1792 (0.2154)	0.0297 (0.0189)	0.1175 (0.6324)	0.0008 (0.0016)	0.0147 (0.0219)
lnfdi	0.0073 (0.0559)	0.0053 (0.0559)	-0.0032 (0.0059)	-0.8946** (0.3964)	-0.0009 (0.0007)	0.0113 (0.0077)
employment	0.0090 (0.0112)	0.0103 (0.0112)	0.0013 (0.0010)	0.0046 (0.0394)	0.0001* (0.0001)	0.0023** (0.0009)
growth	0.0056 (0.0084)	0.0055 (0.0084)	0.0008 (0.0008)		0.0002** (0.0001)	0.0016** (0.0008)
lnsalary	-0.8357 (0.6604)	-0.7921 (0.6605)	0.2248*** (0.0691)	-1.9844 (3.2368)	-0.0038 (0.0054)	0.1745** (0.0669)
revenue	-0.0001 (0.0001)	-0.0001 (0.0001)	0.0000* (0.0000)	0.0013* (0.0007)	0.0000 (0.0000)	0.0001*** (0.0000)
Constant	19.5105*** (7.2934)	15.5259** (7.2945)	-2.7789*** (0.6898)	29.6158 (33.2691)	1.0107*** (0.0546)	14.2490*** (0.6813)
Time	Yes	Yes	Yes	Yes	Yes	Yes
观测值	216	216	628	628	628	628
Adj. R²	0.092	0.322	0.983	0.178	0.948	0.956

注：1. 下方括号内为地级市层面聚集稳健标准误。

2. *** 表示 $p < 0.01$，** 表示 $p < 0.05$，* 表示 $p < 0.1$。

二、ENGOs 发布政府环境信息报告的行为对污染排放的影响

（一）全样本基准回归

为检验 ENGOs 发布政府环境信息报告行为这一随机事件对污染物

排放量和污染物排放强度的净影响，这里根据模型（6－2）进行估计，如表6－6所示为全样本的基准回归结果，因为采用双向固定效应模型，所以 T 和 Transparent 不再出现在回归结果中，从估计结果来看，IPE 通过发布 PITI 年报的形式对政府环境信息进行公开的行为，对污染减排有积极影响，系数的经济意义和统计意义都十分显著。

表6－6　　　　发布政府环境信息报告的全样本基准回归结果

变量	(1)	(2)	(3)	(4)	(5)	(6)
	lnwater		lnso2		lndust	
T × Transparent	−0.1458*** (0.0501)	−0.1395*** (0.0496)	−0.1866*** (0.0673)	−0.1864*** (0.0669)	−0.2042** (0.0843)	−0.2024** (0.0830)
lngdp	0.1768 (0.1703)	0.1568 (0.1685)	−0.2043 (0.2188)	−0.2105 (0.2223)	0.0545 (0.2103)	0.0631 (0.2115)
industry	0.0003 (0.0047)	−0.0004 (0.0047)	0.0170** (0.0067)	0.0173*** (0.0065)	0.0027 (0.0058)	0.0036 (0.0059)
lncap_lab	−0.1215** (0.0494)	−0.0990* (0.0512)	−0.0714 (0.0586)	−0.0658 (0.0583)	−0.0866 (0.0707)	−0.1009 (0.0777)
lnfdi	0.0122 (0.0170)	0.0097 (0.0168)	0.0020 (0.0229)	0.0034 (0.0233)	−0.0438* (0.0249)	−0.0420* (0.0246)
employment		0.0050* (0.0027)		−0.0007 (0.0037)		−0.0019 (0.0047)
growth		−0.0032 (0.0034)		0.0026 (0.0034)		0.0062 (0.0047)
lnsalary		0.0515 (0.0455)		−0.0267 (0.0389)		0.0149 (0.0621)
revenue		−0.0000 (0.0001)		0.0001 (0.0001)		0.0001 (0.0001)
Constant	9.7249*** (0.6016)	8.8523*** (0.7348)	10.0544*** (0.7122)	10.2047*** (0.8777)	10.6132*** (0.8340)	10.5760*** (1.1410)
Time	Yes	Yes	Yes	Yes	Yes	Yes
观测值	3171	3139	3167	3135	3118	3087
Adj. R^2	0.0412	0.0448	0.0894	0.0882	0.148	0.150

注：1. 下方括号内为地级市层面聚集的稳健标准误。

　　2. *** 表示 p<0.01，** 表示 p<0.05，* 表示 p<0.1。

政府环境信息公开可以使工业废水、工业二氧化硫和工业烟尘排放的排放量分别减少 14.97%、20.49% 和 22.43%[①]。列（1）、（3）和（5）是回归过程中只考虑 4 个控制变量的回归结果，其他列都是考虑所有控制变量的结果，可以发现此举对估计结果并没有造成明显的影响。控制变量系数的符号也基本符合预期。经济越发达的地方三类污染物的排放量就越高，这从一个侧面说明中国经济发展过程中污染治理还有很长的一段路要走。第二产业比例越高三类污染物的排放量也就越高，毕竟这些都是工业污染物。资本—劳动比率对地区污染相对排放量有负向影响，资本密集型产业的发展有利于污染减排。在外商直接投资的影响方面，其对三类污染物减排的影响表现不一致，虽然有数据支持"污染天堂"假说，但是系数的经济和统计显著性都很低。

（二）分地区检验

东部和中部地区环境信息公开对污染减排影响的回归结果如表 6 - 7 所示，西部地区环境信息公开对污染减排影响的回归结果如表 6 - 8 所示，可以发现总体来说经济意义都是支持前文发现的规律，即公开政府的环境信息有利于地区污染排放量的降低，虽然部分系数的统计显著性不明显。东部地区工业二氧化硫排放和工业烟尘排放影响系数统计性都十分显著，从系数大小上看，甚至比全国范围的全样本结果明显，但是工业废水排放影响系数的经济意义和统计显著性都不显著。中部地区三类污染物影响系数统计性都不显著，虽然系数符号都还保持相同的方向。西部地区工业废水排放影响系数比全样本影响系数更加明显，而且经济意义在 5% 水平上显著，工业二氧化硫排放的系数也是显著的，但是工业烟尘排放的系数的统计性不显著。

---

① 此比例数据经过 $[\exp(\text{coef}) - 1]\%$ 换算，也有观点认为可以直接用估计系数进行解释，两种解释方法在系数较大时有一定差别。

表 6 - 7　东部和中部地区环境信息公开对污染减排影响的回归结果

变量	（1）	（2）	（3）	（4）	（5）	（6）
	eastern			central		
	lnwater	lnso2	lndust	lnwater	lnso2	lndust
T × Transparent	-0.0802 （0.0667）	-0.2947*** （0.1048）	-0.2279* （0.1197）	-0.1143 （0.0957）	-0.0516 （0.0942）	-0.1218 （0.1511）
lngdp	-0.3011 （0.2220）	-1.2306*** （0.4050）	-0.3528 （0.3951）	-0.0642 （0.2614）	-0.3941* （0.2304）	-0.3043 （0.3186）
industry	0.0151** （0.0061）	0.0552*** （0.0126）	0.0355*** （0.0109）	0.0136* （0.0070）	0.0118* （0.0069）	0.0163* （0.0095）
lncap_lab	-0.2816*** （0.0892）	0.0629 （0.1096）	0.0812 （0.1453）	0.0062 （0.0965）	-0.1587 （0.1153）	0.0737 （0.1523）
lnfdi	-0.0113 （0.0499）	0.0142 （0.0803）	-0.0611 （0.0452）	0.0173 （0.0327）	0.0003 （0.0293）	-0.0299 （0.0328）
employment	-0.0061 （0.0046）	-0.0017 （0.0067）	0.0008 （0.0083）	0.0041 （0.0041）	0.0021 （0.0046）	-0.0040 （0.0068）
growth	0.0049 （0.0047）	0.0004 （0.0063）	0.0049 （0.0086）	-0.0145* （0.0080）	0.0063 （0.0048）	0.0050 （0.0084）
lnsalary	-0.0430 （0.0500）	-0.0767** （0.0381）	-0.0730 （0.0636）	0.2334 （0.1643）	-0.0367 （0.1130）	0.1982 （0.1778）
revenue	0.0003 （0.0004）	-0.0004 （0.0005）	-0.0001 （0.0003）	-0.0001 （0.0001）	0.0002 （0.0001）	0.0000 （0.0002）
Constant	11.3255*** （1.0420）	7.0658*** （1.6035）	7.3560*** （2.0517）	5.1259*** （1.9374）	10.9064*** （1.7021）	6.3880*** （2.1421）
观测值	1152	1147	1134	1153	1153	1123
Adj. R²	0.0905	0.212	0.280	0.0728	0.107	0.146

注：1. 列（1）~（3）是东部地区环境信息公开对污染减排影响的回归结果，列（4）~（6）是中部地区环境信息公开对污染减排影响的回归结果。
2. 下方括号内为地级市层面聚集的稳健标准误。
3. *** 表示 p<0.01，** 表示 p<0.05，* 表示 p<0.1。

表 6 - 8　　　　　西部地区环境信息公开对污染减排影响的回归结果

变量	(1)	(2)	(3)
	western		
	lnwater	lnso2	lndust
T × Transparent	- 0. 2214 ** (0. 0852)	- 0. 2285 * (0. 1154)	- 0. 2523 (0. 1629)
lngdp	0. 8805 *** (0. 2111)	0. 9813 *** (0. 2373)	0. 8802 *** (0. 2876)
industry	- 0. 0189 ** (0. 0080)	- 0. 0084 (0. 0089)	- 0. 0143 (0. 0106)
lncap_lab	- 0. 1134 (0. 0880)	- 0. 2077 * (0. 1093)	- 0. 1803 (0. 1635)
lnfdi	- 0. 0016 (0. 0219)	0. 0181 (0. 0297)	0. 0134 (0. 0371)
employment	0. 0126 ** (0. 0058)	0. 0058 (0. 0080)	- 0. 0033 (0. 0111)
growth	- 0. 0010 (0. 0042)	- 0. 0041 (0. 0051)	0. 0027 (0. 0071)
lnsalary	0. 0557 (0. 0348)	- 0. 0183 (0. 0312)	0. 0628 (0. 0651)
revenue	- 0. 0001 (0. 0003)	0. 0001 (0. 0002)	0. 0000 (0. 0003)
Constant	10. 3412 *** (1. 0381)	14. 2190 *** (1. 3939)	12. 9708 *** (1. 9496)
Time	Yes	Yes	Yes
观测值	834	835	830
Adj. R^2	0. 0885	0. 113	0. 140

注: 1. 下方括号内为地级市层面聚集的稳健标准误。
　　2. *** 表示 $p < 0.01$, ** 表示 $p < 0.05$, * 表示 $p < 0.1$。

环境信息公开可以增加社会各界的环保努力, 特别是政府部门的环境管理, 三类污染物在东中西部地区的排放量分别表现出较大差异。工业废水的影响系数在西部地区绝对值最大, 在东部地区绝对值最小,统计显著性也是如此，这一定程度上是因为东中西部地区水资源禀赋差异、气候差别以及废水处理方式的不同：东中西部地区水资源依次降低，这造成地区间水资源利用效率的显著差异；东部地区多雨天气和通畅的江河系统使得废水处理效率出现显著差异；东部沿海地区当前存在一定量的工业废水直接排海工程，但是中部和西部地区却没有。工业二氧化硫排放在东部地区受 PITI 发布年报影响最明显，西部次之，中部地区甚至统计性不显著，这可能是因为东部地区人均收入相对较高，对空气污染更敏感，同时煤电主要集中在中部地区，这使得中部地区缺乏弹性。

（三）基于 PSM – DID 的进一步验证

根据 PSM – DID 估计的结果如表 6 – 9 所示，其中列（1）~（3）为采用 probit 模型计算的倾向值得分，列（4）~（6）为使用 logit 模型的结果，两种方法得到的结论是一致的，即公开政府的环境信息可以有效地降低污染物排放量。公开政府环境信息可以使工业废水、工业二氧化硫和工业烟尘排放量分别减少 24.88%、10.10% 和 29.72%，虽然对工业二氧化硫排放的影响并不是十分显著，但对工业废水和工业烟尘的影响在 1% 下显著。这与李等（2018）的估计是一致的，虽然他们得出的系数 13.4%、12.8% 和 12.44% 与本书不尽相同。

表 6 – 9 　　　　　　　　　　基于 PSM – DID 的检验结果

变量	(1)	(2)	(3)	(4)	(5)	(6)
	probit			logit		
	lnwater	lnso2	lndust	lnwater	lnso2	lndust
T × Transparent	− 0.2222 *** (0.0669)	− 0.1052 (0.0663)	− 0.2602 *** (0.0738)	− 0.2196 *** (0.0669)	− 0.1134 * (0.0662)	− 0.2658 *** (0.0738)
T	0.1916 *** (0.0482)	− 0.0500 (0.0478)	0.2445 *** (0.0532)	0.1889 *** (0.0481)	− 0.0425 (0.0477)	0.2487 *** (0.0532)

续表

变量	(1)	(2)	(3)	(4)	(5)	(6)
	probit			logit		
	lnwater	lnso2	lndust	lnwater	lnso2	lndust
Transparent	0.6817 *** (0.0521)	0.6341 *** (0.0516)	0.5752 *** (0.0572)	0.6763 *** (0.0520)	0.6379 *** (0.0516)	0.5775 *** (0.0572)
Constant	8.1833 *** (0.0368)	10.5059 *** (0.0365)	9.5522 *** (0.0404)	8.1887 *** (0.0368)	10.5028 *** (0.0365)	9.5513 *** (0.0404)
X	Yes	Yes	Yes	Yes	Yes	Yes
观测值	3273	3269	3218	3275	3271	3222
Adj. R^2	0.0833	0.0878	0.0463	0.0822	0.0877	0.0462

注：1. 下方括号内为地级市层面聚集的稳健标准误。
2. *** 表示 $p<0.01$，** 表示 $p<0.05$，* 表示 $p<0.1$。

（四）时间趋势问题

本部分探讨公开政府环境信息对地区污染物减排的持续影响，使用7个时间虚拟变量（y08～y14分别代表2008～2014年，2015年虚拟变量因为多重共线性问题而无须引入）与是否属于PITI年度报告范围内的城市（Transparent）的交叉项来代替 T×Transparent。表6-10展示了相关回归的结果，可以发现所有交叉项系数都是负的，虽然部分统计性不显著。第（1）、（3）和（5）列是只考虑四个控制变量的结果，第（2）、（4）和（6）列是考虑全部8个控制变量的结果，对比可以发现结果是稳健的，控制变量数量的改变并未造成大的影响。从系数的经济意义上看，公开政府环境信息的行为对地区工业废水排放的影响基本呈现逐年降低的趋势，工业废水排放是第二年增加，随后逐渐降低，对工业二氧化硫和工业粉尘排放的影响却呈现先降低后升高的情况。从统计显著性来看，PITI刚出台的前三到前四年影响最为显著，后面年份的影响并不是十分显著。这从一个侧面印证了前文对PITI得分对降低地方污染物排放量和排放强度的研究中，关于2013年及之后的分样本估计中系数和统计性均不显著的情况解释的猜测，ENGOs 发布环境信息公开的行为对污染减排只在最初的几年有显著效果，后续需要更进一步的努力来实现新的突破。

表 6－10 时间趋势回归结果

变量	（1）lnwater	（2）lnwater	（3）lnso2	（4）lnso2	（5）lndust	（6）lndust
y08 × Transparent	－0.1529 *** (0.0427)	－0.1522 *** (0.0427)	－0.2216 *** (0.0449)	－0.2220 *** (0.0453)	－0.2051 *** (0.0659)	－0.2049 *** (0.0665)
y09 × Transparent	－0.1870 *** (0.0497)	－0.1914 *** (0.0502)	－0.2047 *** (0.0531)	－0.1993 *** (0.0533)	－0.2710 *** (0.0855)	－0.2730 *** (0.0867)
y10 × Transparent	－0.1808 *** (0.0565)	－0.1772 *** (0.0555)	－0.1272 * (0.0676)	－0.1236 * (0.0674)	－0.1729 * (0.0895)	－0.1646 * (0.0883)
y11 × Transparent	－0.1467 ** (0.0664)	－0.1363 ** (0.0661)	－0.1289 (0.0879)	－0.1288 (0.0881)	－0.1371 (0.1215)	－0.1340 (0.1210)
y12 × Transparent	－0.1192 (0.0760)	－0.1116 (0.0772)	－0.1143 (0.0880)	－0.1144 (0.0882)	－0.2034 * (0.1199)	－0.2182 * (0.1203)
y13 × Transparent	－0.1064 (0.0771)	－0.0883 (0.0770)	－0.2708 * (0.1384)	－0.2854 ** (0.1403)	－0.2528 * (0.1333)	－0.2457 * (0.1334)
y14 × Transparent	－0.1210 (0.0770)	－0.1054 (0.0780)	－0.2362 ** (0.0971)	－0.2299 ** (0.0974)	－0.1913 (0.1270)	－0.1809 (0.1264)
lngdp	0.1804 (0.1702)	0.1600 (0.1685)	－0.2046 (0.2189)	－0.2112 (0.2228)	0.0567 (0.2099)	0.0647 (0.2112)
industry	0.0005 (0.0047)	－0.0002 (0.0047)	0.0171 ** (0.0068)	0.0175 *** (0.0066)	0.0029 (0.0059)	0.0038 (0.0060)
lncap_lab	－0.1212 ** (0.0495)	－0.0975 * (0.0512)	－0.0740 (0.0585)	－0.0694 (0.0582)	－0.0877 (0.0710)	－0.1018 (0.0781)
lnfdi	0.0124 (0.0169)	0.0097 (0.0168)	0.0030 (0.0231)	0.0041 (0.0234)	－0.0435 * (0.0251)	－0.0418 * (0.0248)
employment		0.0052 * (0.0027)		－0.0010 (0.0038)		－0.0019 (0.0048)

续表

变量	（1） lnwater	（2） lnwater	（3） lnso2	（4） lnso2	（5） lndust	（6） lndust
growth		−0.0034 （0.0033）		0.0025 （0.0035）		0.0063 （0.0047）
lnsalary		0.0541 （0.0464）		−0.0283 （0.0400）		0.0158 （0.0625）
revenue		−0.0000 （0.0001）		0.0001 （0.0001）		0.0001 （0.0001）
Constant	9.7173 *** （0.6029）	8.7962 *** （0.7396）	10.0734 *** （0.7156）	10.2559 *** （0.8957）	10.6199 *** （0.8406）	10.5691 *** （1.1575）
Time	Yes	Yes	Yes	Yes	Yes	Yes
观测值	3171	3139	3167	3135	3118	3087
Adj. R^2	0.0403	0.0442	0.0897	0.0887	0.147	0.149

注：1. 下方括号内为地级市层面聚集的稳健标准误。
　　2. *** 表示 $p < 0.01$，** 表示 $p < 0.05$，* 表示 $p < 0.1$。

　　前文对于时间趋势问题检验的结果，不能充分说明自 2008 年开始的政府环境信息公开行为对污染减排的净影响。为了检验在 2008 年之前是否会通过其他不可观测的原因，使环境信息公开对污染物排放降低产生影响，这里引入时间虚拟变量（y03 ~ y07）与 PITI 发布行为的交叉项去替代 T × Transparent。回归结果如表 6 - 11 所示，可以发现发布 PITI 之前并不存在这种污染减排效果。正的系数表明重点环保城市（处理组）的污染程度要比非重点环保城市（控制组）严重许多。其他控制变量系数的经济与统计显著性也基本与前文一致。这进一步验证了，绿色环保组织通过发布 PITI 年报关注并公布地方政府的环境信息，能有效地降低该地方污染物排放量。

表 6 - 11　　　　　　　　　　时间趋势的稳健性检验

变量	（1）	（2）	（3）	（4）	（5）	（6）
	lnwater	lnwater	lnso2	lnso2	lndust	lndust
y03 × Transparent	0.2873 *** (0.0669)	0.2774 *** (0.0665)	0.3135 *** (0.0855)	0.3161 *** (0.0864)	0.3388 *** (0.1044)	0.3397 *** (0.1034)
y04 × Transparent	0.1936 *** (0.0627)	0.1889 *** (0.0621)	0.3441 *** (0.0859)	0.3439 *** (0.0852)	0.3265 *** (0.1038)	0.3268 *** (0.1026)
y05 × Transparent	0.1409 ** (0.0601)	0.1377 ** (0.0600)	0.2271 *** (0.0818)	0.2259 *** (0.0809)	0.2633 ** (0.1019)	0.2579 ** (0.1012)
y06 × Transparent	0.0658 (0.0517)	0.0587 (0.0513)	0.0679 (0.0649)	0.0680 (0.0647)	0.0917 (0.0845)	0.0896 (0.0836)
y07 × Transparent	0.0593 (0.0464)	0.0545 (0.0464)	0.0095 (0.0614)	0.0100 (0.0612)	0.0290 (0.0732)	0.0292 (0.0725)
lngdp	0.1953 (0.1690)	0.1763 (0.1675)	- 0.1747 (0.2186)	- 0.1794 (0.2224)	0.0830 (0.2073)	0.0931 (0.2084)
industry	- 0.0002 (0.0047)	- 0.0009 (0.0047)	0.0161 ** (0.0066)	0.0164 ** (0.0064)	0.0018 (0.0058)	0.0027 (0.0059)
lncap_lab	- 0.1293 *** (0.0497)	- 0.1067 ** (0.0515)	- 0.0828 (0.0591)	- 0.0770 (0.0587)	- 0.0977 (0.0713)	- 0.1119 (0.0781)
lnfdi	0.0123 (0.0170)	0.0099 (0.0169)	0.0019 (0.0229)	0.0034 (0.0233)	- 0.0438 * (0.0247)	- 0.0420 * (0.0245)
employment		0.0049 * (0.0027)		- 0.0008 (0.0037)		- 0.0019 (0.0048)
growth		- 0.0033 (0.0034)		0.0025 (0.0035)		0.0061 (0.0047)
lnsalary		0.0436 (0.0464)		- 0.0359 (0.0392)		0.0054 (0.0626)
revenue		- 0.0000 (0.0001)		0.0001 (0.0001)		0.0001 (0.0001)
Constant	9.7342 *** (0.6005)	8.9387 *** (0.7399)	10.1233 *** (0.7083)	10.3584 *** (0.8739)	10.6653 *** (0.8228)	10.7171 *** (1.1329)
Time	Yes	Yes	Yes	Yes	Yes	Yes
观测值	3171	3139	3167	3135	3118	3087
Adj. R^2	0.0452	0.0486	0.0955	0.0944	0.151	0.153

注：1. 下方括号内为地级市层面聚集的稳健标准误。
　　2. *** 表示 $p < 0.01$，** 表示 $p < 0.05$，* 表示 $p < 0.1$。

（五）被解释变量的稳健性

上文对环境影响的衡量主要是通过观察工业废水、工业二氧化硫和工业烟尘的排放量变化，而从污染物排放量的角度考察的，所得出的结论有一定局限性。为了更好地衡量政府环境信息公开的环境绩效，这里引入单位人均生产总值的污染排放量为被解释变量。如表 6 - 12 所示，双向固定效应模型下系数的符号、大小和统计显著性基本与表 6 - 6 中一致，经济意义都是明显的，ENGOs 发布年度政府环境公开报告的行为能促进地方减少污染物排放的强度。

表 6 - 12　　　　　　　　　被解释变量稳健性检验结果

变量	(1) lnwater_s	(2) lnwater_s	(3) lnso2_s	(4) lnso2_s	(5) lndust_s	(6) lndust_s
T × Transparent	- 0. 1644 *** (0. 0510)	- 0. 1585 *** (0. 0504)	- 0. 2057 *** (0. 0671)	- 0. 2059 *** (0. 0666)	- 0. 2212 *** (0. 0830)	- 0. 2197 *** (0. 0819)
lngdp	- 0. 7352 *** (0. 1740)	- 0. 7581 *** (0. 1732)	- 1. 1141 *** (0. 2196)	- 1. 1231 *** (0. 2236)	- 0. 8609 *** (0. 2150)	- 0. 8556 *** (0. 2180)
industry	0. 0214 *** (0. 0048)	0. 0206 *** (0. 0048)	0. 0380 *** (0. 0069)	0. 0383 *** (0. 0066)	0. 0239 *** (0. 0058)	0. 0247 *** (0. 0059)
lncap_lab	- 0. 1193 ** (0. 0485)	- 0. 0939 * (0. 0506)	- 0. 0689 (0. 0589)	- 0. 0603 (0. 0584)	- 0. 0842 (0. 0701)	- 0. 0954 (0. 0768)
lnfdi	0. 0162 (0. 0171)	0. 0137 (0. 0170)	0. 0059 (0. 0231)	0. 0073 (0. 0235)	- 0. 0397 (0. 0248)	- 0. 0380 (0. 0246)
employment		0. 0055 ** (0. 0027)		- 0. 0003 (0. 0036)		- 0. 0014 (0. 0046)
growth		- 0. 0050 (0. 0034)		0. 0009 (0. 0035)		0. 0044 (0. 0048)
lnsalary		0. 0357 (0. 0468)		- 0. 0427 (0. 0417)		- 0. 0013 (0. 0653)
revenue		- 0. 0000 (0. 0001)		0. 0001 (0. 0001)		0. 0001 (0. 0001)

续表

变量	（1）	（2）	（3）	（4）	（5）	（6）
	lnwater_s	lnwater_s	lnso2_s	lnso2_s	lndust_s	lndust_s
Constant	5.6875 *** (0.5918)	4.9160 *** (0.7345)	6.0200 *** (0.7046)	6.2733 *** (0.8884)	6.5651 *** (0.8180)	6.6287 *** (1.1600)
Time	Yes	Yes	Yes	Yes	Yes	Yes
观测值	3171	3139	3167	3135	3118	3087
Adj. R^2	0.612	0.613	0.555	0.553	0.393	0.393

注：1. 下方括号内为地级市层面聚集的稳健标准误。
  2. *** 表示 $p < 0.01$，** 表示 $p < 0.05$，* 表示 $p < 0.1$。

第五节　研究结论和政策含义

一、研究结论

本章研究了政府环境信息公开对地方污染物排放造成的影响。根据 116 个环保重点城市（处理组）、165 个非环保重点城市（控制组）2008～2015 年污染排放量变化，充分考虑经济发展程度、产业结构状况、资本密集程度、对外开放程度、工人收入水平、人口增长率和财政收入状况的地区差异，进行实证检验。首先研究了 PITI 得分与污染减排之间的关系，随后通过双向固定效应模型和 PSM 方法分别进行了 DID 估计，并从时间趋势的角度进行了检验，最后分别从安慰剂检验和被解释变量敏感性角度进行了稳健性检验。

本章研究发现政府环境信息公开有利于污染物减排，具体得出以下结论。①地方环境信息公开对减少污染物排放有积极影响，省会城市受到更多的监督，所以制度效果体现得更为充分。②2013 年之前国内政府环境信息公开没有具体的规章制度，环境信息公开程度可以衡量地方政府的透明度和环保努力，环境信息公开程度对减少污染排放有积极意义。随着2013年政府各项规章制度的出台，政府环境信息公开逐渐走向规范化、具体化，各地方政府被动地按照要求披露环境信息，PITI衡量的环境信息公开程度不再对污染减排有显著的影响，这并不是说环境信息公开没有减排效果，而是非正式制度让位给正式的环境信息公开制度。③发布PITI年报的行为对地方污染物排放的影响，即对三类污染物在东中西部地区减排的影响表现出较大差异，对东中西部地区的工业废水减排效果依次降低，对东西中部地区的工业二氧化硫减排效果却依次增强，可以从自然资源禀赋、能源结构、气候差异、经济发展程度和污染排放方式等多角度解释。④公布地方政府环境信息的行为在随后的三年对污染减排产生的影响最为明显，但是效果并不随着时间推移而消失，而是能持续地对地方政府改善环境产生积极影响。

二、政策含义

信息不对称会造成社会福利的净损失，在没有对各地方政府环境信息公开情况发布报告之前，地方政府和民众都不知道当地政府环境保护效率的高低，不知道存在改进的空间以及改进的方向何在，政府环境信息公开降低了信息不对称，是对社会总福利的提升。绝对的权力容易发生政府失灵，运作效率低下，非政府组织或者民众的监督能有效改善地方政府效率。政府环境信息公开能使地方政府受到更多的监督，这有助于加强环境管理、改善环境质量、提高政府部门效率和减少政府失灵，同时提高居民满意度和幸福感，这有助于人口增长、增强消费者信心以活跃商品市场、降低信息不对称和市场不确定性以稳定金融市场，进而实现经济增长与环境改善的双赢，对传统制度不足之处形成有效的补充。

　　进一步完善政府环境信息公开制度，使政府的环境管理和地方环境信息更加公开透明。政府环境信息的公开有助于社会各界有效地参与到污染控制和环境质量改善中来，能对政府环境管理形成有效监督，降低政府失灵的可能性与可能造成的损失，激励地方政府有所作为。它还能增强民众对环境问题的认知，增加污染排放企业的排放成本和偷排漏排难度，提高绿色环保组织的运作效率，有助于进一步增强地方政府的环境责任意识和可持续发展观念，对于中国水污染的治理和水质改善，推进生态文明体制改革，建设新时代的美丽中国，具有重要的意义。

第七章

政府环境信息公开与地区环境质量

第一节 研究问题

改革开放以来，我国的经济发展和环境质量常处于不平衡发展的阶段，中国政府积极运用环境规制工具应对环境污染，努力实现经济发展和环境可持续发展的双赢，并取得重大成就。环境信息公开作为一种自下而上型的环境监管工具，在许多国家被广泛使用。2008年中国颁布《政府信息公开条例》和《环境信息公开办法》，标志着中国政府开始探索环境信息公开这一环境监管工具，自2008年以来定期公布国家省市环境状况公报、地区或流域环境状况公报、城市空气状况周（日）报，同时对企业进行ISO14000①环境管理体系认证试点工作，公开产品环境信息，设立环境标志、有机食品标志、绿色食品标志，并鼓励非政府组织进行环境信息公开。随着中国环境信息公开制度的

---

① ISO14000系列标准是为促进全球环境质量的改善而制订的一套环境管理的框架文件，目的是加强组织（公司、企业）的环境意识、管理能力和保障措施，从而达到改善环境质量的目的。

愈发完善，对环保工作的重视程度不断提升，污染治理取得显著成效，生态治理总指数逐年递增。

　　环境信息公开之所以受到许多国家的青睐，并将其作为重要的环境治理工具有其理论基础。其一，政府环境信息公开可促进"倒逼效应"的产生，即通过增加环境信息透明度，可强化中央政府、社会公众以及新闻媒体对地方政府的多元问责，从而倒逼其加强环境治理（杨煜等，2020）①。其二，从社会契约角度看，政府作为国家主权的执行者，管理国家事务是一种委托信用，政府必须通过公开信息接受人民监督。基于以上理论，我国环境信息公开在立法和实践上不断发展并取得显著进步。由公众环境研究中心（Institute of Public and Environmental Affairs，IPE）和自然资源保护协会联合发布的污染源监管信息公开指数报告可看出，我国东部地区的环境信息公开水平远高于中西部地区。

　　对环境信息公开与环境治理关系的研究主要有两类观点，一方面，"倒逼效应"显示政府及时公开环境信息可倒逼政府及企业积极进行环境治理，提高污染治理水平；另一方面，"声誉效应"显示环境信息公开会导致环境治理工作出现治标不治本现象。目前，此类研究多集中于环境信息公开与空气污染的关系，而对水污染的研究并不够深入，并且主要集中在农业的非点源污染方面。在建设美丽中国的美好愿景下，研究环境信息公开对水环境的影响，对促进水环境优化及生态环境发展具有重要意义。

　　政府环境信息公开对地区环境质量的影响并非线性的，这种结构性特征有待深入研究。政府环境信息公开程度较低的时候，公开部分环境信息可能呈现较强的"倒逼效应"或"声誉效应"，然而当程度

---

　　① 杨煜，陆安颉，张宗庆. 政府环境信息公开能否促进环境治理？——基于120个城市的实证研究［J］. 北京理工大学学报（社会科学版），2020，22（1）：41-48.

较高时边际效应趋于减弱。

第二节　假说提出

一、环境信息公开的发展

环境规制可分为正式环境规制和非正式环境规制，而环境信息公开为非强制性，属于非正式环境规制。根据黄清煌等（2017）[①] 对环境规制工具的分类，环境规制工具可分为以下三类：第一类是命令控制型规制工具，包括环境标准、执行标准以及"三同时"制度；第二类是市场激励型规制工具，包括排污收费制度、可交易许可制度以及减排"押金—退款"政策；第三类是公众参与型规制工具，包括环境听证制度、环境信息公开制度等，环境信息公开就属于第三类工具。20 世纪以来，全球主要国家在应对生态环境问题时，逐渐从传统的命令—控制型环境规制模式转向让公众充分知晓环境信息并广泛参与决策的环境治理模式。20 世纪 90 年代，发达国家开始将环境信息公开制度运用于环境治理：1998 年 6 月欧洲环境第四次部长会议通过《奥胡斯公约》；欧盟在 2000 年通过《〈奥胡斯公约〉执行指南》，在 2005 年通过了《关于公众获取环境信息的指令》等法律文件，对政府环境信息公开制度进行完善和发展；2011 年时任美国总统奥巴马发起的"开放政府伙伴关系"，又使透明度改革越来越多地出现在政府、国际组织、公民社会和私营部门的议程上。据统计，发达国家依靠强大的经济基础，建立严格和完善的环境管理法规体系，当发达国家的污染治理费用占

---

① 黄清煌，高明，吴玉. 环境规制工具对中国经济增长的影响——基于环境分权的门槛效应分析 [J]. 北京理工大学学报（社会科学版），2017，19（3）：33–42.

GDP 比重达到 3% 左右时，环境污染将得到有效控制（范庆泉等，2018）[①]。在中国，环境信息公开这一工具也逐渐被广泛应用于环境生态环境治理中，如 1989 年《环境保护法》第 11 条第 2 款、2002 年《清洁生产促进法》第 31 条等、2008 年 5 月 1 日试行的《政府信息公开条例》和《环境信息公开办法》。随着"美丽中国"概念的提出，中国环境政策体系逐步完善，环境信息公开也更受重视，但和欧盟、美国等发达地区和国家相比，中国环境信息公开发展仍较缓慢，使得环境信息公开的效果受到影响。

二、环境信息公开对经济的影响

环境信息公开对经济社会的影响主要集中在公众参与、相关法律法规的完善、企业成本以及企业创新几个方面。首先，政府通过信息公开，既保障了公众的知情权，更提高了公众参与度，利于政府树立正面形象。其次，环境信息公开提高了我国信息安全和隐私保护标准，不断完善我国政府环境信息公开制度有利于提高我国隐私保护及信息安全标准。最后，在生态环境约束日益强化的背景下，政府实行严格的环境规制对经济增长产生的影响也更受关注，罗知等（2021）[②] 认为严格的环境规制使得污染程度较高的企业产值下降，由此产生的产品供给缺口将转移到污染程度较低的企业，从而推动地区的产业结构升级。传统观点从企业成本角度入手，认为增强环境规制强度会增加企业成本，降低企业生产率，进而影响经济发展水平；但也有学者认为如果从动态角度出发，环境保护与经济发展并不一定是此消彼长的对

---

① 范庆泉，周县华，张同斌. 动态环境税外部性、污染累积路径与长期经济增长——兼论环境税的开征时点选择问题 [J]. 经济研究，2016，51（8）：116 - 128.

② 罗知，齐博成. 环境规制的产业转移升级效应与银行协同发展效应——来自长江流域水污染治理的证据 [J]. 经济研究，2021，56（2）：174 - 189.

立关系，环境规制政策的出台和有效实施可能有助于实现环境保护与经济增长的双赢结果（许梦博和李世斌，2021）①。波特假说从企业创新角度入手，认为虽然环境规制政策在短期内会导致相关企业或行业的相对生产成本增加，从而降低其相对竞争力，但长期而言，适当的环境规制可能会促使企业进行更多的创新活动以减少污染，从而间接促进企业生产力的提高。在相关研究中，越来越多的学者使用波特假说佐证其观点：环境规制强度在一定程度上促进了工业行业 R&D 创新效率提升（李勃昕等，2013）②，推动对地方政府环境规制执行的针对性监管和适应性激励，尤其使得地理相邻的城市就协同规制达成共识，这将有助于中国经济的长期增长（金刚和沈坤荣，2018）③。

三、信息公开对水环境治理的影响

当前，信息公开与水环境二者关系的研究结果大致可分为三类：信息公开与水环境治理之间存在正相关关系、负相关关系和非线性关系。大多数学者认同正相关关系。王云等（2019）④ 通过分析印度1995～1999 年的水质量情况，认为非正式水污染管制对水质量提升有显著的正面影响，再次佐证环境信息公开对水环境绩效的影响。在正向影响的基础上，冯彦超和何芳（2020）⑤ 进一步发现环境信息公开对特定区域的环境质量产生积极影响，并且环境信息公开的影响存在双

① 许梦博，李世斌. 环境信息公开、产业结构调整与技术创新——基于市级层面的实证检验 [J]. 吉林大学社会科学学报，2021，61（2）：128 - 139 + 237 - 238.

② 李勃昕，韩先锋，宋文飞. 环境规制是否影响了中国工业 R&D 创新效率 [J]. 科学学研究，2013，31（7）：1032 - 1040.

③ 金刚，沈坤荣. 以邻为壑还是以邻为伴？——环境规制执行互动与城市生产率增长 [J]. 管理世界，2018，34（12）：43 - 55.

④ Wang Y, Sun X, Guo X. Environmental regulation and green productivity growth: Empirical evidence on the Porter Hypothesis from OECD industrial sectors [J]. Energy Policy, 2019, 132: 611 - 619.

⑤ Feng Y, He F. The effect of environmental information disclosure on environmental quality: Evidence from Chinese cities [J]. Journal of Cleaner Production, 2020, 276: 124027.

重阈值，即当经济发展水平达到临界阈值时，该积极影响变得明显，然后加强。信息公开通过三种政策工具发挥作用：供给型政策工具、环境型政策工具及需求型政策工具，其中供给型政策工具包括人才培养、资金投入等；环境型政策工具包括法规制度、目标规划等；需求型政策工具包括公共采购、公私合作、示范工程和鼓励引导。在供给型政策工具中政府较频繁地使用科技支持工具，比如目前生物监测技术、遥感技术、试剂盒、北斗通信系统在水环境监测中的应用，而对水环境监测的智能化、精准化、快速化可全面满足政府、企业、社会公众对水环境的治理要求；在环境型政策工具中，法规制度工具的使用较为频繁；在需求型政策工具中政府较为频繁使用鼓励引导工具，2016 年实施的环保督察的目的是引导地方政府关注环境，强化其环境质量偏好（席鹏辉，2017）①，因此其属于鼓励引导工具。

　　信息公开向政府施加自下而上的舆论压力和自上而下的监管压力，促使政府优先处理关注度高的污染物，因为这些污染物对环境治理产生了负面影响。基于经济学理论，本书将政府环境信息公开对水环境治理产生的潜在影响称为"声誉效应"。一方面，声誉效应表现在具体污染物治理的方式和优先级上。杨煜等人（2020）② 提出在环境治理中，政府往往会面临多种污染物的治理，而在实际工作中，政府会首先判断治理工作的轻重缓急，即优先处理社会和公众关注度较高的污染对象，以换取外部主体对其治理效果的积极评价，这就导致了环境治理工作治标不治本；另一方面，环境信息公开从某种程度上给予地方政府及时治理污染的外部压力。根据"状态—压力—响应"环境评估模型，在取得一定的环境治理成效后，部分城市由于问责压力的缓

　　① 席鹏辉. 财政激励、环境偏好与垂直式环境管理——纳税大户议价能力的视角［J］. 中国工业经济，2017，34（11）：100－117.
　　② 杨煜，陆安颉，张宗庆. 政府环境信息公开能否促进环境治理？——基于 120 个城市的实证研究［J］. 北京理工大学学报（社会科学版），2020，22（1）：41－48.

解，对于环境信息公开的反应程度可能降低，导致环境治理效率较低，产生影响为负的"声誉效应"。于浩（2018）[1] 也对我国环境信息公开的有效性提出了质疑，他认为目前的环境控制措施和法规并没有达到控制和减少污染的预期目标。

国家的具体国情会影响信息公开与环境治理二者的关系，如信息公开政策在发展中国家和发达国家会产生不同绩效。有学者从生态效率视角入手，认为政府透明度与生态效率绩效之间存在非线性关系。考虑到中国的环境信息披露在治理污染方面的有效性，通过对中国环境信息披露情况的调查，得到中国的透明度政策对信息披露的改善作用甚微的结论（Tan et al.，2014）[2]；传统的环境规制，如排污费和环境处罚，在中国的污染控制中是有效的，但没有证据表明环境信息公开强化了传统环境监管方式对中国污染的控制作用（Tian et al.，2016）[3]，城市间的 PITI 差异既反映了不同的区域发展水平，也表明不同地区对环境信息公开措施的执行程度不同，因此各地环境信息公开对环境治理的影响程度有所差异。

四、影响机理与假说

围绕环境信息公开与环境治理主题，现有文献主要从信息公开与环境治理的相关关系、环境信息公开的影响因素、污染物的治理方式三方面展开研究，而对以下几方面的研究不够深入：①现有研究主要

① Hao Y, Deng Y, Lu Z N, et al. Is environmental regulation effective in China? Evidence from city-level panel data [J]. Journal of Cleaner Production, 2018, 188: 966 – 976.

② Tan Y. Transparency without democracy: The unexpected effects of China's environmental disclosure policy [J]. Governance, 2014, 27: 37 – 62.

③ Tian X L, Guo Q G, Han C, et al. Different extent of environmental information disclosure across chinese cities: Contributing factors and correlation with local pollution [J]. Global Environmental Change, 2016, 39: 244 – 257.

集中在信息公开与空气污染间的关系，如二氧化氮、二氧化硫和氮氧化物的排放（He et al.，2019）①，而对水污染的研究较少，且主要集中在农业的非点源污染方面；②在政府环境信息公开方面，已有研究多集中于环境信息公开的影响因素。尽管构建了丰富的指标体系，但缺乏政府环境信息公开对环境治理的有效性研究，更缺乏对区域差异的揭示与剖析，未将环境信息公开与污染治理相结合；③鉴于水和其他污染在中国的严重性，未来的研究还应该聚焦环境信息公开对水和其他污染的影响；④在指标选取方面，从污染物排放量到水质指标，相关研究越来越精细化。较多文献使用 NH_{32}、DO、COD 指标研究水质污染，但在该领域将 pH 值作为水环境指标进行的研究则相对空白。

基于以上考虑，本书在充分认识到环境信息公开发展的动态性的基础上，考虑到中国当前的水环境状况，采用中国环境监测总站的水质自动监测周报的 pH 值数据，构建面板模型，研究政府环境信息公开对水环境治理的影响。

基于以上分析，本书提出以下理论假说：

假说 H7 - 1：环境信息公开对水污染治理产生正向影响。

第三节　研究设计

一、样本选取与数据来源

2008 年是我国信息公开的元年，国务院《政府信息公开条例》和

---

① He S, Zhao L, Ding S, et al. Mapping economic drivers of China's NOx emissions due to energy consumption [J]. Journal of Cleaner Production, 2019, 241: 118 - 130.

环境保护部的《环境信息公开办法（试行）》于 2008 年 5 月 1 日一并颁布，同年 IPE 和 NRDC 联合发布第一期 PITI 报告，考虑到 PITI 的首期发布可能存在城市涵盖范围不够广泛、信息搜集不够全面的问题，因此研究数据选择以 2010 年为起点；2017 年污染源监管信息的公开取得了突破性的进展，一批领先城市的日常监管信息公开转向常态化，公开数据量大幅增长，中央环保督察力度之大前所未有，随着修订后《环保法》等相关政策的颁布实施，中国地方政府环境信息公开快速发展。因此，为保证研究的连续性和完整性，本书以 2010 年至 2017 年的中国地级市为研究对象。数据处理过程如下：考虑到数据的完整性和可得性，剔除新疆和西藏地区；在进行全样本基准回归前，将 PITI 数据缩小 100 倍，估计系数和标准误对应放大 100 倍，使系数变化更加直观；从水质监测周报上手动搜集各类水质数据并与其他数据进行匹配，最终获得 2010 年至 2017 年中国 39 个地级城市数据。本书的数据主要来源于《中国城市统计年鉴》、IPE 和 NRDC 联合发布的 PITI 报告以及水质检测周报。PITI 的评价标准如表 7 - 1 所示。

表 7 - 1 　　　　　　　　　　　　PITI 评价项目

评价项	监管信息		自行监测		互动响应		排放数据	环评信息
	日常超标违规记录	企业环境行为评价	国防自动检测	重点排污单位	环保督察与信访投诉	依申请公开	企业排放数据	环评信息
权重	25%	5%	20%	6%	7%	8%	14%	15%

埃本斯坦（Ebenstein，2012）[①] 指出中国水污染主要来自工业废水、城市生活污水和农业面源污水，其中工业废水是主要来源，同时

---

① Ebenstein A. The consequences of industrialization: evidence from water pollution and digestive cancers in China [J]. Review of Economics and Statistics, 2012, 94 (1): 186 - 201.

东部地区的产业转移使中国中西部地区面临较大的环境压力，如工业水污染。考虑到中国工业水污染在水污染治理中的重要性，本书将根据城市工业化程度进行异质性分析。目前对重工业城市的定义，学术界尚未有统一标准，陈琦等学者将北京等 22 个城市划分为重工业城市，其他划分为非重工业城市。考虑到数据可得性，本书最终将石家庄、包头、连云港、桂林四个城市划分为重工业型城市，将其他城市划分为非重工业城市。

二、变量定义与模型设定

为研究政府环境信息公开对水环境 pH 值的影响，本书选取 NpH 即（pH 值－7）的绝对值为被解释变量，选取政府环境信息公开为解释变量。各地区的政府环境信息公开水平用 IPE 和 NRDC 联合发布的 PITI 数据来衡量。选取经济开放程度（lnFDI）、人口密度（lnpop）、受教育水平（lnedu）、经济发展水平（lngdp）、失业水平（lnu）以及解释变量和人口密度的交互项（plnpop）为控制变量。其中经济开放程度用全市外商实际投资额衡量，人口密度用全市人口自然增长率衡量，受教育水平使用普通本专科在校学生数、中等职业教育学校在校学生数、普通中小学在校学生数的总和除以全市年末总人口衡量。以上控制变量均取对数处理，本书所使用变量的描述性统计如表 7－2 所示。

表 7－2 变量的描述性统计

变量名称	变量符号	样本量	均值	标准差	最小值	最大值
水质酸碱状况	NpH	264	0.702	0.393	0.002	1.863
政府信息公开程度	piti	264	0.439	0.156	0.09	0.771
经济开放程度	lnFDI	251	11.217	2.045	1.099	14.941
人口密度	lnpop	231	1.540	0.823	-2.408	3.096

续表

变量名称	变量符号	样本量	均值	标准差	最小值	最大值
受教育水平	lnedu	250	7.412	0.371	5.938	8.895
经济发展水平	lngdp	262	17.281	0.941	14.910	19.451
失业水平	lnu	262	-0.003	0.002	-0.010	-0.0002

面板数据可以从时间和截面两个维度分析现实问题，在实证研究中被广泛运用。固定效应模型仅考虑个体效应，忽略了时间效应，得出的结论往往与现实有较大偏差，且该偏差会随着时间效应的增加而不断增大。基于以上考虑，本书在设定模型时不仅考虑个体效应，更加入时间虚拟变量以控制时间效应，同时根据 Hausman 检验结果选择使用固定效应模型而非随机效应模型。为了科学地考察各地级城市环境信息公开对 NpH 的影响，本书综合考虑个体效应和时间效应，建立以下模型：

$$NpH_{it} = \beta_0 + \beta_1 piti_{it} + \beta_2 Z_{it} + \sigma_t + \mu_i + \varepsilon_{it} \tag{7-1}$$

式中，i 表示不同地区（地级市）；t 表示不同时间；NpH 为被解释变量，表示（pH-7）的绝对值；piti 表示政府环境信息公开；Z_{it} 表示控制变量集，包括经济开放程度、人口密度、受教育水平、经济发展水平、失业水平以及解释变量和人口密度的交互项；σ_t 表示不随个体变化的时间效应；μ_i 表示不随时间变化的个体效应；ε_{it} 为随机误差项。

本书选取城市水平作为中介变量分析政府环境信息公开对水环境治理的影响机制，式（7-2）、式（7-3）和式（7-4）为本书建立的中介效应模型。

$$NpH_{it} = \beta_0 + \beta_1 piti_{it} + \beta_2 Z_{it} + \sigma_t + \mu_t + \varepsilon_{it} \tag{7-2}$$

$$lnUR_{it} = \propto_0 + \propto_1 piti_{it} + \propto_2 Z_{it} + \sigma_t + \mu_t + h_{it} \tag{7-3}$$

$$NpH_{it} = d_0 + d_1 piti_{it} + d_2 lnUR_{it} + d_3 Z_{it} + \sigma_t + \mu_t + k_{it} \tag{7-4}$$

本书将污水集中处理率与 piti 的交乘项及人口自然增长率与 piti 的

交乘项作为调节变量, 进行调节效应分析。式 (7-5)、式 (7-6) 为本书建立的调节效应模型。

$$NpH_{it} = b_0 + b_1 piti_{it} + b_2 plnPD + b_3 Z_{it} + \sigma_t + \mu_t + \varepsilon_{it} \quad (7-5)$$

$$NpH_{it} = c_0 + c_1 piti_{it} + c_2 plnpop + b_3 Z_{it} + \sigma_t + \mu_t + \varepsilon_{it} \quad (7-6)$$

第四节 实证结果

一、基准回归

回归结果如表 7-3 所示, 其中列 (1) 为使用时间和个体固定效应进行估计的结果, 列 (2) 是在列 (1) 的基础上增加时间与城市交互固定效应后进行估计的结果, 列 (3) 是使用 Bootstrap 标准误进行估计的结果。以双向固定效应结果为例, 在控制时间和个体固定效应时, piti 对 NpH 的回归系数为 -0.715, 即 piti 每提高 100 个单位, NpH 平均下降 0.715 个单位, 且通过了 1% 的显著性检验。以上结果反映出, 无论是否控制时间和个体固定效应, piti 对 NpH 均产生显著为负的影响, 说明结果基本稳健, 即某地区环境信息公开水平越高, 该地区的水质越接近于中性, 出现过酸和过碱性化的可能就越小。

表 7-3   基准回归结果

变量	(1) NpH	(2) NpH	(3) NpH
piti2	-0.715 *** (0.243)	-0.591 ** (0.292)	-0.469 *** (0.181)
lnFDI	0.00934 (0.0161)	0.0157 (0.0141)	-0.0607 *** (0.0144)

续表

变量	(1) NpH	(2) NpH	(3) NpH
lnpop	−0.0932* (0.0538)	−0.114* (0.0581)	−0.0602** (0.0250)
lnedu	−0.135** (0.0581)	−0.131** (0.0612)	−0.100* (0.0530)
lngdp	−0.265* (0.142)	−0.188 (0.159)	0.0944** (0.0473)
lnu	−27.43* (14.21)	−16.06 (17.17)	−27.67*** (7.533)
plnpop	0.262** (0.120)	0.252** (0.125)	
Constant	6.373** (2.449)		0.707** (0.276)
Observations	207	205	207
R − squared	0.171		0.104
Number of 行政区划代码	39		
时间固定效应	YES	YES	YES
个体固定效应	YES	YES	YES
时间 − 城市固定效应	NO	YES	NO

注：1. 下方括号内为稳健标准误。
2. *** 表示 p < 0.01，** 表示 p < 0.05，* 表示 p < 0.1。

二、稳健性检验

1. 逐步增加控制变量

本书通过逐步增加控制变量的方式进行稳健性检验，结果如表7-4所示。在逐步增加控制变量的过程中，piti 对 NpH 均产生显著的负向影响，说明本书结论依然稳健。

表 7 - 4 稳健性检验 1

变量	(1) NpH	(2) NpH	(3) NpH	(4) NpH	(5) NpH
piti2	− 0. 318 ** (0. 155)	− 0. 341 ** (0. 160)	− 0. 337 ** (0. 160)	− 0. 304 * (0. 156)	− 0. 715 *** (0. 243)
lnFDI	0. 00882 (0. 0159)	0. 00563 (0. 0166)	0. 00437 (0. 0165)	0. 0135 (0. 0162)	0. 00934 (0. 0161)
lnpop	0. 00201 (0. 0227)	0. 0174 (0. 0255)	0. 00998 (0. 0255)	0. 0115 (0. 0247)	− 0. 0932 * (0. 0538)
lnedu		− 0. 0634 (0. 0549)	− 0. 0713 (0. 0586)	− 0. 115 ** (0. 0581)	− 0. 135 ** (0. 0581)
lngdp			− 0. 169 (0. 145)	− 0. 247 * (0. 144)	− 0. 265 * (0. 142)
lnu				− 29. 09 ** (14. 36)	− 27. 43 * (14. 21)
plnpop					0. 262 ** (0. 120)
Constant	0. 776 *** (0. 182)	1. 265 *** (0. 481)	4. 211 * (2. 479)	5. 695 ** (2. 459)	6. 373 ** (2. 449)
Observations	221	211	209	207	207
R - squared	0. 079	0. 090	0. 109	0. 146	0. 171
Number of 行政区划代码	39	39	39	39	39
时间固定效应	YES	YES	YES	YES	YES
个体固定效应	YES	YES	YES	YES	YES

注：1. 下方括号内为稳健标准误。
2. *** 表示 $p < 0.01$，** 表示 $p < 0.05$，* 表示 $p < 0.1$。

2. 剔除直辖市的影响

由于四个直辖市受中央政府直接管辖，行政地位特殊，为了排除行政因素对基准回归结果的干扰，本书将北京、上海、天津、重庆四个直辖市从全样本中剔除后再回归，结果如表 7 - 5 中的列（1）所示，piti 的系数仍显著为负，即剔除直辖市样本并不影响本书的结论。

表 7 - 5   稳健性检验 2

变量	(1) NpH	(2) NpH2
piti2	- 0. 673 ** (0. 266)	- 1. 176 *** (0. 404)
lnFDI	0. 0118 (0. 0169)	0. 0119 (0. 0268)
lnpop	- 0. 0858 (0. 0594)	- 0. 155 * (0. 0893)
lnedu	- 0. 129 ** (0. 0608)	- 0. 213 ** (0. 0965)
lngdp	- 0. 281 * (0. 149)	- 0. 409 * (0. 236)
lnu	- 27. 72 * (16. 45)	- 25. 41 (23. 59)
plnpop	0. 257 * (0. 131)	0. 420 ** (0. 199)
Constant	6. 489 ** (2. 543)	9. 547 ** (4. 064)
Observations	190	207
R - squared	0. 161	0. 166
Number of 行政区划代码	36	39
时间固定效应	YES	YES
个体固定效应	YES	YES

注: 1. 下方括号内为稳健标准误。
   2. *** 表示 $p < 0.01$, ** 表示 $p < 0.05$, * 表示 $p < 0.1$。

3. 替换被解释变量

将解释变量 NpH 即 (pH 值 - 7) 的绝对值, 替换为 (pH 值 - 7) 的平方, 再进行回归, 表 7 - 5 列 (2) 结果显示 piti 的回归系数仍显著为负, 进一步说明本书结论稳健。

三、异质性分析

1. 城市区位的异质性检验

不同地区的环境信息公开水平不同，环境污染水平和经济发展水平也存在较大差异，为了考察不同地区的 piti 对 NpH 的不同影响，本书将样本中的 29 个城市按地理区位划分为东部城市（11 个）、中部城市（10 个）、西部城市（8 个），回归结果如表 7－6 中的列（1）、列（2）、列（3）所示。其中，东西部城市的 piti 对 NpH 均具有显著为负的影响，且西部城市的 piti 的回归系数大于东部城市；中部城市的 piti 对 NpH 具有正向影响，且未通过显著性检验。以上结果说明，东部城市的 PM2.5 浓度与工业废水排放量远远超过中西部地区，面临更大的环境压力，即使东部地区的环境信息公开水平高于西部地区，但 piti 对水环境的积极影响小于西部地区，杨煜等（2020）[1]也指出倒逼效应使环境信息公开水平对环境治理产生预期为正的影响，即严峻的环境压力促使地方政府积极响应公众的环境信息诉求，从而倒逼地方政府加强其环境治理。西部地区的生态环境优于东部地区，信息公开在西部地区产生了更大的积极影响。而环境信息公开在中部地区产生不利影响，可能是由于中部地区接受来自东部地区的高污染、高耗能产业转移，加之燃煤取暖的广泛性，近年来环境压力日益加重，中部地区的政府往往面临治理多种污染物的压力。根据多任务委托代理理论，地方政府会优先处理公众关注度高的污染物（如雾霾），而中部地区往年面临严重的雾霾天气，因此当地政府会优先处理如雾霾这种公众高度

---

① 杨煜，陆安颉，张宗庆．政府环境信息公开能否促进环境治理？——基于 120 个城市的实证研究［J］．北京理工大学学报（社会科学版），2020，22（1）：41－48.

关注的污染物,而对平衡水环境的 pH 值的关注减少,导致 piti 对 NpH 产生正向影响。

表7-6   城市区位异质性分析结果

变量	城市区位异质性			城市类型异质性		降雨异质性	
	东部 NpH	中部 NpH	西部 NpH	重工业城市 NpH	非重工业城市 NpH	半湿润地区 NpH	湿润地区 NpH
piti2	-0.917**	0.231	-2.697**	-10.46*	-0.699***	-0.257	-0.538**
	(0.350)	(0.339)	(1.186)	(1.086)	(0.242)	(0.678)	(0.267)
lnFDI	-0.0599	-0.0160	0.0266	-0.241	0.0136	-0.228***	0.0305*
	(0.0408)	(0.0396)	(0.0319)	(0.0474)	(0.0161)	(0.0760)	(0.0160)
lnpop	-0.161**	-0.0676	-0.253	-1.358	-0.0948*	0.123	-0.0693
	(0.0714)	(0.0860)	(0.243)	(0.221)	(0.0537)	(0.122)	(0.0620)
lnedu	0.00166	-0.163*	-0.168	-8.308**	-0.133**	-2.367*	-0.110**
	(0.110)	(0.0893)	(0.150)	(0.603)	(0.0568)	(1.131)	(0.0550)
lngdp	-0.224	-0.164	-0.376	-0.227	-0.215	-0.00242	-0.183
	(0.383)	(0.198)	(0.578)	(0.993)	(0.141)	(0.409)	(0.149)
lnu	-15.75	4.046	-39.95	520.5	-32.18**	72.20	-37.81***
	(20.51)	(24.99)	(43.60)	(115.6)	(14.01)	(67.95)	(13.78)
plnpop	0.285*	0.169	1.136	4.413*	0.278**	-0.215	0.222*
	(0.157)	(0.182)	(0.671)	(0.497)	(0.120)	(0.297)	(0.133)
Constant	5.660	4.711	8.839	72.82	5.445**	21.23**	4.436*
	(6.890)	(3.403)	(9.372)	(18.35)	(2.428)	(9.193)	(2.580)
Observations	83	75	49	16	191	41	166
R-squared	0.291	0.284	0.397	0.998	0.201	0.689	0.199
Number of 行政区划代码	14	15	10	3	36	11	28
时间固定效应	YES	YES	YES	YES	YES	YES	YES
个体固定效应	YES	YES	YES	YES	YES	YES	YES

注:1. 下方括号内为稳健标准误。
    2. *** 表示 $p < 0.01$,** 表示 $p < 0.05$,* 表示 $p < 0.1$。

2. 城市类型异质性分析

根据前文分析,将石家庄、包头、连云港、桂林四个城市划分为重工业型城市,其他城市划分为非重工业城市。实证结果如表7-6中列（4）、列（5）所示。其中第（4）列是重工业城市的 piti 对 NpH 影响的实证结果，第（5）列是非重工业城市的 piti 对 NpH 影响的实证结果。无论是重工业城市还是非重工业城市，piti 对 NpH 都是显著负向影响，但重工业城市和非重工业城市的显著性和系数大小存在差异，说明环境信息公开程度的提高能减少水环境过酸或过碱现象，且环境信息公开的有利影响在重工业城市和非重工业城市是递减的，即在重工业城市中环境信息公开发挥的有利影响远远大于非重工业城市。

3. 降雨量异质性分析

河流水多来源于大气降水，金国强等（2009）[①] 指出排污多流入少，是造成水质污染的主要原因，降雨对河流水质产生较大影响。考虑到秦岭淮河一线是年降水量 800mm 等降水量线和湿润地区与半湿润地区分界线，本书以秦岭淮河一线将样本城市分为半湿润地区城市（11 个）和湿润地区城市（28 个），回归结果如表 7－6 中列（6）、列（7）所示。第（6）列为半湿润地区的 piti 对 NpH 影响的分析结果，第（7）列为湿润地区的 piti 对 NpH 影响的分析结果。在半湿润地区，环境信息公开对 NpH 产生负向影响但不显著；在湿润地区，环境信息公开对 NpH 产生显著正向影响，总的来说环境信息公开对 NpH 的影响具有降雨量的差异性。

四、机制探讨

（一）调节效应

本书选取污水处理厂集中处理率和人口自然增长率作为调节变量，

---

① Jin G, Wang P, Zhao T, et al. Reviews on land use change induced effects on regional hydrological ecosystem services for integrated water resources management [J]. Physics and Chemistry of the Earth, Parts A/B/C, 2015, 89－90: 33－39.

进行调节效应分析。如图 7 - 1 所示为调节变量在解释变量与被解释变量关系中的调节作用。

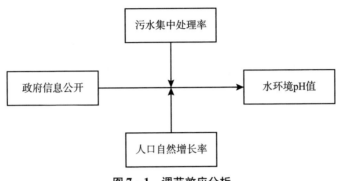

图 7 - 1　调节效应分析

调节效应的回归结果如表 7 - 7 所示。其中列（1）是加入 piti 与污水处理厂集中处理率的交互项（piti × lnPD）的结果，列（2）是加入 piti 和人口自然增长率的交互项（piti × lnpop）的结果。结果显示，交互项 plnPD 的系数为正且在 5% 的水平上显著。这与 piti 影响 NpH 的系数符号相反，说明当污水处理厂集中处理率高时，可以削弱环境信息公开对 NpH 的正向影响；相反，当污水处理厂集中处理率低时，则可以增强环境信息公开对 NpH 的正向影响。

交互项 plnpop 的系数为正，且在 5% 的水平上显著。这与 piti 影响 NpH 的系数符号相反，说明当人口自然增长率高时，可以削弱环境信息公开对 NpH 的正向影响；相反，当人口自然增长率低时，则可以增强环境信息公开对 NpH 的正向影响。我国人口基数大，人口自然增长率高会导致环境污染、生态破坏、能源紧缺等一系列问题，治理难度随着环境恶化进一步加大，当环境恶化到达一定程度时即会削弱环境信息公开或者其他环境规制工具对水环境治理的正向影响。

表 7 - 7   调节效应回归结果

变量	（1） NpH	（2） NpH
piti2	- 6. 697 ** （3. 003）	- 0. 715 *** （0. 243）
lnPD	- 0. 390 ** （0. 196）	
plnPD	0. 0143 ** （0. 00673）	
lnpop	0. 00476 （0. 0247）	- 0. 0932 * （0. 0538）
plnpop		0. 262 ** （0. 120）
Constant	6. 280 ** （2. 750）	6. 373 ** （2. 449）
Observations	202	207
R - squared	0. 158	0. 171
Number of 行政区划代码	39	39
时间固定效应	YES	YES
个体固定效应	YES	YES

注：1. 下方括号内为稳健标准误。
　　2. *** 表示 $p < 0.01$，** 表示 $p < 0.05$，* 表示 $p < 0.1$。

（二）中介效应

上述研究表明环境信息公开对水环境酸碱度呈正向影响，本节基于理论分析，对环境信息公开对保持水质中性的内在机制进行检验。选取行政区域建成区土地面积即城市化水平作为中介变量，中介效应模型的结果如表 7 - 8 所示，列（1）为 Sobel 检验结果，列（2）为Bootstrap 检验结果。Sobel - Z 值在 5% 的显著性水平下为负，说明存在中介效应，且中介效应占比 48.47%。

表7-8　　　　　　　　　　中介效应检验结果

变量	(1)	(2)
	NpH	NpH
lnUR	-0.262*** (0.063)	
piti2	-0.306 (0.361)	
控制变量	YES	
Sobel Z	-2.295**	
Sobel Z-p 值	(0.022)	
Goodman-1 Z	-2.25**	
Goodman-1 Z-p 值	(0.024)	
Goodman-2 Z	-2.343**	
Goodman-2 Z-p 值	(0.019)	
bs1 (P)		(-0.578, -0.053)
bs1 (BC)		(-0.573, -0.042)
bs2 (P)		(-1.200, 0.464)
bs2 (BC)		(-1.264, 0.419)
城市固定效应	NO	NO
个体固定效应	NO	NO
中介效应占比	48.47%	

　　根据温忠麟等（2014）[①] 的观点，Sobel 检验要求检验统计量时需要假设参数服从正态分布，这将导致标准误的计算只是近似，使得结果不够准确。Bootstrap 法是对 Sobel 检验进行改良，从原始样本中重复取样得到一个 Bootstrap 样本，对新样本系数乘积进行估计，如果估计值置信区间不包含 0，则系数乘积显著，即存在中介效应，其检验力高

---

① 温忠麟，叶宝娟. 中介效应分析：方法和模型发展 [J]. 心理科学进展，2014，22（5）：731-745.

于 Sobel 检验，表 7-8 中列（2）显示了 Bootstrap 检验结果。bs1 代表间接效应，bs2 代表直接效应，不包含 0 则认为效应存在，存在间接效应而不存在直接效应，则说明完全中介。表 7-8 中数据显示 bs1 的置信区间不包含零，bs2 的置信区间包含零，说明存在间接效应而不存在直接效应。通过 Sobel 检验和 Bootstrap 检验可知，城市化程度在环境信息公开对 NpH 的影响中拥有部分的中介效应。环境信息公开会通过降低城市化程度来促进水环境治理，一方面，这可能是由于城市化进程加大了二氧化硫等有害气体的排放，提高酸雨发生概率，使我国水体呈现过酸现象；另一方面，本书使用土地建成区面积作为衡量城市化程度的指标，城市化程度越高意味着土地硬化面积越广，硬化后的土地吸污纳垢能力较弱，降雨直接流入河流，造成水体污染。从数据统计结果来看，城市化进程缓慢的地区水体质量较高。如我国农村地区，一方面，土地硬化范围较少，植被覆盖率较高，一定程度上对水体产生净化作用；另一方面，工业不发达，人口外流较多，产生的污染较少，大幅缓解环境治理难度。以上分析说明在城市化进程中，不能忽视环境保护，既不能因环境保护而放弃经济，也不能因经济发展而放弃环境保护，要找到一条兼顾经济发展与环境保护的发展路径。

第五节　研究结论和政策含义

一、研究结论

围绕政府环境信息公开对水环境治理的影响机制和实际效应，本书在数据、指标、内容等方面对已有研究进行一定程度的完善。通过对相对完善的第三方数据集进行系统分析，回答了政府环境信息公开能否促进水质改善这一问题。

本章的研究结论主要如下：①政府环境信息公开显著降低 NpH 值，即信息公开程度越高，水质越趋于中性，出现酸化和碱化的概率越低；②环境信息公开对水质 pH 值的影响具有地区差异性。实证结果显示信息公开对西部地区的有利影响大于对东部和中部地区的影响，对重工业城市的有利影响大于对非重工业城市的影响，对湿润地区的有利影响大于半湿润地区；③当污水处理厂集中处理率低及人口自然增长率低时，环境信息公开对 NpH 的有利影响会增强。由于 PITI 和水质数据的可得性，本书的数据量略为不足，样本量可能会影响结果的代表性。

二、政策含义

基于以上实证结果，本书提出如下建议。第一，政府要不断完善环境信息公开制度，提高自身环境信息公开的质量和效率，充分发挥环境信息公开对水环境的积极影响。第二，从城市异质性的角度来看，环境信息公开对重工业城市的水质的积极影响更为显著，因此重工业城市应更加重视环境信息公开，推动水环境改善。第三，要加强与环境信息公开相适应的基础设施建设和制度建设，更大程度发挥环境非政府组织的积极影响。

第八章

城市环境信息公开与劳动力有效供给

第一节 研究问题

　　空气质量与居民的生命和健康密切相关。然而，随着经济的发展，城市人口和能源消耗不断增长，造成了一系列的环境问题[①]。空气污染作为经济发展的副产品，一直存在于人类发展的过程中，严重威胁着人们的生命安全。劳动力是社会生产力不可缺少的基本组成部分。空气质量问题可以通过许多机制减少劳动力的供应，如人类健康状况[②]。在社会经济转型升级的过程中，工业化和城市化的加速产生了一系列城市环境问题。环境法规和就业水平之间有密切的联系[③]。由于劳动力供给集中在城市，研究城市空气质量对劳动力有效供给的影响是制造业转型升级的必然要求。从环境和公共健康的角度来看，空气污染会

[①] Zheng Y, Xue T, Zhang Q, et al. Air quality improvements and health benefits from China's clean air action since 2013 [J]. Environmental Research Letters, 2017, 12 (11).

[②] Hanna R, Oliva P. The effect of pollution on labor supply: Evidence from a natural experiment in Mexico City [J]. Journal of Public Economics, 2015, 122: 68 – 79.

[③] Walker W R. Environmental Regulation and Labor Reallocation: Evidence from the Clean Air Act [J]. American Economic Review, 2011, 101 (3): 442 – 447.

损害居民的身心健康，这必然会削弱劳动力的供给①②。研究也证实，当发生空气污染时，工人的参与率会下降③④⑤。为了避免受到空气污染的影响，在类似条件下，人们会从高污染地区流向空气质量较好的地方⑥⑦⑧。居民的主观幸福感也会受到空气质量的影响，从而影响居民的工作意愿和态度⑨⑩⑪。浙江省是中国人均可支配收入最高的省份之一，由于其经济是以加工为主的外向型经济，这也给浙江带来了沉重的环境负担。研究浙江省空气质量对劳动力供给的影响，对于发展中国家环境治理和经济发展模式的选择具有非常重要的现实意义。从微观实证研究层面来看，浙江省空气质量对劳动力供给影响的实证研

① Adams M D, Kanaroglou P S. Mapping real-time air pollution health risk for environmental management: Combining mobile and stationary air pollution monitoring with neural network models [J]. Journal of Environmental Management, 2016, 168: 133 – 141.

② Zhang X, Chen X, Zhang X. The impact of exposure to air pollution on cognitive performance [J]. Proceedings of the National Academy of Sciences of the United States of America, 2018, 115 (37): 9193 – 9197.

③ Lichter A, Pestel N, Sommer E. Productivity effects of air pollution: Evidence from professional soccer [J]. Labour Economics, 2017, 48: 54 – 66.

④ Li X, Qiao Y, Shi L. Has China's war on pollution slowed the growth of its manufacturing and by how much? Evidence from the Clean Air Action [J]. China Economic Review, 2019, 53: 271 – 289.

⑤ Liu Z, Yu L. Stay or Leave? The Role of Air Pollution in Urban Migration Choices [J]. Ecological Economics, 2020, 177.

⑥ Liu L, Sun R, Gu Y, et al. The Effect of China's Health Insurance on the Labor Supply of Middle-aged and Elderly Farmers [J]. International Journal of Environmental Research and Public Health, 2020, 17 (18).

⑦ Chen F, Chen Z. Cost of economic growth: Air pollution and health expenditure [J]. Science of The Total Environment, 2021, 755.

⑧ Pu S, Shao Z, Yang L, et al. How much will the Chinese public pay for air pollution mitigation? A nationwide empirical study based on a willingness-to-pay scenario and air purifier costs [J]. Journal of Cleaner Production, 2019, 218: 51 – 60.

⑨ Tsurumi T, Managi S. Health-related and non-health-related effects of PM2.5 on life satisfaction: Evidence from India, China and Japan [J]. Economic Analysis and Policy, 2020, 67: 114 – 123.

⑩ Garcia-Mainar I, Montuenga V M, Navarro-Paniagua M. Workplace environmental conditions and life satisfaction in Spain [J]. Ecological Economics, 2015, 119: 136 – 146.

⑪ Ambrey C L, Fleming C M, Chan A Y – C. Estimating the cost of air pollution in South East Queensland: An application of the life satisfaction non-market valuation approach [J]. Ecological Economics, 2014, 97: 172 – 181.

究相对缺乏，本书的研究完善了相关领域的研究，通过地方层面的调查研究，揭示了经济发展与生态环境之间的密切因果关系，提高了公众对生态环境保护的重视。其次，本书从多个维度衡量空气质量对居民的影响——未来三年居民预期生活方式、购买医疗保险、生活满意度、健康水平和劳动参与率。

第二节　假说提出

一、空气质量影响劳动力供给的数量与质量

（一）空气质量影响人体健康

根据世界卫生组织的估计，城市空气污染每年造成约 80 万人死亡，460 万人因残疾而失去生命。目前已有相关研究指出，空气质量影响人体健康、劳动力供给和就业[1][2][3]。空气污染已成为一个全球性的健康问题。然而，由于空气污染物数量庞大，用于监测和减少污染物排放项目的资金不足，以及在确定限制排放政策时面临政治和社会挑战，这使得在解决空气污染问题时存在许多困难[4]。空气污染已成为社

---

[1]　Zheng Y, Xue T, Zhang Q, et al. Air quality improvements and health benefits from China's clean air action since 2013 [J]. Environmental Research Letters, 2017, 12 (11).

[2]　Hanna R, Oliva P. The effect of pollution on labor supply：Evidence from a natural experiment in Mexico City [J]. Journal of Public Economics, 2015, 122：68 - 79.

[3]　Walker W R. Environmental Regulation and Labor Reallocation：Evidence from the Clean Air Act [J]. American Economic Review, 2011, 101 (3)：442 - 447.

[4]　Adams M D, Kanaroglou P S. Mapping real-time air pollution health risk for environmental management：Combining mobile and stationary air pollution monitoring with neural network models [J]. Journal of Environmental Management, 2016, 168：133 - 141.

会日益关注的问题，对人类健康和环境构成了巨大威胁①。空气质量与人类生活的方方面面密切相关，对人类健康有着最直接的影响。此外，空气质量对呼吸系统疾病（肺炎、哮喘等）以及因呼吸系统疾病而死亡和住院的比例也有影响，这与居民的年龄、性别以及接触污染的程度有关。空气质量的下降会增加呼吸系统疾病的发病率、恶性肺癌的死亡率以及神经系统、心脏和神经血管疾病的发病率②。

中国不同类型城市 PM2.5 提供了导致过早死亡的证据③④⑤。罗海平等（2020）⑥ 认为，空气质量较好地区的死亡率远低于污染程度较高的地区。这影响了社会稳定，阻碍了经济的可持续发展。中国普遍存在健康水平不平衡的状态，尤其是在农村地区更为严重。由于人口健康不平等程度不同，污染对健康的损害进一步加剧了收入水平的差异，而污染同时也增加了收入不平等对健康不平等的影响⑦。空气质量的改善减少了对人类健康的风险，提高了婴儿出生率，从而增加了劳动力的有效供应。越来越多的研究证明，空气质量不仅影响人的生理健康，

---

① Silveira C, Roebeling P, Lopes M, et al. Assessment of health benefits related to air quality improvement strategies in urban areas: An Impact Pathway Approach [J]. Journal of Environmental Management, 2016, 183: 694 – 702.

② Li X, Yang Y, Xu X, et al. Air pollution from polycyclic aromatic hydrocarbons generated by human activities and their health effects in China [J]. Journal of Cleaner Production, 2016, 112: 1360 – 1367.

③ Zhang X, Chen X, Zhang X. The impact of exposure to air pollution on cognitive performance [J]. Proceedings of the National Academy of Sciences of the United States of America, 2018, 115 (37): 9193 – 9197.

④ Qiu H, Zhu X, Wang L, et al. Attributable risk of hospital admissions for overall and specific mental disorders due to particulate matter pollution: A time-series study in Chengdu, China [J]. Environmental Research, 2019, 170: 230 – 237.

⑤ Hassan Bhat T, Jiawen G, Farzaneh H. Air Pollution Health Risk Assessment (AP – HRA), Principles and Applications [J]. International Journal of Environmental Research and Public Health, 2021, 18 (4).

⑥ Luo H, Guan Q, Lin J, et al. Air pollution characteristics and human health risks in key cities of northwest China [J]. Journal of Environmental Management, 2020, 269.

⑦ Yang T, Liu W. Does air pollution affect public health and health inequality? Empirical evidence from China [J]. Journal of Cleaner Production, 2018, 203: 43 – 52.

而且影响人的心理健康。有研究表明，空气污染会增加抑郁症、精神分裂症等精神疾病的发病率，而改善空气质量可以有效减少这些精神疾病的发生[1][2][3]。个人对空气质量的主观评价通过影响其日常活动和生活条件而影响其心理健康。空气质量的下降可能会影响人们的社会交际，产生负面情绪，影响人们的主观情绪和幸福感。扎姆布尔等（Dzhambul et al.，2018）[4]认为，空气污染在不同方面与心理健康密切相关，空气污染水平的增加会增强居民的健康感知，降低公众对风险的接受率。然而，一些学者指出，尽管空气质量问题会对心理健康产生负面影响，但这方面的研究还处于初步阶段。这些学者认为空气质量对人类心理健康的影响是间接的[5]。此外，有学者指出，在评估空气污染对心理健康的影响时，可能高估了空气污染的单方面影响，而低估了包括噪声污染等因素在内的整体环境对心理健康的影响[6]。空气污染通过直接或间接的机制对人类健康产生负面影响。如果空气污染长期存在，会使人体健康恶化，不利于劳动力的供给。

---

① Zhang X，Chen X，Zhang X. The impact of exposure to air pollution on cognitive performance [J]. Proceedings of the National Academy of Sciences of the United States of America，2018，115（37）：9193–9197.

② Thomson E M，Christidis T，Pinault L，et al. Self-rated stress，distress，mental health，and health as modifiers of the association between long-term exposure to ambient pollutants and mortality [J]. Environmental Research，2020，191.

③ Zhang X，Zhang X，Chen X. Happiness in the air：How does a dirty sky affect mental health and subjective well-being？[J]. Journal of Environmental Economics and Management，2017，85：81–94.

④ Dzhambov A M，Markevych I，Tilov B，et al. Pathways linking residential noise and air pollution to mental ill-health in young adults [J]. Environmental Research，2018，166：458–465.

⑤ Klompmaker J O，Hoek G，Bloemsma L D，et al. Associations of combined exposures to surrounding green，air pollution and traffic noise on mental health [J]. Environment International，2019，129：525–537.

⑥ Feng W，Yuan H. Haze pollution and economic fluctuations：An empirical analysis of Chinese cities [J]. Cleaner Environmental Systems，2021，2.

（二）空气质量影响劳动力参与率

空气质量影响劳动力参与率的途径主要可分为两种：劳动供给时间和劳动供给数量。空气质量问题对于经济发展有很大的影响，主要通过劳动力供给的减少、人力资本破坏以及逆城市化来影响经济的发展①。较差的空气质量会影响人们对工作的选择，从而会影响劳动的参与率，空气质量降低的替代效应大于收入效应，通过直接效应和间接效应双重途径降低劳动力供给。劳动力不仅包括人们常规理解中的参加工作的人，还包括职业的运动员等，空气质量问题对于运动员的效率、参与率有明显的负面影响。较差的空气质量会多种影响途径使得该劳动力的身体状态变差，导致最后的参与率以及效率的降低②。空气质量的下降会使得劳动者的健康水平下降，生病休假的时间增加，从而使得劳动供给时间减少，影响劳动参与率；如果从家庭角度来考虑，老人和孩子的免疫力相对成人更弱，在空气质量差的情况下更容易生病，劳动者需要花费相对更多的时间照顾家庭，劳动供给时间减少，从而减少劳动参与率。在国家实施清洁空气之前，空气污染显著降低了制造业的产出，这其中劳动参与率的降低是一个重要原因③。

（三）空气质量影响个体流动性

空气质量问题对于居民定居是有显著的负面影响的，空气污染问题越严重，居民的迁移意愿更强烈，人们总是对于空气质量较好、环

① Lichter A, Pestel N, Sommer E. Productivity effects of air pollution：Evidence from professional soccer [J]. Labour Economics, 2017, 48：54－66.

② Li X, Qiao Y, Shi L. Has China's war on pollution slowed the growth of its manufacturing and by how much? Evidence from the Clean Air Action [J]. China Economic Review, 2019, 53：271－289.

③ Liu Z, Yu L. Stay or Leave? The Role of Air Pollution in Urban Migration Choices [J]. Ecological Economics, 2020, 177.

境质量优越的地区有更大的偏好。具体来说，空气污染对老年人、受教育程度较低的城市内流动人口和农村流动人口的负面影响更大，这些人在中国城市劳动力中占很大比例，本书认为，空气污染破坏了对人力资本的投资，并可能成为城市可持续发展的障碍①②。同时，空气污染水平的上升，严重阻碍了技术创新。王峰和吴敏（2021）③发现空气污染对创新资金有显著的挤出效应，从而降低创新产出，但尚未产生显著的人才流失效应。决策者应制订有针对性的环境监管政策和有效措施，改善空气质量，从而提高技术市场活跃度和竞争水平，改善技术创新和商业化环境。劳动力更可能向空气质量较好的城市迁移，尤其是高素质人才，进而影响各地区劳动力供给和个体的创新行为。人们对于空气质量较好的地区往往有更大的偏好，不考虑其他因素时，高素质人才会选择离开空气质量较差的地区，而迁往空气质量较好的地区，这会造成地区的人才短缺，从而减少劳动力的供给④。

二、空气质量影响居民防护支出

空气质量问题对人们的生活和健康都会造成影响，居民会在生活中采取一定的保护措施进行自我保护。有研究表明，空气污染对居民的医疗保险支出以及卫生支出有较大的影响，空气污染对于人们医疗保险支出的增加是由正向驱动的，空气污染通过影响居民的健康机制

---

① Zhao Y, Tan Y, Feng S. Does reducing air pollution improve the progress of sustainable development in China? [J]. Journal of Cleaner Production, 2020, 272.

② Lin S, Xiao L, Wang X. Does air pollution hinder technological innovation in China? A perspective of innovation value chain [J]. Journal of Cleaner Production, 2021, 278.

③ Wang F, Wu M. Does air pollution affect the accumulation of technological innovative human capital? Empirical evidence from China and India [J]. Journal of Cleaner Production, 2021, 285.

④ Chen F, Chen Z. Air pollution and avoidance behavior: A perspective from the demand for medical insurance [J]. Journal of Cleaner Production, 2020, 259.

来影响医疗卫生支出①。此外，医疗保险对劳动力供给具有显著影响，对劳动力的长期可持续供给具有重要作用②。陈芳林和陈中飞（2021）③ 指出居民的防护行为在社会中是存在不平等性的，往往当空气质量较差时，经济能力较高的人能承担购买空气净化器等费用较高的防护行为支出，而贫穷的人可能承担不起这个费用，这使得穷苦的人暴露在空气污染中的程度是大于富人暴露在空气污染中的程度的。这体现了中国生活质量不平等的趋势，这对于环境保护政策的提出具有重要意义。从规避行为出发，空气污染的加剧可能会增加医疗保险的购买，并且妇女、儿童、高收入人群等对于购买医疗保险的意愿更加强烈，自我保护意识更强④。

空气质量降低会产生很大的经济损失。估算人们对改善空气质量的支付意愿，可以间接反映空气质量的经济价值，从而也能够评价空气污染所致的经济损失。为空气污染治理支出一定的费用，也就是居民的支付意愿是治理污染问题的重要政策之一。但是，有研究表明，公众对于改善环境的支付意愿并不是很高，也可以说在实际的社会环境中，公众不愿意为改善空气质量支付那么多钱。他们在个人支出购买空气净化器等防护措施上有更好的意愿⑤。空气质量对环境治理意愿支付有显著影响，空气质量状况恶化，会使居民有改善当前空气质量

① Sun C, Kahn M E, Zheng S. Self-protection investment exacerbates air pollution inequality in urban China [J]. Ecological Economics, 2017, 131: 468 – 474.

② Liu L, Sun R, Gu Y, et al. The Effect of China's Health Insurance on the Labor Supply of Middle-aged and Elderly Farmers [J]. International Journal of Environmental Research and Public Health, 2020, 17 (18).

③ Chen F, Chen Z. Cost of economic growth: Air pollution and health expenditure [J]. Science of The Total Environment, 2021, 755.

④ Pu S, Shao Z, Yang L, et al. How much will the Chinese public pay for air pollution mitigation? A nationwide empirical study based on a willingness-to-pay scenario and air purifier costs [J]. Journal of Cleaner Production, 2019, 218: 51 – 60.

⑤ Ito K, Zhang S. Willingness to Pay for Clean Air: Evidence from Air Purifier Markets in China [J]. Journal of Political Economy, 2020, 128 (5): 1627 – 1672.

的意愿①。空气污染对居民环保税支付意愿具有显著的影响，污染越严重，居民环保税支付意愿越强烈②。空气质量的改善，有利于提高空气的经济价值③。此外，对中国的公众环境意识和家庭电子垃圾绩效进行了调查，发现居民非常愿意承担环境责任，也就是具有比较强烈的支付意愿④。

三、空气质量降低居民的幸福感和满意度

随着空气质量问题的暴露以及居民认知水平的提高，空气质量对于居民生活满意度会有很大的影响。空气污染不仅仅影响环境或健康问题，同时对于居民的满意度也有明显影响，暴露在工业二氧化硫和粉尘排放中的中国公民不太可能对环境管理感到满意。生活在空气质量较差地区的中国公民也往往对执法不满意⑤。空气污染会影响居民的满意度以及主观幸福感，并且在中国即使 PM2.5 浓度低于国内标准，生活满意度也会因健康相关影响而显著降低⑥。这说明在中国需要更严格的环境标准来改善居民的满意度和幸福感。因此，想要提高生活满意度，在制订环境标准时，不仅要考虑健康问题，还要考虑人们的危机感。室内的空气质量也越来越引起大家的关注，有研究表明工作场

---

① Shao S, Tian Z, Fan M. Do the rich have stronger willingness to pay for environmental protection? New evidence from a survey in China [J]. World Development, 2018, 105: 83 – 94.

② Wang Y, Sun M, Yang X, et al. Public awareness and willingness to pay for tackling smog pollution in China: a case study [J]. Journal of Cleaner Production, 2016, 112: 1627 – 1634.

③ Shao S, Tian Z, Fan M. Do the rich have stronger willingness to pay for environmental protection? New evidence from a survey in China [J]. World Development, 2018, 105: 83 – 94.

④ Chen L, Zhang J, You Y. Air pollution, environmental perceptions, and citizen satisfaction: A mediation analysis [J]. Environmental Research, 2020, 184.

⑤ Tsurumi T, Managi S. Health-related and non-health-related effects of PM2.5 on life satisfaction: Evidence from India, China and Japan [J]. Economic Analysis and Policy, 2020, 67: 114 – 123.

⑥ Park J, Loftness V, Aziz A, et al. Critical factors and thresholds for user satisfaction on air quality in office environments [J]. Building and Environment, 2019, 164.

所的室内空气质量（IAQ）与人类的健康、舒适以及满意度有密切联系，糟糕的空气质量会大大降低居民的生活满意度①②。在现有研究基础下，对人为活动造成的空气质量下降而带来的损失进行了估计，并就空气污染与生活满意度之间的关系提供了进一步的证据。人们发现，生活满意度与空气污染程度呈负相关关系，即空气污染程度越高，居民的满意度就越低③。阿胡马达和伊图拉（Ahumada and Iturra，2021）④也发现不同的空气污染物浓度与公众的满意度呈负相关关系，也就是空气污染物浓度越高，公众对于生活环境的满意度就越低。当前，中国人口老龄化严重，改善空气质量迫在眉睫。只有改善空气质量，提升公众生活环境质量，才能更好地解决用工荒问题，提高劳动力质量和数量，增加劳动力的有效供给。空气污染不管是在发达国家还是发展中国家都是一个严重的环境问题，除了对人民的健康产生有害影响，对于人民的满意度、幸福感也有负面影响⑤。空气质量在人们的生活中扮演着重要的角色，人们的生活或多或少都会受到他的影响。并且，空气污染加剧了社会的健康不平等现象，会造成公众的生活满意度降低，这是因为高收入人群可以承担改善空气质量的成本，而低收入人群则很难改善现状。不难发现，空气质量较差的地方，公众的满意度

---

① Garcia-Mainar I, Montuenga V M, Navarro-Paniagua M. Workplace environmental conditions and life satisfaction in Spain [J]. Ecological Economics, 2015, 119: 136 – 146.

② Ambrey C L, Fleming C M, Chan A Y – C. Estimating the cost of air pollution in South East Queensland: An application of the life satisfaction non-market valuation approach [J]. Ecological Economics, 2014, 97: 172 – 181.

③ Zhang Q, Gao T, Liu X, et al. Exploring the in fluencing factors of public environmental satisfaction based on socially aware computing [J]. Journal of Cleaner Production, 2020, 266.

④ Ahumada G, Iturra V. If the air was cleaner, would we be happier? An economic assessment of the effects of air pollution on individual subjective well-being in Chile [J]. Journal of Cleaner Production, 2021, 289.

⑤ Powdthavee N, Oswald A J. Is there a link between air pollution and impaired memory? Evidence on 34000 english citizens [J]. Ecological Economics, 2020, 169.

和幸福度也较低，并且这会对人类的记忆力产生一定的负面影响[①]。有研究表明空间环境的差异会带来人类生活满意度的差异，这表明改善空气质量对于公众的重要性[②]。还有研究探讨了空气质量、绿植覆盖率与居民满意度和主观幸福感之间的关系，发现双方是正相关的关系，也就是空气质量越好、绿植覆盖率越高，居民的满意度和主观幸福感也会增加[③]。空气质量很大程度上是通过影响居民健康的这个机制来影响满意度和幸福感的。当空气质量较差时，这种影响甚至限制了居民的出行等活动，无可厚非地会降低居民的满意度，所以改善空气质量很大程度上会提升居民的满意度[④][⑤]。

第三节　研究设计

一、问卷设计

本书的主要目的是探究空气质量对劳动力有效供给的影响，调研浙江省劳动力群体对大气污染的态度与意见。考虑到浙江省劳动力数

---

① Ahumada G, Iturra V. If the air was cleaner, would we be happier? An economic assessment of the effects of air pollution on individual subjective well-being in Chile [J]. Journal of Cleaner Production, 2021, 289.

② Ahmadiani M, Ferreira S. Environmental amenities and quality of life across the United States [J]. Ecological Economics, 2019, 164.

③ Yuan L, Shin K, Managi S. Subjective Well-being and Environmental Quality: The Impact of Air Pollution and Green Coverage in China [J]. Ecological Economics, 2018, 153: 124 – 138.

④ Laffan K. Every breath you take, every move you make: Visits to the outdoors and physical activity help to explain the relationship between air pollution and subjective wellbeing [J]. Ecological Economics, 2018, 147: 96 – 113.

⑤ Li Z, Folmer H, Xue J. To what extent does air pollution affect happiness? The case of the Jinchuan mining area, China [J]. Ecological Economics, 2014, 99: 88 – 99.

量众多且具有流动性，自 2013 年雾霾问题被媒体大规模曝光之后，中国进入了大气污染治理的攻坚战，劳动力会有自觉规避污染损害的意识。居民的迁移和定居决策对个人和家庭而言是非常重要的，特别是考虑到我国历年来城镇化快速发展的事实，人口的迁移在这个过程中发挥着重要的作用。因而本书将目标群体界定为浙江省全区域劳动力。

以浙江省内居民为主要研究对象，为更直观反映居民对空气污染的主观感受以及空气质量对劳动力有效供给的影响，根据年龄和地区进行分层抽样和简单随机抽样，选取杭州、宁波、金华、嘉兴、湖州作为调研地点。同时，所选取的五个代表性城市，分别位于浙江省的东中西南北各个地区，基本覆盖浙江省，可减小浙江省不同地区的地理差异，确保研究的完整性和全面性。为了使问卷能够取得理想的效果，传达详细准确的数据信息，减少社会期望对问卷结果的影响，本书在设计问卷的时候严格遵守问卷设计的四个基本原则：功能性原则、一般性原则、效率原则、可维护性原则。通过查阅大量文献资料，发现现有研究的不足，更多从宏观方面进行研究，因此本书秉承发展和丰富已有理论的目的，分别从居民的健康、劳动参与率、医疗保险、个体流动和意愿支付方面进行研究。

本书通过"线上 + 线下"相结合的方式进行调查，调查前期 2020 年 1 ~ 5 月，主要通过线上问卷的形式进行定向分发；2020 年 7 ~ 9 月，在保证安全的前提下，进行了实地的调研，主要通过面对面调查的方式。虽然与其他方法相比，面对面调查方法的实施成本较高，但它为答卷者提供了立即和直接参与调查的机会，从而作出有效的答复。本书对所选取城市街道的居民进行了面对面的调查，以确定空气质量对劳动力有效供给的影响。调查问卷是单独进行的，每户一个人。问卷用 10 ~ 15 分钟完成。被调查者在分层抽样的基础上随即被抽到，以获得更全面的调查样本。该问卷由五部分组成，具体内容如表 8 - 1 所示：第一部分调查居民对于当地空气质量的满意程度；第二部分调查居民对于空气质量问题的环保认知程度；第三部分调查居民的劳动参与率；第四部分调查了居民的防护支出；第五部分调查了居民的社会经济背景，包括年龄、职业、家庭收入、婚姻状况、教育程度等。问卷的核心问题是"过去一年中是否因为空气污染原因请假"。

表8-1　　　　　　　　　　　　问卷内容

探究因素	具体题目	设置目的
健康状况	您的家人中有几人因为空气问题而患有相关疾病；有几人因此去世	了解空气质量问题对居民健康状况造成的影响
	您的近亲中有几人因为空气污染而患有相关疾病，有几人因此去世	扩大范围，了解空气质量对居民健康状况的影响
防护支出	您家中有多少人购买了额外的医疗保险	了解居民的防护措施
	如果空气污染在近期不能改善，您每月至少需要多少补偿	一方面可以展现空气质量严重程度，另一方面可以了解居民的自我保护意识
	空气治理是一项需要全社会共同参与的工程，您愿意每月支出多少用来改善环境	可以体现居民的环保意识，以及治理空气污染的重要性
满意度	您对当地的空气质量的满意程度	侧面体现当地空气质量的状况
个体流动	未来三年，您在本地的居住方式	通过询问居民的居住方式，可以体现出他对该地各方面，包括空气质量的满意程度
基本信息	您的职业	了解与空气污染之间的关系
	您的年龄	确定样本特征
	家庭平均年收入	分析收入与居民劳动力有效供给的影响
	教育程度	分析与空气污染的关系
	工作场所	分析与空气污染的关系

二、抽样设计

在浙江省的五个地级市内的居民街道进行问卷调查，调查小组由六人组成，包括三个高年级和三个低年级学生。在进行调查之前对调查小组进行了综合培训，以在一定程度上减少调查结果的不确定性。对于抽样结构比较复杂的情况，本书综合多种随机抽样的方法，进行四阶段混合抽样。第一阶段，本书使用分层随机抽样方法对浙江省下辖市级行政区按照五个不同地理位置（东、南、西、北、中）进行分层分配；第二阶段，本书使用概率比例规模抽样（PPS 抽样）方式抽取浙江省的杭州、宁波、金华、嘉兴以及湖州的 11 个区县进行调查；第三阶段，使用简单随机抽样法来抽取街道/城镇/乡的街道办事处；第四阶段，根据年龄进行分层等比例抽样。

在本次调查中，共有 33 个街道的 839 名人员参加了调查，共发放问卷 836 份，由于前期线上分发问卷时提前确认受访者的居住地比较困难，剔除不在调查区域的问卷，回收整理有效问卷 589 份，其中在杭州市回收有效问卷 271 份，湖州市为 100 份，宁波市、嘉兴市以及金华市分别为 92 份、54 份、72 份，问卷有效率为 70.32%。为避免进行数据分析时出现错误，对于回收的问卷进行编号并分类处理，方便利用编号找回原问卷进行核对更正。

三、样本特征

如表 8 - 2 所示，在所有被调查者中，21～30 岁的人群占本次调查总样本数的 40.21%，16～20 岁和 31～40 岁的被调查者占比分别为 19.93% 和 22.88%。41～50 岁和 51～60 岁的被调查者分别占 9.36% 和 7.63%。调查结果显示，被调查者主要集中在 16～40 岁的中青年。受访者的工作环境有 90.99% 在室内，其余的工作场所在室外。有大于一半（61.59%）的受访者的教育程度为大学。有近三分之二（65.33%）的受访者家庭年收入在 10 万～50 万元之间。家庭人口数多数在 6 人以内，有少数家庭人口数在 7 人以上。此外，受访者住宅附近近四分之三是没有废气排放的。

表 8 - 2　　　　　　　　　　受访者特征

变量名称	变量符号	描述	数量（人）	占比（%）
年龄	age	16~20 岁	115	19. 93
		21~30 岁	232	40. 21
		31~40 岁	132	22. 88
		41~50 岁	54	9. 36
		51~60 岁	44	7. 63
工作地点	workingplace	室内	515	90. 99
		室外	51	9. 01
教育程度	education	小学	15	2. 60
		初中	56	9. 69
		高中	85	14. 71
		大学	356	61. 59
		硕士及以上	66	11. 42
家庭年收入	family income	5 万元以下	31	5. 43
		5 万~10 万元	125	21. 89
		11 万~20 万元	208	36. 43
		21 万~50 万元	165	28. 90
		51 万~150 万元	30	5. 25
		150 万元以上	12	2. 10
家庭人口数量	household population	1~3	263	46. 63
		4~6	294	52. 13
		≥7	7	1. 24
废气排放	exhaust emission	否	427	72. 62
		是	161	27. 38
职业	occupation	农林牧渔	43	7. 54
		制造业	75	13. 16
		服务业	181	31. 75
		学生	228	40. 00
		待业	34	5. 96
		退休	9	1. 58

如表 8 - 3 所示，有近一半（49.06%）的受访者表示没有听过说
过《打赢蓝天保卫战三年计划》，有 72.2% 的受访者表示治理空气环
境问题是当前十分有必要的工程，只有约十分之一的受访者表示没有
必要。但是在空气治理的急迫性这一问题上，有三分之二（66.1%）
的受访者表示无所谓、不急迫或者不必改善。这可能与受访者居住地
的环境空气质量比较稳定并且优质有关，这对于治理的急迫性的认知
会造成一定影响。

通过受访者对现居住地的空气质量满意度的调查，本书发现有
46% 的受访者表示尚可，也有约 22% 的受访者表示满意（包括比较满
意和非常满意），同时有 26% 的受访者表示对于当地的空气质量不满
意，有 6% 的受访者表示非常不满意。这表明浙江省的空气质量总体比
较稳定，但还是有改善的空间。由于存在空间分布的不对称性，针对
一些空气质量较差的地区要加强管理。

表 8 - 3   环保认知程度

变量名称	变量符号	描述	数量（人）	占比（%）
对于环保意识的认知程度	cognitive competence	没听说过	289	49.06
		听说过但不了解	252	42.78
		比较了解	48	8.15
当下治理空气污染问题的必要性	necessity of environmental governance	当前有必要	426	72.20
		未来有必要	86	14.58
		无必要	78	13.22
治理空气污染问题的急迫性	urgence of environmental governance	不必改善	16	2.71
		不急迫	28	4.75
		无所谓	346	58.64
		急迫	192	32.54
		非常急迫	8	1.36

有效劳动力供给衡量指标如表 8 - 4 所示。居民对空气质量满意
度、医疗保险、未来生活满意度、健康水平和劳动参与率的预期，被

统一为有效劳动力供给的衡量指标。考虑到客观性和可比性,本书采用平均加权法构建指标。本书将劳动综合指数赋值为 1~5,其中 5 表示劳动的有效供给较低。

表 8 - 4 　　　　　　　　　　有效劳动力供给衡量指标

变量名	含义
Ml	该变量表示的是居民在未来三年中的居住方式,变量值选择 1~5 从低到高分别表示居民的定居意愿由高到低,再按标准化方法形成更加合理的变量
health	该变量表示的是家庭成员中因空气污染而引发疾病的人数,在标准化的前提下本书通过对家庭人口数进行标准化来形成新的合理的变量
medicalinsurance	该变量表示的是受访者家庭内购买医疗保险的人数,在标准化的前提下本书通过对家庭人口数进行标准化来形成新的合理的变量
sat	该变量表示受访者对于空气质量的满意程度,变量值选择 1~5,从低到高分别表示居民对于空气质量的满意度由高到低,再进行标准化来形成更加合理的变量
lfpr	该变量表示受访者是否因为空气质量问题而工作缺勤
Labor	此指标为该研究的被解释变量,对以上五个指标得分平均加权得到,从低到高分别表示居民受空气质量的影响越大,劳动的供给越低

第四节　实 证 分 析

一、模型的构建

(一) 线性概率模型 (LPM)

$$
\begin{aligned}
Labor_i = {} & C_i + \beta_1 AQI_i + \beta_2 age_i + \beta_3 wp_i + \beta_4 edu_i + \beta_5 income_i \\
& + \beta_6 pop_i + \beta_7 know_i + \beta_8 fluegas_i + \beta_9 urg_i \\
& + \beta_{10} necessity_i + \beta_{11} occ_i + \beta_{12} ht_i + \beta_{13} time_i + \mu_i
\end{aligned}
$$

　　劳动力的有效供给是被解释变量，用来衡量劳动力有效供给的综合指数。本书利用未来 3 年居民生活方式、购买医疗保险、生活满意度、健康水平、劳动参与率 5 个指标，采用平均加权法构建了衡量劳动力供给的新综合指标。线性概率模型的缺点是比较明显的，但是线性概率模型对扰动项的限制较小，结果具有较强的稳健性。因此，这里用线性概率模型进行说明。

　　其中，被解释变量 Labor 为本书中构建的用来衡量劳动有效供给的综合指标；解释变量为调查当天的空气质量指数（AQI）；控制变量为居民的个体特征，分别为年龄（age）、工作场所（wp）、教育程度（edu）、家庭收入（income）、家庭人口数（pop）、环保认知程度（know）、废气排放（fluegas）、治理空气的急迫性（urg）、治理空气的必要性（necessity）、职业（occ）、户籍所在地（ht）、每月在家时间（time）；μ_i 则为随机扰动项。首先，它们得到了已有理论和文献的支持。控制变量对应的参考文献如表 8 - 5 所示。在统计学意义上，这些是可能同时影响被解释变量和解释变量的因素，一旦省略了这些变量，就可能造成内生问题。因此，为了谨慎起见，本书中选择了尽可能多的控制变量。样本的描述性统计如表 8 - 6 所示。

表 8 - 5　　　　　　　　　　　　　控制变量选择

控制变量	相关文献
AQI	Qiu, H. et al.（2020）；Zhao, Y. et al.（2020）
age	Thomson, E. M. et al.（2020）；Chen, F.；Chen, Z.（2020）
wp	Pu, S. et al.（2019）；Garcia-Mainar, I. et al.（2015）
edu	Chen, F.；Chen, Z.（2021）；Chen, F.；Chen, Z.（2020）
income	Yang, T.；Liu, W.（2018）；Chen, F；Chen, Z.（2021）
pop	Freeman, R. et al.（2019）；Garcia-Mainar, I. et al.（2015）
know	Liu, Z.；Yu, L.（2020）；Li, Z. et al.（2014）

续表

控制变量	相关文献
fluegas	Li, Z. et al. (2014)
urg	Hanna, R. ; Oliva, P. (2015) ; Shao, S. et al. (2018)
necessity	Hanna, R. ; Oliva, P. (2015) ; Shao, S. et al. (2018)
occ	Zhang, X. et al. (2017) ; Garcia-Mainar, I. et al. (2015)
ht	Liu, Z. ; Yu, L. (2020)

表 8 – 6 样本的描述性统计

变量	样本数	均值	标准差	最小值	最大值
Labor	533	1.426	0.659	0.4	4.8
AQI	590	52.068	21.633	17	158
age	577	2.445	1.137	1	5
wp	566	1.09	0.287	1	2
edu	578	3.696	0.889	1	5
income	571	3.13	1.053	1	6
pop	564	3.768	1.192	1	9
know	589	1.591	0.637	1	3
fluegas	588	0.274	0.446	0	1
urg	590	3.251	0.688	1	5
necessity	590	1.41	0.712	1	3
occ	570	3.284	1.065	1	6
ht	577	1.818	1.212	1	4
time	559	2.732	2.204	0	30

（二）有序 logit 模型

建立有序 Logistic 回归模型和选择样本模型，这两个模型主要用于浙江省居民满意度的调查以及空气质量对劳动力有效供给影响的研究。

由于本书的被解释变量是由居民的健康、劳动参与率、满意度、医疗保险以及个体流动构成的一个综合指标，被解释变量的选择梯度不符合一般线性回归分析对被解释变量的取值条件要求，而且也违背了一般回归分析方法的前提假设条件，因此，没有办法直接运用一般的回归模型和二元 Logistic 回归模型进行实证分析，故而适合采用有序 Logistic 回归模型进行研究分析。有序 Logistic 回归模型一般公式如下：

$$\text{logit}(p_j) = \ln\left(\frac{p_j}{1-p_j}\right) = \alpha_j + \beta_1 x_1 + \beta_2 x_2 + \cdots\cdots + \beta_n x_n$$

$p_j = p(y \leq j \mid x)$，表示 y 取前 j 个值的累积概率。累积概率函数为：

$$p_j = p(y \leq j \mid x) = \begin{cases} \dfrac{\exp(aj+bx)}{1+\exp(aj+bx)}, & 1 \leq j \leq k-1 \\ 1, & j = k \end{cases}$$

（三）Heckman 样本选择模型

考虑到在实际调研过程中由于条件限制，样本不能进行完全的随机抽取，存在"截断"问题，因此使用样本选择模型进行研究。样本选择模型的主要价值在于它可以有效校正 $yi = yi \times di$ 抽样设计时无法消除的样本选择性偏倚。样本选择模型的基本结构如下：

$$y_i^* = x_i'\beta + \varepsilon_i, i = 1, \cdots, n \tag{8-1}$$

$$d_i^* = z_i'\gamma + v_i, i = 1, \cdots\cdots, n \tag{8-2}$$

$$D_i = \begin{cases} 1(d_i^* \geq c) \\ 0(d_i^* \leq c) \end{cases} \tag{8-3}$$

$$y_i = y_i^* d_i \tag{8-4}$$

式（8-1）是理论上存在的结果等式，式（8-2）是被解释变量无法观测到的选择等式，式（8-3）和式（8-4）分别反映了 d_i 和 d_i^* 以及 y_i 和 y_i^* 的对应关系。样本选择模型要求 ε_i 和 v_i 相关，且 $E[\varepsilon_i \mid v_i] \neq 0$。使用样本选择模型，主要考虑到问卷的答案可能不是随机的。如果存在样本选择问题，使用样本选择模型可以降低选择性偏差，结果可以作为参考。

二、计量结果分析

劳动力的有效供给与空气质量显著相关，如表8−7所示，这说明当空气质量越差时，劳动力的有效供给越低。当空气质量影响到居民的日常生活，甚至影响到居民的健康时，就间接影响了当地劳动力的有效供给。在本书的数据中，劳动力的有效供给与受访者的工作环境（室内与室外）显著负相关。其中，"室内＝1，室外＝2"，这表明工作环境在室外的居民暴露在空气环境中的频率和时间更长，遭受的空气污染更严重，所以在室外工作的居民的劳动有效供给会降低。这可能是由于室外工作时常常会受到汽车尾气排放、工业废气排放等的影响，相对室内的空气质量来说，室外的空气质量环境形势更加严峻，如表8−8所示。与家庭人口数、职业呈显著负相关关系，与居民的环保认知以及户籍所在地是呈显著正相关关系的。

表8−7　　　　　　　　　影响劳动力有效供给的回归结果

变量	(1) OLS Labor	(2) Ologit Labor	(3) Oprobit Labor	(4) Heckman Labor
AQI	0.0099 *** (0.0026)	0.0397 *** (0.0084)	0.0219 *** (0.0049)	0.0076 *** (0.0014)
age	0.0065 (0.0240)	− 0.0539 (0.0778)	− 0.0141 (0.0417)	0.0041 (0.0206)
wp	− 0.2434 ** (0.0982)	− 0.5881 * (0.3278)	− 0.3815 ** (0.1765)	− 0.2441 ** (0.0990)
edu	0.0245 (0.0368)	0.1420 (0.1230)	0.0819 (0.0629)	0.0223 (0.0331)

续表

变量	（1） OLS Labor	（2） Ologit Labor	（3） Oprobit Labor	（4） Heckman Labor
income	0.0204 (0.0271)	0.1080 (0.0914)	0.0351 (0.0491)	− 0.0096 (0.0314)
pop	− 0.1414 *** (0.0269)	− 0.3881 *** (0.0818)	− 0.2068 *** (0.0424)	− 0.0793 *** (0.0244)
know	0.1129 *** (0.0413)	0.3495 ** (0.1410)	0.2041 *** (0.0752)	0.0892 ** (0.0355)
fluegas	0.0276 (0.0587)	0.1231 (0.1777)	0.1043 (0.0992)	0.0688 (0.0555)
urg	− 0.0241 (0.0396)	− 0.1248 (0.1336)	− 0.0817 (0.0686)	− 0.0463 (0.0355)
necessity	0.0401 (0.0385)	0.1859 (0.1354)	0.0737 (0.0726)	0.0071 (0.0366)
occ	− 0.1032 *** (0.0304)	− 0.2967 *** (0.1014)	− 0.1771 *** (0.0541)	− 0.1103 *** (0.0264)
ht	0.0696 *** (0.0230)	0.2472 *** (0.0729)	0.1290 *** (0.0400)	0.0427 * (0.0221)
time	− 0.0150 (0.0114)	− 0.0411 (0.0393)	− 0.0225 (0.0208)	− 0.0105 (0.0120)
Constant	2.1716 *** (0.3276)			2.2060 *** (0.3088)
Obs.	494	494	494	539
R − squared	0.2262			

注：***、** 和 * 分别表示通过 1%、5% 和 10% 的显著性检验。

表 8 - 8 　　　　　　　　室内和室外样本的分组回归结果

变量	（1） Indoor OLS	（2） Indoor Oprobit	（3） Indoor Ologit	（4） Outdoor OLS	（5） Outdoor Oprobit	（6） Outdoor Ologit
AQI	0.0102 *** (0.0029)	0.0221 *** (0.0054)	0.0407 *** (0.0094)	0.0056 (0.0051)	0.0210 * (0.0115)	0.0413 (0.0264)

续表

变量	(1)	(2)	(3)	(4)	(5)	(6)
	Indoor			Outdoor		
	OLS	Oprobit	Ologit	OLS	Oprobit	Ologit
age	0.0058 (0.0259)	− 0.0122 (0.0443)	− 0.0485 (0.0826)	− 0.0417 (0.0750)	− 0.1206 (0.1618)	− 0.1867 (0.3686)
edu	− 0.0045 (0.0431)	0.0101 (0.0706)	− 0.0107 (0.1372)	0.0331 (0.0946)	0.1153 (0.2070)	0.3339 (0.4785)
income	0.0261 (0.0293)	0.0483 (0.0520)	0.1339 (0.0958)	− 0.0430 (0.0968)	− 0.0742 (0.2073)	− 0.1502 (0.4269)
pop	− 0.1496 *** (0.0291)	− 0.2149 *** (0.0457)	− 0.4082 ** (0.0865)	− 0.0543 (0.0639)	− 0.0966 (0.1281)	− 0.1387 (0.3398)
know	0.0849 * (0.0464)	0.1429 * (0.0821)	0.2340 (0.1491)	0.2150 (0.1612)	0.4426 (0.3325)	0.7216 (0.8903)
fluegas	0.0139 (0.0644)	0.0538 (0.1066)	0.0359 (0.1878)	0.2048 (0.1626)	0.6674 (0.3226)	0.9701 (0.7019)
urg	− 0.0036 (0.0444)	− 0.0335 (0.0761)	− 0.0254 (0.1498)	− 0.0900 (0.0948)	− 0.2856 (0.1898)	− 0.4251 (0.4281)
necessity	0.0402 (0.0419)	0.0585 (0.0776)	0.1594 (0.1424)	− 0.0033 (0.1167)	0.0783 (0.2398)	0.3470 (0.5713)
occ	− 0.1323 *** (0.0323)	− 0.2329 *** (0.0568)	− 0.4011 *** (0.1059)	0.0801 (0.1154)	0.1855 (0.2368)	0.2646 (0.6533)
ht	0.0679 *** (0.0241)	0.1242 *** (0.0417)	0.2395 *** (0.0763)	0.1001 (0.0930)	0.2704 (0.2081)	0.4888 (0.5353)
time	− 0.0161 (0.0116)	− 0.0242 (0.0210)	− 0.0425 (0.0379)	0.0491 (0.0851)	0.0959 (0.1773)	0.1119 (0.4575)
Constant	2.1105 *** (0.3055)			1.2790 (0.8686)		
Obs.	444	444	444	50	50	50
R − squared	0.2262			0.3997		

注: *** 、 ** 和 * 分别表示通过1%、5%和10%的显著性检验。考虑到控制变量（wp）的显著性，本书对表8-7中室内外样本进行了分组回归。模型1~3为室内样本回归结果，其他为室外样本回归结果。虽然本书在之前的研究中发现控制变量的系数是显著的，但是本书在解释时非常谨慎。主要原因是在户外工作的人很少回答问卷。这是本书的不足之一，也影响了本书结论的泛化。

有序 logit 模型的回归结果表明，劳动力有效供给与空气质量指数是显著正相关的，这表明空气质量问题越大，带给居民生活和健康的负面影响越大，不仅会影响居民的交通出行，对于居民的身体和心理健康都造成了显著的影响，居民出于对自己的保护，会减少出行或者工作请假，从而会降低劳动参与率，减少劳动力的有效供给。此外，劳动力有效供给与工作环境（室内、室外），家庭人口数、认知程度、户籍所在地是显著相关的。家庭人口数以及受访者对于环境污染的认知程度很大程度上影响了劳动力的有效供给，当家庭人口数越多，环保认知程度越高时，劳动力的有效供给会越低。这可能是由于当家庭中人口数较多以及认知程度更高，了解更多的空气污染对人体的危害时，对于身体以及生活各方面的关注程度会更高，会减少自己和家人暴露在污染环境中的机会，从而会降低劳动参与。

样本选择模型的回归结果显示，劳动力有效供给与空气质量指数是显著正相关的，此外，劳动力有效供给与工作环境（室内、室外），家庭人口数、认知程度、户籍所在地是显著相关的。这表明，当空气质量状况变差时，居民劳动力的有效供给程度会降低。与上述结果相一致。

这三个模型的结果非常一致，说明了本书结果的准确性和一致性。它还加强了空气质量问题对劳动力有效供给产生负面影响这一发现的可靠性。本书采用逐步回归的稳健性检验结果如表 8-9 所示。将每个变量加入检验后，劳动力的有效供给与空气质量指数保持显著的正相关关系。此外，劳动力的有效供给和工作环境、家庭规模、意识水平与户籍显著相关。变量逐步添加，结果与之前相同。还研究了可能的相互作用，结果依然稳健，如表 8-10 所示。

表 8 – 9　　　　　　　　　　　　　稳健性检验结果

变量	(1) Labor	(2) Labor	(3) Labor	(4) Labor	(5) Labor	(6) Labor
AQI	0.00902 *** (0.00233)	0.00926 *** (0.00236)	0.0101 *** (0.00243)	0.0105 *** (0.00244)	0.00990 *** (0.00253)	0.00987 *** (0.00258)
Interaction	− 0.00319 *** (0.000617)	− 0.00326 *** (0.000628)	− 0.00332 *** (0.000632)	− 0.00329 *** (0.000627)	− 0.00326 *** (0.000639)	− 0.00328 *** (0.000647)
age	− 0.00236 (0.0246)	− 0.00186 (0.0246)	− 0.000894 (0.0244)	0.00574 (0.0242)	0.00523 (0.0241)	0.00651 (0.0240)
wp	− 0.0920 (0.0827)	− 0.0926 (0.0824)	− 0.0987 (0.0819)	− 0.239 ** (0.0980)	− 0.231 ** (0.0974)	− 0.243 ** (0.0982)
edu	0.0274 (0.0365)	0.0286 (0.0367)	0.0351 (0.0364)	0.0395 (0.0363)	0.0336 (0.0362)	0.0245 (0.0368)
income	0.0187 (0.0274)	0.0210 (0.0277)	0.01000 (0.0279)	0.0160 (0.0274)	0.0161 (0.0268)	0.0204 (0.0271)
pop	− 0.157 *** (0.0273)	− 0.157 *** (0.0272)	− 0.158 *** (0.0273)	− 0.148 *** (0.0265)	− 0.144 *** (0.0267)	− 0.141 *** (0.0269)
know	0.135 *** (0.0428)	0.135 *** (0.0428)	0.138 *** (0.0426)	0.124 *** (0.0423)	0.116 *** (0.0412)	0.113 *** (0.0413)
fluegas	0.0278 (0.0598)	0.0333 (0.0597)	0.0350 (0.0595)	0.0143 (0.0600)	0.0330 (0.0587)	0.0276 (0.0587)
urg		− 0.0358 (0.0402)	− 0.0307 (0.0400)	− 0.0282 (0.0397)	− 0.0290 (0.0393)	− 0.0241 (0.0396)
necessity			0.0762 * (0.0392)	0.0674 * (0.0389)	0.0402 (0.0387)	0.0401 (0.0385)
occ				− 0.101 *** (0.0300)	− 0.0989 *** (0.0299)	− 0.103 *** (0.0304)
ht					0.0696 *** (0.0228)	0.0696 *** (0.0230)
time						− 0.0150 (0.0114)
Constant	1.802 *** (0.267)	1.902 *** (0.291)	1.759 *** (0.297)	2.160 *** (0.320)	2.096 *** (0.318)	2.172 *** (0.328)
Observations	504	504	504	496	496	494
R – squared	0.185	0.186	0.192	0.208	0.223	0.226

注：*** 、** 和 * 分别表示通过 1% 、5% 和 10% 的显著性检验。由于呈现出高度的异质性，考虑到表格的调整，选取了一部分结果。

表 8 - 10　　　　　　　　　　交互效应回归结果

变量	(1) Labor	(2) Labor	(3) Labor
AQI	0.0397 *** (0.0085)	0.0158 ** (0.0065)	0.0102 ** (0.0051)
age	−0.0539 (0.0778)	−0.0271 (0.0750)	−0.0339 (0.0760)
wp	−0.5873 * (0.3282)	−0.6079 * (0.3313)	−0.6197 * (0.3348)
edu	0.1409 (0.1230)	0.1947 * (0.1162)	0.1951 * (0.1166)
income	0.1084 (0.0915)	0.0693 (0.0838)	0.0497 (0.0836)
pop	−0.3895 *** (0.0820)	−0.3921 *** (0.0770)	−0.4047 *** (0.0780)
know	0.3440 ** (0.1413)	0.3028 ** (0.1256)	0.2695 ** (0.1279)
fluegas	0.1272 (0.1777)	0.1742 (0.1781)	0.1628 (0.1773)
urg	−0.1239 (0.1336)	0.0357 (0.1212)	0.0480 (0.1226)
necessity	0.1878 (0.1355)	0.0886 (0.1290)	0.1321 (0.1283)
occ	−0.2960 *** (0.1013)	−0.2620 *** (0.0954)	−0.2571 *** (0.0948)
ht	0.2484 *** (0.0728)	0.6044 *** (0.1575)	0.2469 *** (0.0672)
time	−0.0409 (0.0392)	−0.0302 (0.0364)	−0.2813 ** (0.0915)
AQI × sat	−0.0128 *** (0.0025)		
AQI × ht		−0.0068 *** (0.0026)	
AQI × time			0.0043 *** (0.0014)
Observations	494	494	494

注：***、** 和 * 分别表示通过 1%、5% 和 10% 的显著性检验。模型（1）到（3）引入了不同的交叉项，空气质量对劳动力供给的影响仍然显著。

三、异质性检验

本书围绕"空气质量对劳动力供给的影响"进行了异质性的分析。如表8－11所示，在21～30岁的受访者中，空气对于劳动力的供给是有显著影响的。这可能是由于该年龄段的受访者具有较高的环境认知以及自我保护意识，当面对较差的空气状况时，宁愿请假也不愿让自己暴露在空气污染当中。在其他影响因素中也呈现出了一定的年龄异质性。如表8－12所示，对本书的调查的区域——杭州、金华、宁波、嘉兴以及湖州进行异质性分析。结果显示，前三列城市中空气质量对劳动力供给的影响都是显著的，也就是杭州、宁波以及湖州地区的空气质量影响更加显著，这可能是由于当地的经济发展状况、产业结构以及地理位置的边界性会导致空气污染问题更为严重，同时也有可能因为发达的经济水平，当地居民的认知水平较高，自我保护意识更加强烈。

表8－11　　　　　异质性检验结果——按照年龄分类

变量	(1)	(2)	(3)	(4)	(5)
	Labor	Labor	Labor	Labor	Labor
AQI	0.0108 ** (0.0052)	0.0098 *** (0.0037)	0.0169 ** (0.0081)	0.0073 (0.0118)	0.0090 (0.0118)
age	-0.0669 (0.0597)	0.0900 ** (0.0436)	-0.1283 *** (0.0404)	0.0633 (0.0626)	0.0456 (0.0852)
wp	0.0090 (0.3037)	-0.3191 ** (0.1607)	-0.3148 (0.2030)	0.4009 ** (0.1716)	-0.3145 (0.3098)
edu	0.0126 (0.1204)	0.0188 (0.0610)	0.0560 (0.0577)	-0.0618 (0.1801)	0.0443 (0.1329)
income	-0.0348 (0.0837)	0.0725 (0.0556)	-0.0272 (0.0584)	0.0859 (0.0693)	-0.0357 (0.0826)

变量	（1） Labor	（2） Labor	（3） Labor	（4） Labor	（5） Labor
pop	-0.1583* (0.0867)	-0.1652*** (0.0421)	-0.1528*** (0.0493)	-0.1052 (0.0951)	-0.0931 (0.0778)
know	0.1926 (0.1188)	0.0353 (0.0715)	0.0998 (0.0974)	0.2909* (0.1533)	-0.0189 (0.1590)
fluegas	-0.1593 (0.1588)	-0.0204 (0.0978)	0.2721** (0.1303)	0.0415 (0.2192)	0.1935 (0.2202)
urg	0.0173 (0.0919)	-0.0641 (0.0708)	0.0268 (0.0926)	-0.0335 (0.1142)	0.0600 (0.2127)
necessity	0.0239 (0.1037)	0.0615 (0.0534)	-0.0539 (0.1428)	-0.0563 (0.1759)	-0.0740 (0.2424)
occ	-0.1460* (0.0779)	-0.1344** (0.0522)	0.0662 (0.0660)	-0.0089 (0.0935)	-0.1643* (0.0826)
ht	0.0459 (0.0505)	0.0734** (0.0362)	0.1144** (0.0503)	0.0251 (0.0647)	0.1345 (0.1470)
time	-0.0621 (0.0608)	-0.0061 (0.0346)	-0.0306 (0.0436)	-0.0031 (0.0154)	-0.0182 (0.0506)
Constant	2.4246*** (0.9089)	2.3375*** (0.6034)	1.5545** (0.6766)	1.0739 (1.1353)	2.2679** (0.9551)
Observations	92	200	101	51	50
R-squared	0.2692	0.3171	0.2970	0.3011	0.1879

注：***、**和*分别表示通过1%、5%和10%的显著性检验。

表8-12 异质性检验结果按照地区分类

变量	（1） Labor	（2） Labor	（3） Labor	（4） Labor	（5） Labor
AQI	0.0098** (0.0041)	0.0105*** (0.0022)	0.0294** (0.0118)	-0.0107 (0.0139)	0.0164 (0.0098)
age	0.0528 (0.0409)	0.0367 (0.0360)	-0.0805 (0.0585)	0.0502 (0.0839)	0.0130 (0.0651)
wp	-0.3285** (0.1527)	0.0134 (0.1731)	-0.4375 (0.5016)	-0.6211* (0.3395)	-0.2098 (0.2403)

变量	（1）	（2）	（3）	（4）	（5）
	Labor	Labor	Labor	Labor	Labor
edu	−0.0588 （0.0748）	0.1118 ** （0.0444）	0.0490 （0.0948）	0.0304 （0.1464）	−0.0920 （0.1165）
income	0.0670 （0.0485）	0.0760 （0.0555）	0.1042 （0.0773）	−0.1465 * （0.0754）	0.0169 （0.0688）
pop	−0.1859 *** （0.0436）	−0.0944 *** （0.0334）	−0.0874 （0.0797）	−0.1255 （0.0888）	−0.0656 （0.0619）
know	0.0919 （0.0616）	0.0300 （0.0699）	0.1336 （0.1438）	0.2938 * （0.1656）	0.0361 （0.1357）
fluegas	0.0189 （0.1041）	−0.0517 （0.0899）	0.4366 ** （0.1861）	−0.0350 （0.1885）	0.0780 （0.1655）
urg	−0.0316 （0.0570）	−0.0478 （0.0939）	−0.0898 （0.1024）	0.1330 （0.1364）	0.0318 （0.1915）
necessity	−0.0353 （0.0573）	0.1389 * （0.0723）	−0.4237 ** （0.1905）	−0.1321 （0.2746）	−0.0622 （0.1886）
occ	−0.1345 *** （0.0488）	−0.0325 （0.0388）	0.0610 （0.0748）	−0.0372 （0.0958）	−0.1603 ** （0.0696）
ht	0.0205 （0.0338）	0.1582 *** （0.0498）	0.1044 * （0.0623）	0.1509 * （0.0820）	0.2485 * （0.1249）
time	−0.0326 （0.0343）	−0.0022 （0.0349）	−0.0859 （0.0614）	0.0168 （0.0430）	−0.0201 * （0.0112）
Constant	3.0632 *** （0.5443）	0.6521 （0.6575）	1.4273 （1.1288）	2.4706 ** （1.1702）	2.1631 ** （0.8595）
Observations	226	87	65	51	65
R−squared	0.2587	0.4112	0.3566	0.3645	0.2203

注：*** 、** 和 * 分别表示通过 1%、5% 和 10% 的显著性检验。

第五节　研究结论和政策含义

空气质量问题会对健康造成负面影响从而会影响劳动力的质量和

数量，这会直接影响劳动力的有效供给以及劳动参与率。本书的研究结果显示，空气质量越差时，劳动力的有效供给越低。这可能是由于空气质量较差会限制居民的出行，比如浙江省冬季常出现雾霾天气，能见度降低极大地限制了人们的出行。同时，雾霾天气对居民的健康也会造成危害，长期吸入污染物颗粒会诱使呼吸道等相关疾病的发生[1][2][3][4]。此外，空气污染会通过居民幸福感机制影响劳动力供给[5][6][7]。基于如此恶劣的空气质量情况，出于对自我的保护，大部分居民会选择请假，减少劳动时间是更为安全的选择。若从家庭的角度来考虑，家庭中老人和幼儿的免疫力相对成人更弱，在空气质量差的情况下更容易生病，劳动者需要花费相对更多的时间照顾家庭，从而减少劳动供给时间，进而影响劳动力的有效供给[8]。空气污染对医疗保险需求的影响主要体现在妇女、儿童、老年人和高收入、高教育水平人群中，这些人群更容易采取规避行为[9]。此外，空气污染对移民的定

---

[1] Hassan Bhat T, Jiawen G, Farzaneh H. Air Pollution Health Risk Assessment (AP – HRA), Principles and Applications [J]. International Journal of Environmental Research And Public Health, 2021, 18 (4).

[2] Luo H, Guan Q, Lin J, et al. Air pollution characteristics and human health risks in key cities of northwest China [J]. Journal of Environmental Management, 2020, 269.

[3] Yang T, Liu W. Does air pollution affect public health and health inequality? Empirical evidence from China [J]. Journal of Cleaner Production, 2018, 203: 43 – 52.

[4] Thomson E M, Christidis T, Pinault L, et al. Self-rated stress, distress, mental health, and health as modifiers of the association between long-term exposure to ambient pollutants and mortality [J]. Environmental Research, 2020, 191.

[5] Zhang Q, Gao T, Liu X, et al. Exploring the in fluencing factors of public environmental satisfaction based on socially aware computing [J]. Journal of Cleaner Production, 2020, 266.

[6] Ahumada G, Iturra V. If the air was cleaner, would we be happier? An economic assessment of the effects of air pollution on individual subjective well-being in Chile [J]. Journal of Cleaner Production, 2021, 289.

[7] Li Z, Folmer H, Xue J. To what extent does air pollution affect happiness? The case of the Jinchuan mining area, China [J]. Ecological Economics, 2014, 99: 88 – 99.

[8] Zhao Y, Tan Y, Feng S. Does reducing air pollution improve the progress of sustainable development in China? [J]. Journal of Cleaner Production, 2020, 272.

[9] Chen F, Chen Z. Cost of economic growth: Air pollution and health expenditure [J]. Science of the Total Environment, 2021, 755.

居兴趣有显著的负面影响。空气污染破坏了人力资本投资，可能成为城市可持续发展的障碍①。与此同时，研究表明，当空气质量变差（二氧化硫含量增加20%）时，下一周的工作时间会减少1.3小时。但许多低收入国家不愿为环境监管牺牲经济利益。另外，劳动力的可用性问题可以弥补这方面的损失②。

同时本书的结果是十分稳健的，本书还根据年龄和地区不同进行异质性分析，这展示出不同年龄段和地区对于空气质量问题的认识程度的差异和暴露在空气污染中的差异会对劳动力的供给造成影响。其中，21~30岁的人们更容易因为空气质量问题而不去工作，在边界地区或者经济比较发达的地区污染较为严重，当地劳动力的供给更容易受空气质量问题的影响。这对于政府制订环境相关政策具有参考意义，明确人体健康的重要机制，更加重视建造宜居社会、绿色家园的思想。同时，要注重地区间的差异性，针对性地根据当地发展特征治理空气环境③。最后要关注那些年龄较大或者接收社会信息较少的人们，加强对其的环境知识教育，提升环境保护意识和自我保护意识。

对于政府来说，首先，要优化城市经济发展方式。坚持"低污染、低能耗"的生产生活方式，促使经济增长和环境质量协调发展，这对国民的生活满意度有积极影响。空气质量是重要的民生领域，已经成为影响人民群众获得感的重要因素，各级地方政府应把改善空气质量作为优先发展领域，提升居民的环境满意度和生活满意度。其次，确定合理的补偿措施。政府不能简单地通过固定的补偿标准来面对所有居民，固定补偿标准可能会将政策效果从"过度激励"转变为"激励

---

① Liu Z, Yu L. Stay or Leave? The Role of Air Pollution in Urban Migration Choices [J]. Ecological Economics，2020，177.

② Hanna R, Oliva P. The effect of pollution on labor supply: Evidence from a natural experiment in Mexico City [J]. Journal of Public Economics, 2015, 122: 68 – 79.

③ Yang J, Zhao Y, Cao J, et al. Co – benefits of carbon and pollution control policies on air quality and health till 2030 in China [J]. Environment International, 2021, 152: 106482.

不足"，这直接影响了居民参与和保护大气环境的积极性。因此，政府可以实现一定范围内补偿标准的变异性，这有利于合理发挥生态补偿的激励效应，并且避免极端补偿现象出现。再次，要因地制宜制订环境保护政策。政府应从实际出发，实事求是，根据各地区空气质量情况来制订环境保护政策。在建立环境保护政策过程中，一方面要对已经被破坏或污染的环境进行综合治理，另一方面要注重生态环境的预防性保护。这有助于提升政府治理效率，且有利于打造责任型、回应型政府形象。最后，构筑公众参与基础。增大环境保护宣传力度，通过环保教育提高居民环保意识至关重要，从行政手段成功过渡到以市场为基础的环保手段。研究结果也揭示了家庭成员环境意识的重要性，政府应努力提高公众对改善环境和参与环境保护的重要性的认知水平，从而有效地提高空气质量改善措施的执行程度，并带动更多家庭付诸行动。

虽然本书试图得到更客观的结果，但这一结论的可靠性受到几个条件的限制。第一个问题是样本的代表性是在问卷调查的前期确定的。虽然本书采用了多阶段随机抽样的方法对样本进行尽可能多的随机化，但并不完美。根据样本的特征，本书研究中发现样本特征与浙江省常住人口特征相比存在一定的差异。例如，在回答问卷的人群中，户外样本量较小，这限制了本书的结论。可能存在选择性偏差，而且受访者不是随机选择的。虽然本书尝试使用样本选择模型来减少误差，但这远远不够。第二个重要的问题是使用 AQI 来表示空气质量的局限性。本书只能从问卷调查当天地级市的空气质量数据中找到 AQI 数据。如果能得到更具体的空气污染微观层面的数据，比如区县一级的数据，或者更多的空气质量指标，估计可能会更准确。第三个可能导致这项研究的非典型性的问题是在进行问卷调查时发生的事件。调查期间为2020 年 7 月至 9 月，当时全世界包括浙江都受到新冠疫情的影响，劳动力需求结构和空气质量都有其特殊性。因此，受访者的回答可能是非典型的。需要进行长期的比较调查，例如在一年的同一时间进行另一项问卷调查并进行比较。第四个明显的不足是，本书仅用室外空气质量指数来衡量整体空气质量指数，不能准确地利用数据来测量室内外空气质量的差异。本书中使用问卷访谈当天环境监测站的数据来测量空气质量指数，而不是自己测量空气质量指数。从微观层面来看，这并不完美。但是，目前没有更好的解决方法。从目前的研究来看，直接使用室外空气质量数据来衡量整体水平是一个合理的选择。技术的进步和研究方法的改进为进一步研究提供了空间。

本书的研究还有进一步完善的空间。首先，虽然抽样在一定程度上具有代表性，但由于样本量有限，被调查者的回答存在误差，这可能会导致结果出现一定偏差。其次，本书中没有对其他指标进行分析，这并不排除其他异质性问题的存在。最后，在空气质量的研究中，本书没有估计空气质量的经济价值，这为后续的研究奠定了基础。

第九章

农村绿色治理与居民低碳行为

第 一 节 研 究 问 题

近年来，随着居民可支配收入的增加，消费者的消费水平也在逐年提高。与此同时，"炫耀性消费""享乐性消费"以及一系列不合理的消费生活方式也随之产生[①②]。由高消费生活方式引起的如资源浪费、环境退化和全球变暖等问题愈发凸显[③]，这些问题严重制约了中国的高质量发展[④]。在 2060 年前实现碳中和是中国当前面临的挑战[⑤]。因此，

---

① Jaikumar S, Singh R, Sarin A. "I show off, so I am well off": Subjective economic well-being and conspicuous consumption in an emerging economy [J]. Journal of Business Research, 2018, 86: 386 - 393.

② Alba J W, Williams E F. Pleasure principles: A review of research on hedonic consumption [J]. Journal of Consumer Psychology, 2013, 23 (1): 2 - 18.

③ Aune M, Godbolt A L, Sorensen K H, et al. Concerned consumption. Global warming changing household domestication of energy [J]. Energy Policy, 2016, 98: 290 - 297.

④ Liu L - C, Wu G. Relating five bounded environmental problems to China's household consumption in 2011 - 2015 [J]. Energy, 2013, 57: 427 - 433.

⑤ Song M, Guan Y, Wang J, et al. Evaluation of urban industrial ecological transformation in China [J]. Clean Technologies and Environmental Policy, 2016, 18 (8): 2649 - 2662.

"低碳经济"在中国引起了广泛的关注。低碳经济发展已成为政策导向，是环境经济学和发展经济学的共同关注点①。从政府的角度来看，政府补贴是促进低碳消费的重要手段之一②③。对于企业来说，是否生产低碳产品将由企业的研发程度和低碳产品的盈利能力决定④。市场经济仍然是以消费者为主导，所以低碳消费行为最终是由消费者来实现的，生产消费与环境保护由此有效地联系在一起。消费者和其他利益相关者都在关注可持续消费问题⑤。公众对低碳行为的认知和低碳意愿对实际践行程度有重要影响⑥。居民已经逐渐意识到低碳行为对环境可持续发展的重要性。在实施低碳行为的过程中，有很多"搭便车"的行为，即支持低碳行为的居民有不同的偏好。因此，本章的主要问题如下：什么因素导致了居民对低碳行为的不同偏好？居民对全球变暖的认识在其中起到了什么作用？本章的目的是为关于居民对低碳行为的偏好的讨论做出贡献。本章的边际贡献在于采用了熵权法来衡量居民的低碳行为。同时，将低碳行为分为五个方面，包括低碳着装行为、低碳饮食行为、低碳生活行为、低碳出行行为和节能行为，使研究更加具体。

① Kedia S. Approaches to low carbon development in China and India [J]. Advances in Climate Change Research, 2016, 7 (4): 213 –221.

② Lewis J I. The evolving role of carbon finance in promoting renewable energy development in China [J]. Energy Policy, 2010, 38 (6): 2875 –2886.

③ Dong L, Fujita T, Zhang H, et al. Promoting low-carbon city through industrial symbiosis: A case in China by applying HPIMO model [J]. Energy Policy, 2013, 61: 864 –873.

④ Meng X, Yao Z, Nie J, et al. Low-carbon product selection with carbon tax and competition: Effects of the power structure [J]. International Journal of Production Economics, 2018, 200: 224 –230.

⑤ De-Magistris T, Gracia A. Consumers' willingness-to-pay for sustainable food products: the case of organically and locally grown almonds in Spain [J]. Journal of Cleaner Production, 2016, 118: 97 –104.

⑥ Mi L, Yu X, Yang J, et al. Influence of conspicuous consumption motivation on high-carbon consumption behavior of Residents-An empirical case study of Jiangsu province, China [J]. Journal of Cleaner Production, 2018, 191: 167 –178.

第二节　假说提出

一、居民的低碳行为

　　行为是指人们一系列有目的的活动的总称①。低碳亲环境行为是指在保持经济正常发展的同时，保证生态系统可持续性的行为②。它是居民在低碳认知的基础上，为保护环境和日常生活而采取的一种保护生活环境、合理利用资源的行为和方法。低碳消费要求消费者在满足基本需求的同时，提高资源利用效率，减少排放③。低碳消费是一种可持续消费的模式。低碳消费行为是亲自然、亲社会的消费行为。目前，学者们基本上从主观心理因素④⑤、人口统计学因素⑥⑦、家庭

　　① Sidorczuk-Pietraszko E. Spatial Differences in Carbon Intensity in Polish Households [J]. Energies, 2020, 13 (12).

　　② Ehrlich P R, Kennedy D. Millennium assessment of human behavior [J]. Science, 2005, 309 (5734): 562 –563.

　　③ Guan C. Research on Residents' Low-carbon Consumption in Heilongjiang Province [Z]. International Conference on Agricultural and Biosystem Engineering (ABE 2014), 2014: 35 – 40. 10. 1016/j. ieri. 2014. 09. 007.

　　④ Mei N S, Wai C W, Bin Ahamad R. Differential environmental psychological factors in determining low carbon behaviour among urban and suburban residents through responsible environmental behaviour model [J]. Sustainable Cities and Society, 2017, 31: 225 –233.

　　⑤ Shi H, Fan J, Zhao D. Predicting household PM2. 5-reduction behavior in Chinese urban areas: An integrative model of Theory of Planned Behavior and Norm Activation Theory [J]. Journal of Cleaner Production, 2017, 145: 64 –73.

　　⑥ Poruschi L, Ambrey C L. On the confluence of city living, energy saving behaviours and direct residential energy consumption [J]. Environmental Science & Policy, 2016, 66: 334 –343.

　　⑦ Yang S, Zhang Y, Zhao D. Who exhibits more energy-saving behavior in direct and indirect ways in china? The role of psychological factors and socio-demographics [J]. Energy Policy, 2016, 93: 196 –205.

特征①和外部环境因素②③四个方面研究消费者的这种行为。性别、婚姻状况、年龄、受教育程度、收入等人口统计因素被认为是影响居民低碳行为的重要因素④⑤。教育水平的提高对居民低碳消费行为感知有正向影响⑥。经济条件较差的居民在日常生活中倾向于节俭消费行为⑦⑧。通常本书认为，生活在自身环境周边的人是最低碳的⑨。政府出台的环境政策和社会文化习俗将对低碳消费行为产生积极影响⑩。

一些文章从政府的角度论述了低碳减排⑪，而本书是从居民的角度出发进行研究。随着低碳经济的发展，居民的价值观逐渐转向绿色价值观。本书的相关研究主要分析了低碳意愿和低碳认知对低碳行为的影响。低碳意愿是指计划行为理论，本书将其定义为个体从事低碳行为并为之努力的心理倾向；将低碳认知定义为人们对环境知识的理解和

①⑧ Ramos A, Labandeira X, Loeschel A. Pro-environmental Households and Energy Efficiency in Spain [J]. Environmental & Resource Economics, 2016, 63 (2): 367 – 393.

② Asensio O I, Delmas M A. The dynamics of behavior change: Evidence from energy conservation [J]. Journal of Economic Behavior & Organization, 2016, 126: 196 – 212.

③ Li Q, Long R, Chen H. Empirical study of the willingness of consumers to purchase low-carbon products by considering carbon labels: A case study [J]. Journal of Cleaner Production, 2017, 161: 1237 – 1250.

④ Fraune C. Gender matters: Women, renewable energy, and citizen participation in Germany [J]. Energy Research & Social Science, 2015, 7: 55 – 65.

⑤ Vicente-Molina M A, Fernández-Sainz A, Izagirre-Olaizola J. Does gender make a difference in pro-environmental behavior? The case of the Basque Country University students [J]. Journal of Cleaner Production, 2018, 176: 89 – 98.

⑥ Ye H, Ren Q, Hu X, et al. Low-carbon behavior approaches for reducing direct carbon emissions: Household energy use in a coastal city [J]. Journal of Cleaner Production, 2017, 141: 128 – 136.

⑦⑨ Ding Z H, Jiang X, Liu Z H, et al. Factors affecting low-carbon consumption behavior of urban residents: A comprehensive review [J]. Resources, Conservation and Recycling, 2018, 132: 3 – 15.

⑩ Allcott H. Social norms and energy conservation [J]. Journal of Public Economics, 2011, 95 (9 – 10): 1082 – 1095.

⑪ Mao Q D, Ma B, Wang H S, et al. Investigating Policy Instrument Adoption in Low-Carbon City Development: A Case Study from China [J]. Energies, 2019, 12 (18).

对环境的感受，是居民对低碳事物和低碳行为的认可和接受程度。

二、低碳意愿与低碳行为

根据阿杰恩（Ajzen，2011）[①] 的"计划行为理论"，个人的信念、态度、主观规范和感知控制都会促进其行为的形成。白尹和刘勇（2013）[②] 提出，居民对低碳生活方式重要性的认识越高，即居民的正确价值观越高，低碳行为水平越高。普赖斯等（Price et al.，2014）[③] 对澳大利亚居民环境行为的分析也发现，居民个体的环境价值观和切身利益将显著影响其环保行为。运用计划行为方法理论，以马来西亚为研究对象进行研究，发现公民的低碳行为受低碳意愿的影响较大[④]。罗德里格斯·巴雷罗等（Rodriguez-Barreiro et al.，2013）[⑤] 将环境态度分为四个方面：态度形成、推广活动、自然保护观和行动意愿。研究结果也表明，只有行动意愿可以直接影响环境行为。萨奇[⑥]根据美国怀俄明州612个家庭的用电数据，发现对环境问题的态度与较低的能源消耗有关。翰等（Han et al.，2013）[⑦] 研究了居民的节能行为，发现环境知识和行

① Ajzen I. The theory of planned behaviour：Reactions and reflections [J]. Psychology & Health，2011，26（9）：1113 – 1127.

② Bai Y，Liu Y. An exploration of residents' low-carbon awareness and behavior in Tianjin，China [J]. Energy Policy，2013，61：1261 – 1270.

③ Price J C，Walker I A，Boschetti F. Measuring cultural values and beliefs about environment to identify their role in climate change responses [J]. Journal of Environmental Psychology，2014，37：8 – 20.

④ Kaffashi S，Shamsudin M N. Transforming to a low carbon society；an extended theory of planned behaviour of Malaysian citizens [J]. Journal of Cleaner Production，2019，235：1255 – 1264.

⑤ Rodriguez-Barreiro L M，Fernandez – Manzanal R，Serra L M，et al. Approach to a causal model between attitudes and environmental behaviour. A graduate case study [J]. Journal of Cleaner Production，2013，48：116 – 125.

⑥ Sapci O，Considine T. The link between environmental attitudes and energy consumption behavior [J]. Journal of Behavioral and Experimental Economics，2014，52：29 – 34.

⑦ Han Q，Nieuwenhijsen I，De Vries B，et al. Intervention strategy to stimulate energy-saving behavior of local residents [J]. Energy Policy，2013，52：706 – 715.

为动机对居民的节能行为起着重要作用。城市居民的低碳行为意愿是促使其低碳行为的最直接原因。行为意愿通常直接影响到低碳消费行为[1][2]。以往的研究表明，目前对低碳意愿和行为的研究成果趋于完整。目前关于低碳意愿对低碳行为影响的研究并没有得出一致的结论，有的认为意愿对行为有明显的促进作用[3][4]；有的认为低碳意愿对行为没有明显的影响[5][6]，因此需要进一步研究。因此，本书提出以下假说。

假说 H9 - 1：低碳意愿越强，低碳行为践行度越高。

三、低碳认知与低碳行为

低碳消费行为的概念已经对居民产生了不同程度的影响。低碳认知对行为的影响目前仍存在争议。有些观点认为，认知对行为有明显的促进作用[7][8]；而另一种观点认为，认知对行为没有明显的影

---

① Ding Z, Wang G, Liu Z, et al. Research on differences in the factors influencing the energy-saving behavior of urban and rural residents in China-A case study of Jiangsu Province [J]. Energy Policy, 2017, 100: 252 – 259.

② Masud M M, Al-Amin A Q, Ha J, et al. Climate change issue and theory of planned behaviour: relationship by empirical evidence [J]. Journal of Cleaner Production, 2016, 113: 613 – 623.

③ Bai Y, Liu Y. An exploration of residents' low-carbon awareness and behavior in Tianjin, China [J]. Energy Policy, 2013, 61: 1261 – 1270.

④ Ding Z H, Wang G Q, Liu Z H, et al. Research on differences in the factors influencing the energy-saving behavior of urban and rural residents in China-A case study of Jiangsu Province [J]. Energy Policy, 2017, 100: 252 – 259.

⑤ Wei J, Chen H, Cui X H, et al. Carbon capability of urban residents and its structure: Evidence from a survey of Jiangsu Province in China [J]. Applied Energy, 2016, 173: 635 – 649.

⑥ Bamberg S, Moeser G. Twenty years after Hines, Hungerford, and Tomera: A new meta-analysis of psycho-social determinants of pro-environmental behaviour [J]. Journal of Environmental Psychology, 2007, 27 (1): 14 – 25.

⑦ Latif S A, Omar M S, Bidin Y H, et al. Role of Environmental Knowledge in Creating Pro-Environmental Residents [Z]. Asia Pacific International Conference on Environment-Behaviour Studies (AicE-Bs 2013) London, 2013: 866 – 874. 10. 1016/j. sbspro. 2013. 11. 088.

⑧ Pothitou M, Hanna R F, Chalvatzis K J. Environmental knowledge, pro-environmental behaviour and energy savings in households: An empirical study [J]. Applied Energy, 2016, 184: 1217 – 1229.

响①。自我认知可以显著促进低碳消费行为②③④。因此，与外部因素相比，居民的个人知识和认知对低碳行为有更深的影响。低碳意识是低碳认知和低碳行为的基础。阿卜杜勒·瓦哈布（Abdul-Wahab，2010）将环境意识描述为相关文献中高度引用的多维度组成部分⑤。菲尔丁等（Fielding et al.，2012）发现，个体的低碳环保知识越广泛，越容易参与到低碳行为中⑥。黄浩晨（2014）等认为绿色消费行为受环保意识的影响较大⑦。

丁志华等（2018）发现，居民的低碳认知和低碳情绪对低碳购买态度和行为有积极影响⑧。徐小平等（2020）发现，感知行为控制对购买意愿的影响最大，而环境意识对购买意愿的影响并不显著⑨。卡普洛维茨等（Kaplowitz et al.，2012）发现低碳行为受到低碳知识的影响。

---

① Frederiks E R, Stennerl K, Hobman E V. Household energy use: Applying behavioural economics to understand consumer decision-making and behaviour [J]. Renewable and Sustainable Energy Reviews, 2015, 41: 1385 – 1394.

② Broomell S B, Budescu D V, Por H – H. Personal experience with climate change predicts intentions to act [J]. Global Environmental Change-human and Policy Dimensions, 2015, 32: 67 – 73.

③ Estrada M, Schultz P W, Silva-Send N, et al. The Role of Social Influences on Pro-Environment Behaviors in the San Diego Region [J]. Journal of Urban Health, 2017, 94 (2): 170 – 179.

④ Yang Y L, Wen J, Li Y. The Impact of Environmental Information Disclosure on the Firm Value of Listed Manufacturing Firms: Evidence from China [J]. International Journal of Environmental Research and Public Health, 2020, 17 (3).

⑤ Abdul – Wahab S A. Level of environmental awareness towards depletion of the ozone layer among distributors and consumers in the solvent sector: a case study from Oman [J]. Climatic Change, 2010, 103 (3 – 4): 503 – 517.

⑥ Fielding K S, Head B W. Determinants of young Australians' environmental actions: the role of responsibility attributions, locus of control, knowledge and attitudes [J]. Environmental Education Research, 2012, 18 (2): 171 – 186.

⑦ Huang H – C, Lin T – H, Lai M – C, et al. Environmental consciousness and green customer behavior: An examination of motivation crowding effect [J]. International Journal of Hospitality Management, 2014, 40: 139 – 149.

⑧ Ding Z H, Jiang X, Liu Z H, et al. Factors affecting low-carbon consumption behavior of urban residents: A comprehensive review [J]. Resources, Conservation and Recycling, 2018, 132: 3 – 15.

⑨ Xu X P, Hua Y N, Wang S Y, et al. Determinants of consumer's intention to purchase authentic green furniture [J]. Resources, Conservation and Recycling, 2020, 156.

人们只有了解了环境知识，才会做出合理的环境行为①。消费者的低碳意识越高，其低碳认知越强，越有利于低碳行为的实践②。然而，威尔希特等（Wilhite et al.，1995）通过对美国环保主义者群体和反环保主义者群体的调查，发现环境知识本身并不是环境行为的基础③。

学者们通过不同的研究模式和维度研究了低碳认知与行为之间的关系，研究结果表明，居民环境意识的提高更有利于其低碳行为。理性行为理论（TRA）和计划行为理论（TPB）都将态度作为行为的预测因素。陈等（Chen et al.，2014）④ 在研究绿色购买行为时也发现绿色购买态度与购买行为之间存在很强的相关性。一些学者进一步研究了消费者态度和行为之间的差异⑤。进入 21 世纪以来，全球变暖的现象引起了人们的关注。公民对气候变化知识的理解可能是不确定的⑥。人们对气候变化原因的理解程度越高，他们就越关注气候问题⑦。"低碳消费"这个词对公众来说比较抽象，但全球变暖是一种具体的环境恶化表现。居民对全球变暖的理解与他们对低碳经济的理解有关。因此，本书提出了以下假说。

假说 H9 - 2：低碳认知越强，低碳行为的实践就越高。

---

① Kaplowitz M D, Thorp L, Coleman K, et al. Energy conservation attitudes, knowledge, and behaviors in science laboratories [J]. Energy Policy, 2012, 50: 581 – 591.

② Lin B Q, Benjamin N I. Green development determinants in China: A non-radial quantile outlook [J]. Journal of Cleaner Production, 2017, 162: 764 – 775.

③ Wilhite H. Environmental values in American culture: Willett Kempton, James S Boster and Jennifer A Hartley The MIT Press, Cambridge, MA and London, UK, 32 pp, US $ 39. 95 [J]. Energy Policy, 1995, 23 (10): 923 – 924.

④ Chen H, Long R Y, Niu W J, et al. How does individual low-carbon consumption behavior occur? -An analysis based on attitude process [J]. Applied Energy, 2014, 116: 376 – 386.

⑤ Cheung M F Y, To W M. An extended model of value-attitude-behavior to explain Chinese consumers' green purchase behavior [J]. Journal of Retailing and Consumer Services, 2019, 50: 145 – 153.

⑥ Fischer H, Amelung D, Said N. The accuracy of German citizens' confidence in their climate change knowledge [J]. Nature Climate Change, 2019, 9 (10): 776 – 780.

⑦ Shi J, Visschers V H M, Siegrist M, et al. Knowledge as a driver of public perceptions about climate change reassessed [J]. Nature Climate Change, 2016, 6 (8): 759 – 762.

假说 H9－3：居民对全球变暖的理解对居民的低碳认知、低碳行为的影响有积极的调节作用。

居民是否有正确的价值观，是否会改变目前的消费习惯，将影响其低碳意愿；而居民对低碳经济、全球变暖的理解，以及媒体对低碳消费的报道是否充分，将对低碳认知产生影响。结合以上研究结果和理论分析，本书构建了一个逻辑分析框架，如图 9－1 所示。

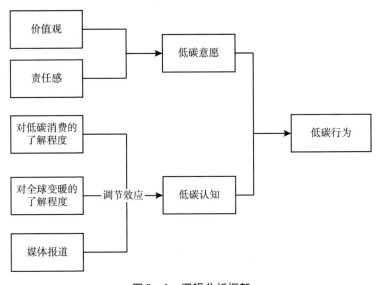

图 9－1　逻辑分析框架

第三节　研究设计

一、问卷设计

本次调查以杭州市九个市辖区的居民为调查对象，进行多阶段随机抽样。虽然杭州是人均收入最高的城市之一，但杭州居民的低碳行为并不十分绿色环保[1][2]。

该问卷于 2018 年 12 月至 2019 年 5 月 20 日发布。选取小区作为问卷发放地点，采用多阶段抽样，设计合理的调查流程。在 95% 的置信区间下，最大允许误差为 3.5%，p = 0.5 的最大值下，本书的样本量应该不小于 786 份。总共发放了 810 份调查问卷，样本特征如表 9 - 1 所示。通过筛选，不完整的问卷被剔除，剩下 786 份有效问卷。问卷包括四个部分的 23 个问题：低碳认知、低碳意愿、低碳行为和个人基本信息。为了降低统计偏差，采用了李克特五级量表，其中量表的范围为 1 至 5，如表 9 - 2 所示。

表 9 - 1　　　　　　　　　　　样本与总人口的比较分析

2018 年杭州市人口特征				样本			
项目	指标	数量	百分比	项目	指标	样本量	百分比
户籍人口性别情况	男性		49.6%	性别	男性	476	60.6%
	女性		50.4%		女性	310	39.4%
户籍人口年龄结构	0 ~ 17 岁		17.2%	年龄	20 ~ 29 岁	495	62.9%
	18 ~ 34 岁		22.0%		30 ~ 39 岁	185	23.5%
	35 ~ 59 岁		38.3%		40 ~ 49 岁	80	10.2%
	60 岁以上		22.5%		50 ~ 59 岁	16	2.1%
					60 岁以上	10	1.3%

---

① Zeng L G, Lu H Y, Liu Y P, et al. Analysis of Regional Differences and Influencing Factors on China's Carbon Emission Efficiency in 2005 - 2015 [J]. Energies, 2019, 12 (16).

② Zhou H, Qu S J, Yuan Q L, et al. Spatial Effects and Nonlinear Analysis of Energy Consumption, Financial Development, and Economic Growth in China [J]. Energies, 2020, 13 (18).

续表

2018 年杭州市人口特征				样本			
项目	指标	数量	百分比	项目	指标	样本量	百分比
人均收入与支出	可支配收入	54348 元		家庭月均收入	3500 元及以下	23	3.0%
					3500 ~ 5000 元	110	14.0%
					5000 ~ 6500 元	211	26.8%
	支出	37369 元			6500 元以上	442	56.2%
学生人数	小学	590491 人		受教育程度	小学及以下	12	1.5%
	初中	235003 人			初中	68	8.7%
	高中	114324 人			高中	206	26.2%
	大学及以上	496383 人			大学	500	63.3%
三大产业就业人数	第一产业		8.6%	职业	行政机关/事业单位	17	2.2%
	第二产业		35.1%		商业/个体经营	104	13.2%
					企业	321	40.8%
	第三产业		56.3%		自由职业	162	20.6%
					学生	182	23.2%
户籍人口自然变动	人口出生率		12.4%	家中是否有孩子	是	217	27.6%
	人口自然增长率		6.31%		否	569	72.4%

注：本书将样本中的个体特征与杭州公布的一些相关指标进行比较，以衡量样本的代表性。

表 9 - 2　　　　　　　　　　　问卷内容

类别	变量名称	相关题目的简要说明
低碳行为	低碳衣着行为	旧衣物回收利用
	低碳食品行为	一次性餐具使用
	低碳居住行为	夏日空调最适合的温度

类别	变量名称	相关题目的简要说明
低碳行为	低碳出行行为	乘坐公共交通
	节约能源行为	关闭电源插座
低碳意愿	价值观	低碳消费可提高生活质量
	社会责任感	愿意改变目前的消费行为
	优先购买低碳产品	优先购买环保型产品
低碳认知	全球变暖了解度	对全球变暖持续关注
	低碳产品标签	关注商品低碳标识
	低碳了解程度	对低碳经济的了解程度
	媒体宣传力度	媒体是否进行了充分报道
个人基本信息	性别	男性或女性
	年龄	年龄范围
	学历	正规学校教育的记录
	家庭成员教育程度	家庭成员的受教育水平
	家庭平均月收入	家庭平均月收入
	职业	职业
	户籍居民	户籍和居住状况
	家中婴幼儿数	家里有无婴儿

虽然本书在设计抽样方案时尽量使样本代表杭州的整体情况，但结果还是有一些偏差。这主要体现在受过教育的年轻人的占比较高。一方面，因为年轻人更愿意回答问卷，另一方面，在问卷发放及访谈过程中，更容易遇到年轻人。在过去的三年里，杭州是中国技术人才流入最多的城市。本书必须承认，这在一定程度上影响了结论的普适性，所以本书需要考虑结论可能出现的偏差程度。

二、数据处理

对调查样本的人口统计指标进行初步统计分析，如表 9 - 3 所示。可以明显看出，男性受访者的比例高于女性受访者的比例；年龄分布一般在 20 ~ 40 岁之间；月平均收入 5000 元以上；大专及以上学历占 63.3%；职业和户籍分布相对平均。一般来说，调查样本的人口统计指标分布较广，可以进行进一步的数据处理和分析。

为了提高数据的规范化和可靠性，在数据输入之前，对问卷中的每个变量进行了赋值。对于性别变量，男性 = 1，女性 = 0。在对低碳行为、低碳认知和低碳意愿等变量进行赋值时，1 = 非常不同意，2 = 不同意，3 = 不确定，4 = 同意，5 = 非常同意；对于收入、教育程度和等因素采用虚拟变量，其数值从低到高为 1 至 5。对于职业和居住情况，本书根据其对低碳行为的影响程度，分别赋值 1 ~ 5 和 1 ~ 4。

表 9 - 3　　　　　　　　　　样本的一般描述性统计

项目	指标	样本数	百分比（%）
性别	男	476	60.6
	女	310	39.4
年龄	20 ~ 29 岁	495	62.9
	30 ~ 39 岁	185	23.5
	40 ~ 49 岁	80	10.2
	50 ~ 59 岁	16	2.1
	60 岁以上	10	1.3
家庭平均月收入	3500 以下	23	3.0
	3500 ~ 5000 元	110	14.0
	5000 ~ 6500 元	211	26.8
	6500 元以上	442	56.2

续表

项目	指标	样本数	百分比（%）
学历	小学及以下	12	1.5
	初中	68	8.7
	高中	206	26.2
	大学及以上	500	63.6
职业	行政机关	17	2.2
	事业单位	104	13.2
	企业	321	40.8
	自由职业	162	20.6
	学生	182	23.2
户籍及居住情况	杭州户籍居民	221	28.1
	杭州常住居民	185	23.5
	浙江户籍居民（非杭州）	174	22.2
	其他	206	26.2
家中是否有婴幼儿	是	217	27.6
	否	569	72.4

三、模型设计

基于对样本和逻辑框架的分析，并参考马吉斯特里斯等（de-Magistris et al.，2016）[①]、赵昌兴等（2018）[②] 的研究方法，本书选择多元线性回归模型如下。

[①] De-Magistris T, Gracia A. Consumers' willingness-to-pay for sustainable food products: the case of organically and locally grown almonds in Spain [J]. Journal of Cleaner Production, 2016, 118: 97 – 104.

[②] Zhao Y B, Wang C, Sun Y W, et al. Factors influencing companies' willingness to pay for carbon emissions: Emission trading schemes in China [J]. Energy Economics, 2018, 75: 357 – 367.

$$Lcb_i = \beta_0 + \beta_1 qua_i + \beta_2 hab_i + \beta_3 warm_i + \beta_4 cog_i$$
$$+ \beta_5 med_i + \beta_6 control_i + \varepsilon_i \qquad (9-1)$$

$$Lcb_i = \beta_0 + \beta_1 qua_i + \beta_2 hab_i + \beta_3 warm_i + \beta_4 cog_i$$
$$+ \beta_5 med_i + \beta_6 warm_i \times cog_i + \beta_7 control_i + \varepsilon_i \quad (9-2)$$

方程（9-1）代表基准模型，居民对全球变暖理解的增加有利于居民对低碳经济的理解，方程（9-2）代表加入交互项的模型。Lcb_i 指第 i 个居民的低碳行为，qua_i 和 hab_i 分别指第 i 个居民的价值观和社会责任感，$warm_i$ 指第 i 个居民对全球变暖的理解程度，cog_i 指第 i 个居民对低碳经济的理解，med_i 指第 i 个居民对低碳媒体报道的态度。其中，对于居民低碳行为的解释变量，本书采用平均加权法和熵值法对衣、食、住、行和生活必需品五类数据进行测算。平均加权法是指每个因素的权重是相同的，而熵权法则是对不同的因素给予不同的权重。因为本书研究的五个因素在低碳消费的比例上会有差异，所以采用熵权法。解释变量包括居民的价值观（素质）、社会责任（习惯）、全球变暖意识（温暖）、低碳意识（意识）和媒体报道（媒体）。控制变量包括性别、年龄、收入、教育、居住状况和家庭成员的最高教育水平。β 和 ε 分别为回归系数和随机干扰项，i 代表受访者的序号。

对于估计方法，普通最小二乘法（OLS）是经典线性回归模型最常使用的方法。对于有序数据，如果本书使用多指标 logit，数据的固有顺序将被忽略，OLS 将排序视为基数。因此，如果干扰项 ε 服从正态分布，则得到有序的 probit 模型，一般采用 Oprobit 回归模型进行回归；如果干扰项 ε 服从 Logistic 分布，则得到有序的 logit 模型，采用 logit 回归模型进行回归。Oprobit 模型是一种有序选择模型，其中误差服从标准正态分布。Ologit 模型指的是因变量被分类和排序的 logit 回归模型。Ologit 模型用于因变量分布比较均匀的时候，Oprobit 模型用于因变量接近正态分布的时候。当样本量足够大时，这两个模型之间通常没有太大的区别。由于被解释变量的取值范围为 [1，5]，本书采用有序 probit 回归方法。同时，本书使用 OLS 回归和有序 logit 回归进行比较分析，在一定程度上显示了结果的稳健性。本书将低碳行为分为五个方面，以方便研究的继续进行。但不得不承认的是，低碳行为在加权计算后与实际生活存在一定的偏差。

四、描述性统计

如表 9 - 4 所示，采用平均加权法和熵权法得到的低碳消费行为数据的平均值约为 3.7，说明杭州居民的低碳行为得到了有效实践。核心解释变量的均值都在 3 以上，所有消费者都表示愿意改变目前的生活习惯进行低碳消费行为。居民对通过低碳消费提高生活质量的态度甚至达到了 4.216，说明所有城市居民对低碳消费行为有强烈的愿望。在调查的样本数据中，男性占 60.6%，27.6% 的被调查家庭有婴儿。因此，有婴儿的家庭中成员具有更强的低碳意愿和认知。年龄段一般分布在 20~35 岁之间，平均月收入约为 6000 元。与尹建华和石少庆（2019）[①] 的研究结果一致，本书发现家庭规模、收入和住房面积对低碳家庭行为有显著影响。

从样本结构可以看出，60% 以上的受访者是受过良好教育的无子女人员。因此，采用 Heckman 样本选择模型进行检验。对样本的 Heckman 检验显示，imr 是显著的，说明选择偏差是存在的。在考虑了样本选择问题后，笔者认为结果并没有明显变化。作为比较，本书提供了主要变量的系数，如表 9 - 5 所示。在后面的研究中，本书继续关注有序 Logit 和有序 Probit 的结果。

用这种定量的方式来衡量工作和居住地等定性的变量可能会引起

[①] Yin J H, Shi S Q. Analysis of the mediating role of social network embeddedness on low-carbon household behaviour: Evidence from China [J]. Journal of Cleaner Production, 2019, 234: 858 – 866.

争议。一些研究者认为，这种方法可能会掩盖真实的结果。为了减少这种疑虑，本书中做了相关的测试，用三个虚拟变量分别代替了工作和居住地。结果表明，本书中的设定无论是在经济意义上还是在统计意义上都没有造成非常大的偏差，如表9-6所示。

表9-4　　　　　　　　　　　　　变量的描述性统计

类别	变量名	变量定义	最小值	最大值	平均值	标准误差
被解释变量	weight	平均加权的低碳行为	1.8	4.8	3.619	0.473
	entropy	熵值加权的低碳行为	1.799	5	3.736	0.529
核心解释变量	quality	价值观	2	5	4.216	0.746
	habit	责任感	1	5	3.636	0.679
	warm	全球变暖了解程度	1	5	3.518	0.819
	cognition	低碳了解程度	1	5	3.458	0.841
	media	媒体宣传	1	5	3.342	0.905
控制变量	gender	性别	0	1	0.606	0.489
	age	年龄	1	5	1.551	0.852
	income	家庭平均月收入	1	4	3.364	0.829
	education	教育程度	1	4	3.519	0.718
	family	家庭成员最高学历	1	4	3.663	0.642
	work	职业	1	5	3.494	1.053
	register	居住情况	1	4	2.532	1.156
	baby	是否有婴幼儿	0	1	0.276	0.447

样本容量：N=786

表9-5　　　　　　　　　　　　　样本选择模型下的系数

变量	(1) weight	(2) entropy	(3) dress	(4) reside	(5) travel	(6) life	(7) food
quality	0.079 *** (3.55)	0.071 *** (2.87)	0.044 (0.98)	0.118 *** (2.80)	0.101 ** (2.45)	-0.009 (-0.23)	0.138 *** (3.19)
habit	0.067 *** (2.72)	0.071 ** (2.56)	0.085 * (1.67)	0.035 (0.73)	0.081 * (1.76)	0.074 * (1.70)	0.062 (1.29)

续表

变量	(1) weight	(2) entropy	(3) dress	(4) reside	(5) travel	(6) life	(7) food
warm	0.093 *** (4.63)	0.108 *** (4.82)	0.058 (1.42)	0.078 ** (2.06)	0.131 *** (3.52)	0.141 *** (4.01)	0.055 (1.40)
cognition	0.016 (0.81)	0.016 (0.72)	-0.007 (-0.19)	0.041 (1.11)	0.030 (0.83)	-0.015 (-0.45)	0.030 (0.80)
media	0.055 *** (3.12)	0.039 ** (1.99)	-0.017 (-0.47)	0.085 ** (2.53)	0.042 (1.27)	0.046 (1.48)	0.120 *** (3.48)
controls	Yes	Yes	Yes	Yes	Yes	Yes	Yes
_cons	2.414 *** (12.61)	2.672 *** (12.47)	3.134 *** (7.98)	2.615 *** (7.17)	2.512 *** (7.04)	2.586 *** (7.70)	1.221 *** (3.26)
lnsigma	-0.820 *** (-32.53)	-0.708 *** (-28.06)	-0.102 *** (-4.02)	-0.176 *** (-6.97)	-0.198 *** (-7.86)	-0.259 *** (-10.25)	-0.148 *** (-5.87)
Wald	118.52 ***	119.53 ***	49.06 ***	73.88 ***	93.38 ***	40.02 ***	50.86 ***

注：***、** 和 * 分别表示通过1%、5%和10%的显著性检验。括号中数字为 Z 统计数据。为了更简洁地比较、忽略控制变量等，只报告最重要的参数。最大似然估计用于估计样本选择模型。

表 9-6　　　　　工作和居住地设置为虚拟变量时的回归结果

变量	OLS		Ologit		Oprobit	
	(1) weight	(2) entropy	(3) weight	(4) entropy	(5) weight	(6) entropy
quality	0.0800 *** (3.50)	0.0708 ** (2.81)	0.315 *** (3.43)	0.209 * (2.30)	0.177 *** (3.51)	0.138 ** (2.76)
habit	0.0660 ** (2.72)	0.0705 ** (2.59)	0.263 ** (2.68)	0.255 * (2.38)	0.147 ** (2.67)	0.134 * (2.39)
warm	0.0919 *** (4.28)	0.107 *** (4.49)	0.380 *** (4.41)	0.379 *** (4.46)	0.208 *** (4.36)	0.215 *** (4.55)
cognition	0.0174 (0.84)	0.0193 (0.85)	0.0510 (0.59)	0.0595 (0.72)	0.0341 (0.73)	0.0368 (0.81)
media	0.0544 ** (2.83)	0.0375 (1.77)	0.237 ** (3.02)	0.125 (1.57)	0.125 ** (2.85)	0.0695 (1.61)
Controls	Yes	Yes	Yes	Yes	Yes	Yes

续表

变量	OLS		Ologit		Oprobit	
	(1) weight	(2) entropy	(3) weight	(4) entropy	(5) weight	(6) entropy
F	6.47***	6.80***				
R^2	0.1338	0.1385				
Pseudo R^2			0.0295	0.0165	0.0310	0.0176
Wald			95.70***	104.73***	105.39***	118.07***

注：***、**和*分别表示通过1%、5%和10%的显著性检验。括号中数据为t或Z统计量。

第四节　实证分析

一、基准回归结果

对于模型（9－1），使用Stata15.0软件进行OLS回归、多变量有序logit回归和多变量有序probit回归，回归结果见表9－7。第（1）、（3）、（5）列为选择平均加权的低碳行为作为解释变量的回归结果，第（2）、（4）、（6）列为选择熵加权的行为作为解释变量的回归结果。

如表9－7所示，质量、习惯、全球变暖和媒体四个因素显著影响消费者的意向和认知，即低碳意愿（价值观、社会责任）与低碳行为呈显著正相关关系，低碳认知（媒体、全球变暖）与低碳行为呈显著正相关关系。这一结果与白尹和刘勇（2013）[1]及拉蒂夫等（Latif et

---

[1] Bai Y, Liu Y. An exploration of residents' low-carbon awareness and behavior in Tianjin, China [J]. Energy Policy, 2013, 61: 1261–1270.

al.，2013）[1] 的研究结果一致，这一结果也支持本书的理论假设。当居民的低碳意愿和低碳认知增加时，他们的低碳行为实施程度也会大大增加。同时，用 OLS 回归进行稳健性检验，得出的结论仍然是素质、习惯、全球变暖和媒体的系数显著为正，这与 Ologit 回归和 Oprobit 回归的结果一致，再次支持本书的理论假设。与杨束（2016）[2] 等的结论一致，女性的低碳行为总体表现较好。而本书的研究发现，收入与低碳行为呈负相关，这与拉莫斯等（Ramos et al.，2016）[3] 以及波鲁斯基和安布雷（Poruschi and Ambreyc，2016）[4] 的结论一致。教育程度越高，低碳行为的表现越好，这一结论与洪烨等（2017）[5] 的结论一致。

表 9 - 7　　　　　居民低碳行为的 logistic 回归分析结果

变量	OLS		Ologit		Oprobit	
	（1）	（2）	（3）	（4）	（5）	（6）
	weight	entropy	weight	entropy	weight	entropy
quality	0.079 *** (3.44)	0.071 *** (2.82)	0.311 *** (3.39)	0.216 *** (2.36)	0.173 *** (3.45)	0.138 *** (2.76)
habit	0.067 *** (2.77)	0.071 *** (2.60)	0.266 *** (2.71)	0.257 ** (2.41)	0.150 *** (2.71)	0.134 ** (2.38)

① Latif S A, Omar M S, Bidin Y H, et al. Role of Environmental Knowledge in Creating Pro-Environmental Residents [Z]. Asia Pacific International Conference on Environment-Behaviour Studies (AicE-Bs 2013) London, 2013：866 – 874. 10. 1016/j. sbspro, 2013. 11. 088.

② Yang S, Zhang Y B, Zhao D T. Who exhibits more energy-saving behavior in direct and indirect ways in china? The role of psychological factors and socio-demographics [J]. Energy Policy, 2016, 93：196 – 205.

③ Ramos A, Labandeira X, Loeschel A. Pro-environmental Households and Energy Efficiency in Spain [J]. Environmental and Resource Economics, 2016, 63 (2)：367 – 393.

④ Poruschi L, Ambrey C L. On the confluence of city living, energy saving behaviours and direct residential energy consumption [J]. Environmental Science & Policy, 2016, 66：334 – 343.

⑤ Ye H, Ren Q, Hu X Y, et al. Low-carbon behavior approaches for reducing direct carbon emissions：Household energy use in a coastal city [J]. Journal of Cleaner Production, 2017, 141：128 – 136.

续表

变量	OLS		Ologit		Oprobit	
	（1）	（2）	（3）	（4）	（5）	（6）
	weight	entropy	weight	entropy	weight	entropy
warm	0.093 ***	0.108 ***	0.385 ***	0.381 ***	0.209 ***	0.216 ***
	（4.35）	（4.55）	（4.49）	（4.51）	（4.40）	（4.58）
cognition	0.016	0.016	0.041	0.049	0.030	0.029
	（0.76）	（0.69）	（0.48）	（0.60）	（0.64）	（0.65）
media	0.055 ***	0.039 *	0.234 ***	0.128	0.126 ***	0.073 *
	（2.86）	（1.84）	（2.98）	（1.59）	（2.88）	（1.68）
family	0.035	0.043	0.125	0.151	0.071	0.079
	（-1.42）	（-1.57）	（-1.26）	（-1.38）	（-1.26）	（-1.37）
gender	-0.113 ***	-0.169 ***	-0.455 ***	-0.616 ***	-0.266 ***	-0.365 ***
	（-3.44）	（-4.47）	（-3.40）	（-4.44）	（-3.52）	（-4.72）
age	-0.024	-0.027	-0.054	-0.065	-0.047	-0.046
	（-1.15）	（-1.18）	（-0.64）	（-0.81）	（-1.01）	（-1.02）
income	-0.045 **	-0.073 ***	-0.173 **	-0.288 ***	-0.111 **	-0.167 ***
	（-2.18）	（-3.26）	（-1.99）	（-3.56）	（-2.36）	（-3.66）
education	0.080 ***	0.087 ***	0.320 ***	0.301 ***	0.182 ***	0.173 ***
	（3.36）	（3.22）	（3.34）	（3.14）	（3.37）	（3.19）
work	0.026 *	0.049 ***	0.058	0.114 *	0.0546	0.089 ***
	（1.72）	（2.87）	（0.89）	（1.81）	（1.57）	（2.60）
register	0.021	-0.001	0.085	-0.006	0.052 *	-0.002
	（1.51）	（-0.09）	（1.49）	（-0.11）	（1.66）	（-0.07）
baby	0.089 **	0.058	0.260 *	0.108	0.207 **	0.095
	（2.40）	（1.37）	（1.75）	（0.69）	（2.43）	（1.10）
_cons	2.414 ***	2.672 ***				
	（11.59）	（11.32）				
F	8.02 ***	8.02 ***				
R^2	0.131	0.132				
Pseudo R^2			0.029	0.016	0.030	0.017
Wald			89.87 ***	89.37 ***	99.67 ***	106.2 ***

注：***、**、*分别表示通过1%、5%、10%的显著性检验。

为了研究不同层次城市居民的低碳行为，将居民的低碳行为分为五个方面（衣、食、住、行和必需品），采用多元有序 logit 回归的方法，结果如表9-8所示。

表9-8 不同层次的低碳行为的回归分析结果

变量	(1)	(2)	(3)	(4)	(5)
	dress	reside	travel	life	food
quality	0.073 (0.73)	0.182 * (1.73)	0.192 * (1.89)	-0.035 (-0.36)	0.278 *** (3.00)
habit	0.224 ** (2.12)	0.061 (0.54)	0.210 * (1.73)	0.204 * (1.89)	0.170 (1.59)
warm	0.184 ** (2.11)	0.230 ** (2.25)	0.325 *** (3.49)	0.343 *** (3.37)	0.146 (1.61)
cognition	-0.014 (-0.16)	0.075 (0.80)	0.051 (0.57)	-0.050 (-0.52)	0.096 (1.20)
media	-0.020 (-0.24)	0.207 ** (2.34)	0.113 (1.27)	0.143 * (1.66)	0.275 *** (3.47)
family	-0.029 (-0.24)	-0.173 (-1.48)	-0.127 (-1.14)	-0.015 (-0.16)	-0.036 (-0.30)
gender	-0.613 *** (-4.17)	-0.421 *** (-2.91)	-0.435 *** (-2.82)	-0.031 (-0.20)	0.207 (1.47)
age	-0.241 ** (-2.55)	0.124 (1.39)	-0.132 (-1.38)	0.021 (0.26)	-0.045 (-0.58)
income	-0.009 (-0.09)	-0.259 *** (-3.15)	-0.290 *** (-3.30)	-0.033 (-0.39)	0.077 (0.83)
education	0.167 * (1.70)	0.291 *** (2.73)	0.210 ** (2.01)	0.202 * (1.90)	0.108 (1.02)
work	-0.068 (-0.93)	-0.104 (-1.36)	0.326 *** (4.56)	0.180 ** (2.46)	0.019 (0.31)
register	0.079 (1.30)	0.055 (0.87)	-0.130 ** (-2.06)	0.170 *** (2.68)	0.158 *** (2.63)
baby	0.466 *** (2.97)	0.544 *** (3.18)	-0.164 (-0.91)	0.023 (0.13)	0.139 (0.87)
Pseudo R^2	0.028	0.035	0.051	0.024	0.029
Wald	57.98	58.73	97.12	37.54	55.65

注：***、**、*分别表示通过1%、5%、10%的显著性检验。

　　居民的低碳行为在五个方面并不完全相同。居民的责任感和对全球变暖的关注程度与低碳服装行为显著正相关。居民价值观、全球变暖关注度、媒体报道强度与居民低碳生活行为显著正相关。居民的价值观、责任感、对全球变暖的关注程度与低碳出行行为正相关。居民的社会责任、对全球变暖的关注程度、媒体报道的充分程度与居民的节能行为显著相关。居民的价值观和媒体报道与他们的低碳食品消费行为正相关。不同的影响因素不仅反映了公众对低碳行为的偏好，也体现了媒体对宣传的重视程度。总体而言，居民的低碳出行和低碳居住行为倾向更为明显。

　　如表 9－7 所示，低碳行为方面，女性比男性更积极，这与丁志华（2018）等[①]的研究结果一致。此外，根据居民低碳消费行为的性别不同，进一步分析子样本，结果如表 9－9 所示。

表 9－9　　　　　　　　基于性别的低碳行为的回归分析结果

变量	男性		女性	
	（1）	（2）	（1）	（2）
	weight	entropy	weight	entropy
quality	0. 187 *** (2. 88)	0. 150 ** (2. 37)	0. 109 (1. 26)	0. 060 (0. 69)
habit	0. 161 ** (2. 06)	0. 181 ** (2. 37)	0. 166 ** (2. 19)	0. 123 (1. 53)
warm	0. 140 ** (2. 30)	0. 151 ** (2. 57)	0. 300 *** (3. 97)	0. 301 *** (3. 89)
cognition	－ 0. 0001 (－0. 001)	－ 0. 006 (－0. 10)	0. 087 (1. 21)	0. 100 (1. 35)
media	0. 144 *** (2. 65)	0. 085 (1. 59)	0. 100 (1. 34)	0. 063 (0. 85)

　　① Ding Z H, Jiang X, Liu Z H, et al. Factors affecting low-carbon consumption behavior of urban residents: A comprehensive review [J]. Resources, Conservation and Recycling, 2018, 132: 3－15.

续表

变量	男性		女性	
	（1）	（2）	（1）	（2）
	weight	entropy	weight	entropy
family	−0.122 * （−1.69）	−0.145 ** （−1.96）	0.079 （0.83）	0.094 （0.95）
age	−0.014 （−0.21）	−0.031 （−0.48）	−0.048 （−0.69）	−0.052 （−0.81）
income	−0.160 *** （−2.60）	−0.244 *** （−3.83）	−0.040 （−0.50）	−0.059 （−0.85）
education	0.188 ** （2.40）	0.162 ** （1.99）	0.157 ** （2.01）	0.159 ** （2.25）
work	−0.021 （−0.47）	0.030 （0.67）	0.162 *** （2.83）	0.163 *** （2.95）
register	0.100 ** （2.48）	0.056 （1.44）	−0.059 （−1.11）	−0.107 * （−1.85）
baby	0.142 （1.30）	0.151 （1.33）	0.314 *** （2.35）	0.057 （0.42）
Pseudo R^2	0.028	0.014	0.040	0.022
Wald	59.32	51.10	54.57	59.59

注：***、**、*分别表示通过1%、5%、10%的显著性检验。

对于男性居民来说，低碳意愿（价值观、责任感）和低碳认知（媒体报道）与低碳行为有明显的正相关关系。而女性居民中，只有低碳意愿（责任意识）与低碳行为存在显著正相关关系。本书的研究结果表明，男性的低碳意愿和低碳认知对低碳行为的影响比女性更明显。其中，居民价值观和媒体报道与男性显著正相关，与女性无显著正相关。以媒体报道为例，与女性相比，男性通常更关注政治和经济新闻，所以媒体宣传对男性来说是重要的，而对女性来说则不是。研究不同性别对低碳行为偏好的差异，有助于政府政策的制订和媒体传播策略的设计。

二、异质性分析

将居民对全球变暖的了解程度这一变量作为居民低碳了解程度与低碳行为之间的调节变量。warm × cognition 是衡量全球变暖了解程度调整效果的交互项。在模型（9-1）中加入 warm × cognition，得到模型（9-2），并进行回归分析，结果如表9-10所示。

加入交互项后，居民对全球变暖的认识明显增加，居民对低碳经济的认识与低碳行为变得明显正相关，方程的整体联合显著性增加。其中，居民对全球变暖的认识对低碳行为的影响明显增加，从 0.093 增加到 0.231。对全球变暖的认识每增加一个单位，低碳消费行为的概率将增加 51.5%，这反映了个人态度对行为影响的重要性。

表 9-10　　　　　　　　　　加入交互项的回归结果

变量	OLS		Ologit		Oprobit	
	（1）	（2）	（3）	（4）	（5）	（6）
	weight	entropy	weight	entropy	weight	entropy
quality	0.079 *** (3.50)	0.072 *** (2.84)	0.314 *** (3.44)	0.216 ** (2.37)	0.176 *** (3.50)	0.139 *** (2.78)
habit	0.063 *** (2.68)	0.069 ** (2.55)	0.257 *** (2.68)	0.252 ** (2.38)	0.142 *** (2.62)	0.131 ** (2.35)
warm	0.231 *** (2.88)	0.186 ** (2.06)	1.016 *** (3.18)	0.691 ** (2.12)	0.515 *** (2.85)	0.320 * (1.76)
cognition	0.158 ** (1.97)	0.096 (1.07)	0.684 ** (2.16)	0.364 (1.14)	0.345 * (1.92)	0.137 (0.76)
media	0.054 *** (2.83)	0.039 * (1.82)	0.235 *** (2.99)	0.127 (1.58)	0.125 *** (2.85)	0.072 * (1.67)
warm × cognition	-0.041 * (-1.80)	-0.023 (-0.91)	-0.187 ** (-2.04)	-0.092 (-0.99)	-0.091 * (-1.76)	-0.031 (-0.60)

续表

变量	OLS		Ologit		Oprobit	
	（1）	（2）	（3）	（4）	（5）	（6）
	weight	entropy	weight	entropy	weight	entropy
family	−0.034 （−1.40）	−0.042 （−1.55）	−0.125 （−1.25）	−0.152 （−1.40）	−0.069 （−1.23）	−0.078 （−1.37）
gender	−0.112*** （−3.41）	−0.169*** （−4.46）	−0.457*** （−3.42）	−0.616*** （−4.44）	−0.263*** （−3.49）	−0.364*** （−4.71）
age	−0.021 （−1.00）	−0.025 （−1.11）	−0.041 （−0.48）	−0.060 （−0.75）	−0.040 （−0.87）	−0.044 （−0.97）
income	−0.046** （−2.25）	−0.073*** （−3.29）	−0.177** （−2.04）	−0.291*** （−3.59）	−0.114** （−2.42）	−0.167*** （−3.68）
education	0.079*** （3.35）	0.086*** （3.21）	0.320*** （3.31）	0.302*** （3.14）	0.181*** （3.36）	0.172*** （3.19）
work	0.025 （1.65）	0.048*** （2.83）	0.053 （0.82）	0.111* （1.76）	0.052 （1.51）	0.088** （2.57）
register	0.022 （1.55）	−0.001 （−0.06）	0.089 （1.56）	−0.004 （−0.08）	0.054* （1.70）	−0.002 （−0.05）
baby	0.085** （2.29）	0.056 （1.32）	0.244* （1.65）	0.103 （0.66）	0.198** （2.33）	0.092 （1.07）
_cons	1.953*** （5.93）	2.411*** （6.51）				
F	7.65***	7.50***				
R^2	0.135	0.133				
Pseudo R^2			0.029	0.016	0.031	0.017
Wald			93.30	90.61	101.62	106.54

注：*** 、** 、* 分别表示通过1%、5%、10%的显著性检验。

值得注意的是，交互项的回归系数为负。交互项系数为负，但居民对全球变暖和低碳的了解程度的总效应为正。在多变量有序逻辑回归下，这两个变量的总效应为 1.016 + 0.684 − 0.187 = 1.513。因此，居民对全球变暖的了解程度对居民对低碳经济的了解程度有正的调节作用，这验证了本书的理论假设。

　　进一步对解释变量进行异质性分析，结果如图 9-2 所示。

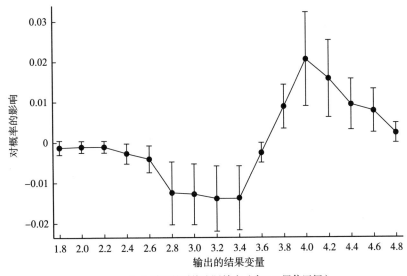

（a）质量的平均边际效应（含95%置信区间）

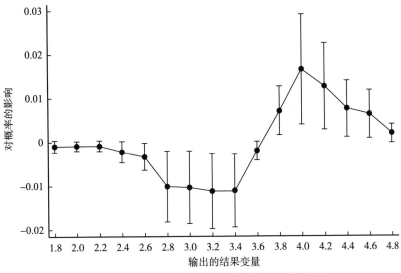

（b）习惯的平均边际效应（含95%置信区间）

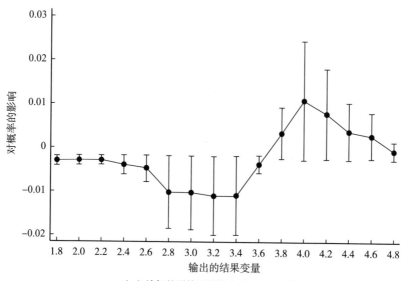

（c）认知的平均边际效应（含95%置信区间）

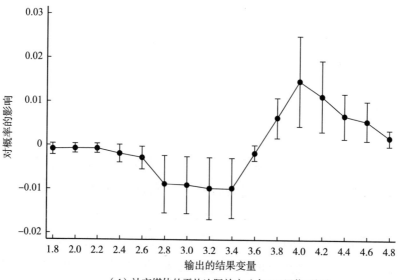

（d）社交媒体的平均边际效应（含95%置信区间）

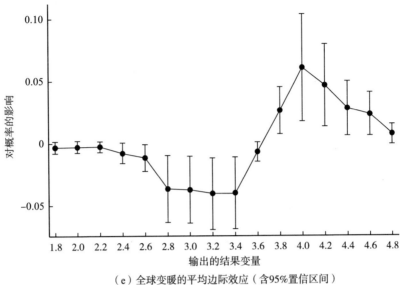

（e）全球变暖的平均边际效应（含95%置信区间）

图9-2　异质性分析结果

注：图9-2五个解释变量的边际效应。（a）质量的平均边际效应；（b）习惯的平均边际效应；（c）认知的平均边际效应；（d）社交媒体的平均边际效应；（e）全球变暖的平均边际效应。

　　在多元 Probit 回归下，各解释变量对低碳消费行为的边际效应先负后正。以 2.6 和 3.6 为界，被调查的居民可以分为三类。0～2.6 类的居民对低碳行为的认识不强，也没有实践，所以知识的宣传应该是初步的重点。对于 2.6～3.6 类的居民来说，他们中的大多数是"搭便车"者，即他们对低碳行为有较强的意识，但低碳行为践行度较低。因此，应该采取一定的措施来激励他们的低碳行为。3.6～5 类的居民有较强的低碳行为认知，并且他们的低碳行为践行度很高。公众低碳行为的异质性为市场细分和进一步发展提供了空间。通过对居民的异质性分析，政府和媒体在引导公众低碳行为时应针对不同的居民群体采取不同的策略和政策，以确保政策和宣传的有效性。

第五节 研究结论和政策含义

低碳发展已成为社会经济发展中应对气候变化的必然趋势。本书在对杭州市 786 名居民的低碳消费行为进行调查分析和以往文献综述及理论的基础上，构建逻辑分析框架，并进行实证检验，通过问卷调查的方式探索消费者低碳消费行为的影响因素，得出以下结论和启示。

第一，杭州居民在践行低碳行为方面表现良好。通过对调查数据的统计描述分析，发现 71.4% 的居民会回收废旧衣物，67.1% 的居民在使用空调时会调节到合适的温度，78.5% 的居民在短时间外出时会关闭家中所有电源。在出行方面，70.6% 的居民在外出时将乘坐公共交通工具。对于选择其他交通工具的受访者来说，主要原因是公共交通的不方便和他们的身体状况较弱。总体而言，杭州居民对环保行为的实施程度较高，更倾向于实施低碳出行行为。

第二，低碳意愿越强，低碳行为践行度越高，证实了假说 H9 - 1。因此，要进一步强化居民的低碳行为，就必须积极为居民的低碳意愿向低碳行为转变创造条件。普里弗等（Priefer et al.，2016）[1] 指出，更严格的法律、经济激励和更温和的措施往往更有效。政府应该出台相关的法规和政策来支持居民的低碳行为，比如对购买低碳产品的人进行补贴。同时，还需要扩大居民购买低碳产品的选择空间，加强居民低碳意识的教育和培养。

第三，低碳认知越强，低碳行为践行度越高，证实了假说 H9 - 2。居民对全球变暖的认知对居民低碳认知对低碳行为的影响具有正向调

---

① Priefer C, Joerissen J, Braeutigam K-R. Food waste prevention in Europe-A cause-driven approach to identify the most relevant leverage points for action [J]. Resources, Conservation and Recycling, 2016, 109: 155 - 165.

节作用，验证了假说 H9 - 3。因此，政府和媒体的首要任务是吸引人们对低碳经济的关注。政府对公民践行低碳行为的引导具有不可替代的影响力，因此应构建绿色、和谐的消费价值观，实现低碳经济社会化，完善相关政策框架，发布法律文件。媒体应该运用正确的广告策略，减少炫耀性消费的报道，增加对低碳经济的宣传引导。通过更生动的画面和多样化的手段，让居民主动了解低碳经济。

虽然本书的假设得到了验证，但本书的研究仍有一定的局限性。本书研究中的一个重要缺陷是研究样本的代表性问题。虽然本书设置了多层次抽样，但年轻人的回复率远远高于老年人。杭州是一个数字经济发达的著名城市，工业发展欠缺。新杭州人主要是高学历人群。从研究内容来看，一方面，虽然低碳意愿和低碳认知对低碳行为都有积极影响，但本书的研究中并没有深入讨论这两个影响因素中哪一个占主导地位以及两者之间的关系。另一方面，本书从消费者的角度分析了低碳行为，但没有从企业或产品的角度进行更全面的研究，如低碳产品品牌和价格对低碳行为的影响。在未来的研究中，将会改善抽样方法和问卷分发上的问题从而提高问卷的代表性，将对低碳消费行为的影响因素进行更详细的分析。

第十章

农村绿色治理与居民环保认同

第一节 研究问题

2021年我国脱贫攻坚目标任务全部完成，"三农"工作的重心转移到全面推进乡村振兴上。党的十八大以来乡村生态环境治理问题一直备受关注，在乡村振兴战略的实施中，改善农村人居环境、建设美丽宜居乡村已成为当前重点工作之一。习近平总书记在党的十九大报告中明确提出建设生态文明是中华民族永续发展的千年大计，将实施乡村振兴战略作为重大决策部署，"绿水青山"与"金山银山"的和谐相处已成为实现可持续发展的重要课题。然而，人类活动是环境变化的主要驱动因素之一。农村生态环境的变化与农村居民的思维意识和个体行为有着密切的关系。居民的环保认同对环境治理至关重要，它所独有的特征是我国环境保护事业发展中必然的一个选择，如何提高居民的环保认同也成为实现可持续发展的一个重要课题。

农村的环境信息公开在一定程度上发挥了作用。2006年以来，国际知情权运动发展迅猛，截至2021年已经有80多个国家颁布了政府信息公开的法律。理论层面，政府进行透明化的环境信息公开具有经济学基础。从社会契约角度看，政府作为国家主权的执行者，管理国家事务是一种委托信用，政府行为必须接受人民的监督。从信息不对称角度看，政府环保部门作为环境事务的管理者，清楚地掌握着多样化的环境信息，而农民对环境政策、环境污染程度的知晓度较低，这种知晓度不对称、不均衡的局面需要政府执行环境信息公开予以协调，以保障居民的知情权。从公共产品角度看，环境具有消费的非排他性、强制性及效用的不可分割性，在经济社会发展中，环境资源的消费者越来越多，但很少有人愿意投资环境。现实层面，针对我国环境信息公开的相关政策的研究也正在不断推进。

第二节 假说提出

一、农村绿色治理信息公开对居民满意度的影响

（一）居民环境治理满意度的影响因素

1. 政府环境治理

在农村地区，居民对于农村生态环境治理的满意度以一定环境信息为基础，来源于生产和生活的各方面。比如，干净清新的空气质量、良好的农村绿化与养护可以直接影响到居民对于人居环境整治提升工程的满意度①。另外，政府有关公共环境设施的建设和管护制度也能有

---

① Wu Y, Xu Z. Massive-scale visual information retrieval towards city residential environment surveillance [J]. Journal of Visual Communication and Image Representation, 2020, 70.

效提升居民有关生活垃圾集中处理和生活污水集中处理等人居环境指标①，改善农村人居环境，从而提升农村居民的环境治理满意度。

在农村环境治理领域，居民环境满意度成为考核基层地方政府环境治理绩效的重要指标。王易等（2019）从农村宜居性和居民满意度的角度，利用结构方程模型考察了中国东部 12 个欠发达县镇的环境治理效果②。张艳和罗利（2020）在对湖南省 8 个村庄 177 户农村居民的问卷调查数据进行实证分析后指出，政府环境治理行为会提高当地农村居民的环境满意度，而环境治理效果在其间起到不完全中介作用③。另外，近年以来，政府自上而下的环境问责和公众自下而上的环境投诉之间的良性互动已成为中国政府当前环境治理创新的显著特征。基于这一发展新变化，史丹等（2020）研究发现，公众认为政府的环境问责越是有力，其环境治理满意度越高；公众认为环境投诉越是有效，其环境治理满意度也会越高④。

2. 居民环境治理参与度

随着公众参与意识的提高，公众对环境治理的满意度逐渐成为评价政府生态环境治理的重要部分。公众参与是对所有希望参与的人进行开放，并进行信息交换和决策的影响，以此构成参与空间的一种互动过程⑤。王春鑫和李芬芬（2021）利用 CGSS2015 调查数据实证分析了环境治理满意度的影响因素，研究发现村民参与结果的有效性能够

① 李冬青，侯玲玲，闵师. 农村人居环境整治效果评估——基于全国 7 省农户面板数据的实证研究［J］. 管理世界，2021，37（10）：182 - 195 + 249 - 251.

② Wang Y, Zhu Y, Yu M. Evaluation and determinants of satisfaction with rural livability in China's less-developed eastern areas: A case study of Xianju County in Zhejiang Province ［J］. Ecological Indicators, 2019, 104.

③ 张艳，罗利. 基层地方政府环境治理与农村居民环境满意度——基于湖南省 L 河流域农户的问卷调查［J］. 上海经济，2020（1）：72 - 84.

④ 史丹，汪崇金，姚学辉. 环境问责与投诉对环境治理满意度的影响机制研究［J］. 中国人口·资源与环境，2020，30（9）：21 - 30.

⑤ Fung A. Varieties of Participation in Complex Governance ［J］. Public Administration Review, 2006, 66.

显著提升环境治理满意度①。因此，公众参与环境治理意识和行为的提高，不仅有助于社会主义民主制度的完善和发展，也有助于推动政府环境治理工作的优化，从而增强居民们的环境治理满意度。

（二）政府环境信息公开与环境治理满意度

国内外已经有学者针对政府的环境规制、环境信息透明度对居民环境治理满意度的影响进行了研究。例如，耿孟蒙等（2021）基于2013 年中国综合社会调查数据，采用有序概率模型进行研究，发现环境规制对居民环境治理满意度有显著正向影响②；当进一步考虑公众的环境意识时，环境规制与环境治理满意度之间的正相关关系会受到影响。沈洪涛和黄楠（2018）从经济学的视角分析了政府、企业、公众共同参与环境治理的学理基础，并提出了从环境信息透明度、绿色供应链管理、创新三个方面构建环境共治机制，形成三方协同、多元共治的现代环境治理体系③。另外，他们还提到环境信息披露是实现政府、公众与企业等多方主体在环境治理中良性互动的桥梁。由此可以看出，政府加大农村地区的环境信息透明度，实现信息的及时化、透明化，为农村居民了解、参与环境治理提供了平台，对居民环境治理满意度的提升有一定的积极影响。因此，探究政府环境信息公开对居民环境治理满意度的影响成为当下经济学研究的一个重要方向。

但是，目前关于政府环境信息公开与居民环境治理满意度关系的实证研究范围主要集中在全国范围或者是某一城市，关于农村地区的研究较为缺乏。比如，罗开艳和田启波（2020）是基于 CSS2013 数据

---

① 王春鑫，李芬芬. 农村环境治理满意度的影响因素研究——基于 CGSS2015 数据的实证分析 [J]. 安顺学院学报，2021，23（4）：26-31.

② Mengmeng G, Lingyun H. Environmental Regulation, Environmental Awareness and Environmental Governance Satisfaction [J]. Sustainability, 2021, 13（7）.

③ 沈洪涛，黄楠. 政府、企业与公众：环境共治的经济学分析与机制构建研究 [J]. 暨南学报（哲学社会科学版），2018，40（1）：18-26.

研究了全国30个省级行政单位，并发现政府环保行政透明度越高，地方政府的"污染庇护"和"环保乱作为"现象越少，居民越倾向于对地方政府的环境治理工作给出更好的评价①。现有研究中针对农村地区的研究较少，且还未系统地对农村地区政府环境信息公开与居民环境治理满意度两者之间的关系进行阐述。因此，本书提出假说H10-1。

假说H10-1：政府环境信息公开对居民环境治理满意度有显著的正向影响。

（三）环境信息公开、居民的生态环境评价与环境治理满意度

在促进国家环境治理体系的完善方面，公众参与日益成为一个关键因素。随着公众参与意识的提高，公众对环境治理的满意度已成为评价政府生态环境治理的重要组成部分。格林斯通和汉娜（Greenstone and Hanna，2014）指出，强有力的公众支持可以促使环境法规的成功，即使是在薄弱的机构中②。公众参与过程和结果的有效性将显著提高他们对政府环境治理效果的满意度③。通过分析政府环境措施，有学者发现居民的环境影响评估可以影响公众参与④。因此，提高公众参与环境治理的意识和行为，有助于促进政府环境治理工作的优化，提高居民的满意度。公众参与环境治理可以通过居民对生态环境的评价表现出来，因此，本书提出假说H10-2。

---

① 罗开艳，田启波. 环保行政透明度与环境治理满意度——基于CSS2013数据的研究 [J]. 贵州社会科学，2020（8）：158-168.

② Greenstone M，Hanna R. Environmental Regulations，Air and Water Pollution，and Infant Mortality in India [J]. The American Economic Review，2014，104（10）.

③ Guo J，Bai J. The Role of Public Participation in Environmental Governance：Empirical Evidence from China [J]. Sustainability，2019，11（17）.

④ Zhu D. Effects and Drawbacks of Environmental Impact Assessment in Avoiding NIMBY [J]. Ekoloji，2018，27（106）：149-154.

假说 H10 - 2：居民对生态环境问题的评价在环境信息公开与满意度中起到中介作用。

二、农村绿色治理信息公开对居民环保行为的影响

(一) 居民环保行为的影响因素

1. 宏观层面的影响因素

经济发展将会促进公众的环境意识和环保行为。繁荣假说认为：一个社会的财富与其公众对环境的关注程度和环保行为呈正相关关系[1]。随着经济发展，公众变得更加富裕，改善环境质量的需求和能力也会随之上升。政策工具的运用对环保行为存在一定影响。社会规范干预作为政策工具越来越受到关注[2]。运用描述性社会规范信息可对中国公众低成本、高成本环保行为决策实现有效干预[3]。法律的制定也能够对环境保护产生积极影响[4]。

技术环境的变化改变了公众获取环保信息的方式。互联网的发展和使用在分享知识方面发挥重要作用，这可以显著影响环保行为[5]。经验证据表明，大众媒体会通过提高个体对环保新闻的关注、增加参与

---

① 王玉君，韩冬临. 经济发展、环境污染与公众环保行为——基于中国 CGSS2013 数据的多层分析 [J]. 中国人民大学学报，2016，30 (2)：79 - 92.

② Farrow K, Grolleau G, Ibanez L. Social Norms and Pro-environmental Behavior：A Review of the Evidence [J]. Ecological Economics，2017，140：1 - 13.

③ 郑昱. 描述性社会规范信息对环保行为决策的干预分析及应用 [J]. 科技导报，2020，38 (12)：159 - 168.

④ Chen Y, Zhang J, Tadikamalla P R, et al. The Relationship among Government, Enterprise, and Public in Environmental Governance from the Perspective of Multi-Player Evolutionary Game [J]. International Journal of Environmental Research and Public Health，2019，16 (18).

⑤ Liu X, Wang Q - C, Jian I Y, et al. Are you an energy saver at home? The personality insights of household energy conservation behaviors based on theory of planned behavior [J]. Resources Conservation and Recycling，2021，174.

环保议题讨论和激发环保社会活动显著地正向影响公民的环保行为①②。

2. 微观层面的影响因素

在微观层面，公众的意识、主观心理意愿③、掌握的环境知识④、环境污染感知、保护动机、社会参与、满意度与个体资源等因素都会对其环保行为产生影响。环保认知是环境治理实践的前提，环保知识包括与自然环境相关的普遍性知识、概念和关系，还包括保护环境的做法与行为。环境关心、环保知识和环保规范对环保行为产生正向直接作用。而环保责任归因削弱了环境关心与环保行为的正向关系，起到抑制调节作用；环保效用感知则强化了环境关心、环保知识、环保规范与环保行为的正向关系，产生正向调节作用。居民的意识也起到了相当大的作用，例如，气候变化认知对环保支付意愿和减排行为均有显著的正向影响⑤。目前居民总体环保支付意愿不高，但高于减排行为意愿，说明为了保护环境，公众更愿意在经济上承受一定损失，而不愿意采取给生活带来不便的环保行为。

居民对环境的态度是环保重要性认知和个人主观感知的体现，环境保护的感知和重要性是影响个人环境资源保护的最重要因素。环保重要性认知对个人环保习惯和公共环保行为呈现显著正影响。农民改善环境关注水平、环境重要性认知等环境态度有助于改善自

① Ho S S, Liao Y, Rosenthal S. Applying the Theory of Planned Behavior and Media Dependency Theory: Predictors of Public Pro-environmental Behavioral Intentions in Singapore [J]. Environmental Communication-A Journal of Nature and Culture, 2015, 9 (1): 77 - 99.

② 金恒江, 余来辉, 张国良. 媒介使用对个体环保行为的影响——基于中国综合社会调查 (CGSS 2013) 数据的实证研究 [J]. 新闻大学, 2017, (2): 46 - 55 + 148.

③ 卢少云. 公民自愿主义、大众传媒与公共环保行为——基于中国 CGSS2013 数据的实证分析 [J]. 公共行政评论, 2017, 10 (5): 69 - 85 + 217.

④ 王惠娜, 邵玉香, 薛秋童. 城市居民环保责任归因、环保效用感知与环保行为研究 [J]. 华侨大学学报 (哲学社会科学版), 2018 (4): 128 - 140.

⑤ 邵慧婷, 罗佳凤, 费喜敏. 公众气候变化认知对环保支付意愿及减排行为的影响 [J]. 浙江农林大学学报, 2019, 36 (5): 1012 - 1018.

身环保行为①。公众对各级政府环保工作的满意度会影响其环保行为，主要表现为居民对中央政府环保工作的满意度会对环保行为产生负作用；地方政府环保工作满意度对其环保行为产生正向作用②。家庭收入的提升会促进公民的个体环保行为，但是会降低公共环保行为的可能性③。另外，教育程度是预测环保行为的重要因素之一。教育程度的提高能够让公民意识到环保行为的正向外部效应，有利于提升个体的公共环保行为④。

（二）政府环境信息公开与居民环保行为

1. 环境信息公开、环境污染与环保行为

政府环境信息公开能够有效缓解污染排放，降低碳排放水平，改善环境质量⑤。空气污染会阻碍经济发展，环境信息的公开有效地减少了对空气污染的隐瞒和不报告，使空气污染的负外部性通过政府加强环境治理得到了缓解。提高污染源信息公开水平将显著提高城市二氧化硫减排能力，验证"目标问责"和"后向强制效应"。另外，政府环境信息公开能够通过缓解污染物的排放进而减少对居民健康造成的损害。政府环境信息公开对居民健康水平的改善作用依赖于年龄、受教育程度等个体特征⑥。有学者提出政府环境信息公开对生态环境质量的改善作用

① 何兴邦. 社会互动与公众环保行为——基于CGSS（2013）的经验分析［J］. 软科学，2016，30（4）：98 – 100 + 10.
② 施生旭，甘彩云. 环保工作满意度、环境知识与公众环保行为——基于CGSS2013数据分析［J］. 软科学，2017，31（11）：88 – 92.
③ Hadler M. Global activism and nationally driven recycling: The influence of world society and national contexts on public and private environmental behavior［J］. International Sociology，2011，26（3）.
④ Meyer A. Does education increase pro-environmental behavior? Evidence from Europe［J］. Ecological Economics，2015，116.
⑤ 李永盛，张祥建，赵晓雷. 中国环境信息公开的时空演化特征及其影响因素［J］. 中国人口·资源与环境，2020，30（3）：106 – 114.
⑥ 田淑英，夏梦丽，许文立. 环境信息公开、污染与居民健康［J］. 安徽大学学报（哲学社会科学版），2020，44（6）：145 – 156.

存在显著的地区差异性①，信息公开对污染排放的抑制作用呈现"马太效应"，对东、中、西部地区和大、中、小城市的影响均依次递减。

公众的行为能够对环境污染产生影响。人类行为对生态系统有积极和消极的影响，有学者认为能源消耗的负行为比环境保护的正行为对生态系统的影响更密切，"节能"比"减排"更有效率。另外，环境污染对公众的环保行为存在显著的负向影响。例如，空气污染引发的负面情绪能够抑制人们投身环保行动的意愿，当人们被暴露在空气污染中时，其购买环保产品、从事回收利用、参与可持续旅行、向环境组织捐款的行为意向较弱②。

2. 环境信息公开与环保行为

环境信息公开是促进公民环保行为进而治理环境的重要有效工具③。政府环境信息公开能够有效提高当地居民参与环境治理的积极性，政府环境信息公开可以通过增强居民的环境认知和政府信任从而助推公众参与环境治理。格雷戈里等（Gregory et al., 2020）认为公共信息公开和公众参与之间具有条件性④。通过考虑数据可视化的不同方面，如基准点的选择可以让开放政府更有效地刺激公民参与。主动和被动环境信息可及性对居民环保行为的作用不同。具体来说，被动接收中央和地方政府传播的环境信息可以激励公众参与和支持一个假设的城市河流修复项目，而主动环境信息的作用往往相当有限。

已有的研究政府环境信息公开对居民环保行为的文献中，都说明了政府环境信息公开对居民环保行为具有显著的正向影响，未考虑到

---

① 杨万平，赵金凯. 政府环境信息公开有助于生态环境质量改善吗？ [J]. 经济管理，2018，40 (8)：5 – 22.

② Yaxin M, Huixin D, Xiaoyue W. The negative effect of air pollution on people's pro-environmental behavior [J]. Journal of Business Research, 2022, 142.

③ 范亚西. 环境信息公开会促进公民环保行为吗？——基于中国 CGSS 数据的实证分析 [J]. 生态经济，2020，36 (7)：197 – 203 + 15.

④ Porumbescu G A, Cucciniello M, Gil – Garcia J R. Accounting for citizens when explaining open government effectiveness [J]. Government Information Quarterly, 2020, 37 (2).

逃避责任动机理论，即政府环境信息公开可能会给部分居民带来逃避责任的心理，引发"搭便车"效应，从而抑制居民的环保行为，不利于环境污染治理。环境信息公开的作用机理在于，一是能够降低公民参与环境保护的成本，即通过信息公开降低公民获取环境污染相关信息的经济成本和时间成本，能够更加容易地监督企业的污染生产行为，参与监督政府环保政策的执行；二是能够提升公民对环境保护的重视，公民知晓相关环境污染的相关指标进而意识到环境保护的重要性，最终激发个体环保行为和公共环保行为；三是能够促进公民积极的政治参与行为，社会公众能够通过积极的政治参与行为，参与并影响环境政策的制订和执行。本书认为政府环境信息公开能够促进农村居民的环保行为，因此提出假说 H10 - 3。

假说 H10 - 3：政府环境信息公开对居民环保行为具有显著的正向影响。

（三）环境信息公开、居民环境关注与环保行为

许多研究已经证实，环境关注确实影响了各种环境保护的行为，如绿色采购行为、燃料消耗行为、能源使用等[1][2]。一般来说，环境关注是以环境友好的方式行事的关键[3]。根据瑞亚得等（Rhead et al.，2015）的研究[4]，环境关注与环境行为有关，即人们越关心环境，就越有可能从事对环境负责的行为，反之亦然[5]。根据认知一致性理论，对

---

① Veziroglu A, Macario R. Fuel cell vehicles: State of the art with economic and environmental concerns [J]. International Journal of Hydrogen Energy, 2010, 36 (1).

② Poortinga W, Steg L, Vlek C. Values, Environmental Concern, and Environmental Behavior: A Study Into Household Energy Use [J]. Environment & Behavior, 2004, 36 (1).

③ Han R, Xu J. A Comparative Study of the Role of Interpersonal Communication, Traditional Media and Social Media in Pro-Environmental Behavior: A China-Based Study [J]. International Journal of Environmental Research and Public Health, 2020, 17 (6).

④ Rhead R, Elliot M, Upham P. Assessing the structure of UK environmental concern and its association with pro-environmental behaviour [J]. Journal of Environmental Psychology, 2015, 43.

⑤ Magnier L, Schoormans J. Consumer reactions to sustainable packaging: The interplay of visual appearance, verbal claim and environmental concern [J]. Journal of Environmental Psychology, 2015, 44.

环境的关注将迫使人们从事适当的环境行为。一个人对环境问题的意识越强，就越有可能鼓励可持续消费的习惯。在大多数的研究中，环境问题被看作中介变量。个人环境关注对环境保护意向的个人经验有中介影响[1]。此外，环境问题也已经被证明是废物分类和绿色消费行为之间的中介[2]。另外，公众的环境关注被证明对人们的环境参与没有显著影响[3]。关于环境关注对环保行为的影响仍有疑问。无论是直接还是通过其他变量，环境关注与环保行为之间的关系也已经被重要的研究证实，因此提出假说 H10 - 4。

假说 H10 - 4：居民的环境关注对政府环境信息公开与环保行为具有中介效应。

第三节 研究设计

一、模型构建

（一）最小二乘法（OLS）

$$satisfaction_i = C + \beta_1\, disclosure_i + \beta_2 x_i + \varepsilon_i$$

式中，被解释变量为当地农村居民对政府环境治理的满意度（satisfac-

---

① Deborah S, Eran H, Michal R T. Personal Experience with Covid-19 is Associated with Increased Environmental Concern and Pro-Environmental Behavioral Intentions [J]. Current Research in Ecological and Social Psychology, 2022, 3.

② Song Y, Zhao C, Zhang M. Does haze pollution promote the consumption of energy-saving appliances in China? An empirical study based on norm activation model [J]. Resources, Conservation & Recycling, 2019, 145.

③ Hang Y, Yixiong H, Kuiming W. How Do Environmental Concerns and Governance Performance Affect Public Environmental Participation: A Case Study of Waste Sorting in Urban China [J]. International Journal of Environmental Research and Public Health, 2021, 18 (19).

tion）；C 为常数项；解释变量为当地政府对环境政策的公开度（disclo-sure）；x 为控制变量，包含居民的个体特征，分别由年龄（age）、性别和婚姻状况（sex）、职业（occ）、工作场所（wp）、受教育程度（edu）、家庭收入（income）、家庭消费（cons）组成；ε 则为随机扰动项。

$$behavior_i = C + \beta_1 disclosure_i + \beta_2 x_i + \varepsilon_i$$

式中，被解释变量为当地农村居民的环保行为（behavior）；C 为常数项；解释变量为当地政府对环境政策的公开度；x 为控制变量，包含居民的个体特征，分别为年龄、性别和婚姻状况、职业、工作场所、受教育程度、家庭收入、未来居住地（fr）、户籍所在地（hrl）；ε 则为随机扰动项。

（二）有序 logit 模型

通过建立有序 logit 回归模型，探究农村政府环境信息公开对居民对当地环境治理的满意度以及居民环保行为的影响。由于本书中使用的被解释变量的选择梯度不符合一般二元 logit 回归模型的取值条件要求；也没有涉及时间序列，无法运用面板数据、时间序列数据的方法进行实证分析；本书中选择的被解释变量在赋值时采用的是李克特量表法，故而适合采用有序 logit 回归模型进行研究分析。有序 logit 回归模型一般公式如下：

$$logit(p_j) = ln\left(\frac{p_j}{1 - p_j}\right) = \alpha_j + \beta_1 x_1 + \beta_2 x_2 + \cdots + \beta_n x_n$$

$p_j = p(y \leqslant j \mid x)$，表示 y 取前 j 个值的累积概率。累积概率函数为：

$$p_j = p(y \leqslant j \mid x) = \begin{cases} \dfrac{exp(aj + bx)}{1 + exp(aj + bx)}, & 1 \leqslant j \leqslant k - 1 \\ 1, & j = k \end{cases}$$

二、数据来源

（一）问卷设计

在问卷设计环节，本书以浙江省内农村居民为主要研究对象，为更直观反映乡村振兴战略下浙江省农村环境信息公开对居民环境治理满意度与其环保行为的影响，选取杭州市、嘉兴市、金华市、温州市、绍兴市作为问卷发放地点。同时，通过分层抽样所选取的五个代表性城市，基本可代表浙江省不同经济发展水平的地级市，可减小浙江省不同地区的地理差异，确保研究的完整性和全面性。

本书通过对居民环境治理满意度与其环保行为的调研，确定了需要设计的问卷结构，具体如下所示：

（1）开头标题加粗，增强被调查者的兴趣，高度概括问卷内容。同时，注明本卷所有选择题均为单项选择题，提高问卷可利用率。

（2）问卷全部为闭合性问题，不涉及开放性问题，降低被调查者回答难度，避免答题者在回答问题时，产生应付、不耐烦心理，也可使问卷答案更加标准化。

（3）在选项设置方面，列举尽可能全面的选项。能够度量的选项按顺序排列，便于后期数据录入时能直观体现程度高低。此外，尽量减少详细的选项，减少被调查者的作答压力，从而得到较高的回复率和较少的回答修饰。

（4）设计问卷时，将被调查者基本信息放到最后，一方面，可以避免一开始就涉及自身隐私而引起被调查者的警惕心理，另一方面，有了前十七道题的答题经验，被调查者会更容易将基本信息当作题目完成，而不是对答案有所保留，以便提高问卷的有效回收率，同时被调查者基本信息的开头设置前言部分，简洁明了地向被调查者介绍该项目的背景知识，并承诺问卷信息仅用于学术研究，在一定程度上也有利于降低被调查者的警惕程度。

（5）由于该问卷涉及大量李克特量表，要求调查人员及时向调查对象解释填写规则，提高有效问卷数量。

（6）在问卷末尾设置问卷编号，在问卷末尾设置访问员、问卷时间、问卷类型以及问卷编号，以便查找数据。

（二）抽样方案

对于浙江省全区域内的调查对象，考虑到总体规模大、分布范围广的特点，因而本书在获取数据时采用多阶段混合抽样方法，且根据不同阶段的特点，综合使用多种随机抽样方法。

第一阶段：分层抽样。由于浙江省11个城市发展差异较大，在浙江省全域内抽样满足层间差异大、层内差异小的原则，因此在第一阶段将以各地级市人均GDP为指标，分层抽取浙江省下辖市级行政区样本。

第二阶段：简单随机抽样。在第一阶段所抽中的城市中，随机抽取市辖区县样本。

第三阶段：简单随机抽样。将第二阶段抽取的县级市编码，从被抽中的每个区县内，随机抽取街道/城镇/乡样本。

第四阶段：偶遇抽样。采用偶遇抽样随机抽取调查对象，进行问卷发放。

（三）变量设计与定义

本章研究中变量的类型、定义、赋值情况如表10-1所示。

表10-1　　　　　　　　　　变量定义

变量类型	变量名称	变量定义	变量赋值
被解释变量	satisfaction	环境治理满意度	调查了对于生态环境治理的满意度，分为1~7七个梯度，从"非常不满意"到"非常满意"
	behavior	环保行为	过去一年参加环保志愿活动次数

续表

变量类型	变量名称	变量定义	变量赋值
解释变量	disclosure	环境信息公开	乡村振兴战略、美丽中国战略、诗画浙江大花园建设三个环境政策的综合指标
	rev	乡村振兴战略	调查了解程度，分为 1~7 七个梯度，从"非常不了解"到"非常了解"，反映出当地政府对该政策的公开程度
	bea	美丽中国战略	调查了解程度，分为 1~7 七个梯度，从"非常不了解"到"非常了解"，反映出当地政府对该政策的公开程度
	poe	诗画浙江大花园建设	调查了解程度，分为 1~7 七个梯度，从"非常不了解"到"非常了解"，反映出当地政府对该政策的公开程度
控制变量	age	年龄	1 = 16~20 岁，2 = 21~30 岁，3 = 31~40 岁，4 = 41~50 岁，5 = 51~60 岁，6 = 60 岁以上
	sex	性别和婚姻状况	1 = 女性已婚，2 = 女性未婚，3 = 男性已婚，4 = 男性未婚
	occ	职业	不同职业对环境污染的看法不同。1 = 务农，2 = 有污染排放的企业，3 = 无污染排放的企业，4 = 学生，5 = 社会组织或团体，6 = 从事非环保工作的党政机关、事业单位，7 = 环保系统工作的党政机关、事业单位，8 = 其他
	wp	工作场所	1 = 室内，2 = 室外
	edu	受教育程度	教育程度与受访者的环保认知、家庭收入等具有联系。1 = 小学及以下，2 = 初中，3 = 高中/中专/技校，4 = 大专，5 = 本科，6 = 硕士及以上
	income	家庭年收入	家庭收入与环保支出有联系。1 = 5 万元以下，2 = 5 万~10 万元，3 = 10 万~20 万元，4 = 20 万~30 万元，5 = 30 万~40 万元，6 = 40 万~50 万元，7 = 50 万元以上
	cons	家庭年消费	家庭消费与环保支出有联系。1 = 5 万元以下，2 = 5 万~10 万元，3 = 10 万~20 万元，4 = 20 万~30 万元，5 = 30 万~40 万元，6 = 40 万~50 万元，7 = 50 万元以上

续表

变量类型	变量名称	变量定义	变量赋值
控制变量	fr	未来三年居住地	1 = 长期定居，2 = 探亲或度假，3 = 希望长期定居，4 = 搬迁离开，5 = 不会再来
	hrl	户籍所在地	1 = 本地，2 = 外地迁入（3 年以内），3 = 外地迁入（3 年以上），4 = 外地

三、描述性统计

表 10 - 2 报告了模型中的变量名称、样本量、均值、标准差、最小值以及最大值。

表 10 - 2　　　　　　　　　　变量的描述性统计

变量名称	样本量	均值	标准差	最小值	最大值
satisfaction	773	5.239	1.193	1	7
behavior	783	1.41	2.35	0	26
rev	773	4.42	1.72	1	7
bea	773	4.35	1.77	1	7
poe	773	3.74	1.83	1	7
age	783	2.54	1.40	1	6
sex	773	2.38	1.07	1	4
occ	781	4.60	2.18	1	8
wp	774	1.14	0.34	1	2
edu	781	3.87	1.36	1	6
income	781	3.20	1.47	1	7
cons	781	2.383	1.197	1	7
hrl	783	1.40	0.94	1	4
fr	782	1.56	0.95	1	5

第四节　实　证　结　果

一、农村绿色治理信息公开与居民环境治理满意度

在研究农村环境信息公开对居民环境治理满意度的影响时，本书分别使用 OLS 模型和有序 logit 模型进行分析，观察结果是否存在统一性和一致性，最后进行了相关的稳健性检验、异质性分析和中介效应检验，使本书得出的结论更具有可靠性。

（一）基准结果

根据模型设定与变量设计，本书通过两个指标来反映农村政府环境信息公开情况，分别是对国家乡村振兴战略的公开程度（rev）和对浙江省"诗画浙江"大花园建设的公开程度（poe）。结果如表 10 - 3所示，居民的环境治理满意度与浙江省对国家乡村振兴战略的公开程度和对浙江省"诗画浙江"大花园建设的公开程度是显著正相关的。因此，可以说明居民环境治理满意度与环境信息公开是呈显著正相关的。这表明当农村政府环境信息公开的程度越大，居民对当地环境治理的满意度越高，当环境信息不被农村居民所了解的时候，居民对环境治理的满意度也会大大降低。

表 10 - 3　　环境信息公开对居民环境治理满意度影响的回归结果

变量	(1) satisfaction	(2) satisfaction	(3) satisfaction	(4) satisfaction
rev	0. 113 *** (0. 0308)	0. 113 *** (0. 0337)	0. 220 *** (0. 0548)	0. 220 *** (0. 0583)

续表

变量	(1) satisfaction	(2) satisfaction	(3) satisfaction	(4) satisfaction
poe	0. 230 *** (0. 0284)	0. 230 *** (0. 0305)	0. 401 *** (0. 0521)	0. 401 *** (0. 0545)
age	0. 0461 (0. 0398)	0. 0461 (0. 0414)	0. 116 * (0. 0703)	0. 116 (0. 0715)
sex	0. 0583 (0. 0393)	0. 0583 (0. 0401)	0. 0942 (0. 0694)	0. 0942 (0. 0716)
occ	− 0. 0197 (0. 0189)	− 0. 0197 (0. 0203)	− 0. 0367 (0. 0341)	− 0. 0367 (0. 0381)
wp	− 0. 226 (0. 140)	− 0. 226 (0. 157)	− 0. 402 (0. 256)	− 0. 402 (0. 300)
edu	− 0. 0698 * (0. 0396)	− 0. 0698 * (0. 0392)	− 0. 110 (0. 0694)	− 0. 110 (0. 0703)
income	0. 0760 * (0. 0425)	0. 0760 * (0. 0437)	0. 130 * (0. 0764)	0. 130 (0. 0837)
cons	− 0. 153 *** (0. 0505)	− 0. 153 *** (0. 0523)	− 0. 246 *** (0. 0911)	− 0. 246 ** (0. 100)
Constant	4. 358 *** (0. 324)	4. 358 *** (0. 343)		
Observations	703	703	703	703

注: 1. (1) (3) 括号内为标准误, (2) (4) 括号内为稳健标准误;
    2. ***, **, * 表示在 1%, 5% 和 10% 的水平下显著。

(二) 稳健性检验

本书通过逐步加入控制变量的方法进行稳健性检验。如表 10 - 4 所示, 居民环境治理满意度 (satisfaction) 为被解释变量, 政府对环境信息的公开程度 (rev, poe) 为解释变量。①将被调查者的年龄 (age)、性别和婚姻状况 (sex)、职业 (occ)、工作场所 (wp) 作为控制变量进行回归; ②继续加入被调查者的受教育程度 (edu) 这一控制变量进行回归; ③继续加入被调查者的家庭年均收入 (income) 进行回归; ④最后加入被调查者的家庭年均消费 (cons) 进行回归, 观察农村居民环境治理满意度与政府环境信息公开结果的稳健性。

控制变量个数从 4 个逐步增加到 7 个，由表 10 - 4 的回归结果可知，政府环境信息公开与居民环境治理满意度依然有显著正向关系，表明结果具有稳健性。

表 10 - 4   **稳健性检验结果**

变量	(1) satisfaction	(2) satisfaction	(3) satisfaction	(4) satisfaction
rev	0.113 *** (0.0332)	0.123 *** (0.0333)	0.124 *** (0.0335)	0.113 *** (0.0337)
poe	0.223 *** (0.0302)	0.220 *** (0.0300)	0.220 *** (0.0301)	0.230 *** (0.0305)
age	0.0971 *** (0.0353)	0.0555 (0.0417)	0.0553 (0.0418)	0.0461 (0.0414)
sex	0.0521 (0.0395)	0.0565 (0.0395)	0.0594 (0.0405)	0.0583 (0.0401)
occ	− 0.0181 (0.0200)	− 0.0187 (0.0201)	− 0.0177 (0.0202)	− 0.0197 (0.0203)
wp	− 0.155 (0.152)	− 0.212 (0.153)	− 0.219 (0.154)	− 0.226 (0.157)
edu		− 0.0765 ** (0.0387)	− 0.0729 * (0.0390)	− 0.0698 * (0.0392)
income			− 0.0174 (0.0305)	0.0760 * (0.0437)
cons				− 0.153 *** (0.0523)
Constant	3.793 *** (0.248)	4.217 *** (0.336)	4.248 *** (0.340)	4.358 *** (0.343)
Observations	703	703	703	703
R - squared	0.230	0.234	0.234	0.244

注：括号内为稳健标准误，***，**，* 表示在 1%，5% 和 10% 的水平下显著。

（三）异质性分析

在劳动力市场中，受教育程度对员工的工作满意度有正向影响，且员工的就业质量对其受教育程度与工作满意度的关系有中介效应[①]。基于此，本书聚焦于受教育程度这一控制变量，研究政府环境信息公开对居民环境治理满意度的影响因受教育程度不同而异的问题。

如表 10－5 所示，回归结果显示在被调查者的受教育程度为小学、初中、高中/中专/技校、大专、本科、硕士及以上时政府环境信息公开对农村居民环境治理满意度有显著正向影响。同时，受教育程度为高中/中专/技校的被调查者，年龄对居民环境治理满意度有显著的正向影响，工作场所对居民环境治理满意度有显著的负向影响；受教育程度为大专的被调查者，职业对居民环境治理满意度具有显著的负向影响；受教育程度为本科的被调查者，家庭年均收入对居民环境治理满意度具有显著的正向影响，家庭年均消费对环境治理满意度具有显著的负向影响。

表 10－5　　　　　　　　受教育程度的异质性分析结果

变量	（1）satisfaction	（2）satisfaction	（3）satisfaction	（4）satisfaction	（5）satisfaction	（6）satisfaction
rev	0.313 (0.188)	0.167 ** (0.0805)	0.0806 (0.0930)	0.310 *** (0.0656)	0.0473 (0.0482)	0.351 (0.194)
poe	0.0639 (0.178)	0.186 ** (0.0831)	0.192 ** (0.0827)	0.116 * (0.0599)	0.253 *** (0.0458)	0.259 ** (0.106)
age	0.0339 (0.171)	0.0860 (0.0872)	0.206 ** (0.0793)	－ 0.0319 (0.0907)	－ 0.0374 (0.0983)	－ 0.0656 (0.200)
sex	0.0151 (0.158)	－ 0.0639 (0.114)	0.116 (0.106)	0.00191 (0.0809)	0.105 * (0.0608)	－ 0.00335 (0.249)
occ	0.0928 (0.0913)	0.0112 (0.0347)	－ 0.0391 (0.0366)	－ 0.106 ** (0.0497)	－ 0.0164 (0.0497)	－ 0.0389 (0.154)
wp	0.418 (0.516)	0.116 (0.261)	－ 1.306 *** (0.355)	0.227 (0.292)	0.554 * (0.305)	－ 0.283 (0.565)
income	－ 0.414 * (0.242)	－ 0.00170 (0.0883)	0.0109 (0.118)	0.180 (0.128)	0.164 *** (0.0580)	0.291 (0.336)

① 白芸，章慧文. 受教育程度对工作满意度的影响机理研究——以就业质量为中介变量 [J]. 市场周刊（理论研究），2017（6）：126－128.

续表

变量	(1) satisfaction	(2) satisfaction	(3) satisfaction	(4) satisfaction	(5) satisfaction	(6) satisfaction
cons	0.449 (0.341)	0.0179 (0.0884)	-0.192 (0.133)	-0.187 (0.119)	-0.257*** (0.0791)	0.144 (0.471)
Constant	2.684*** (0.882)	3.604*** (0.636)	5.519*** (0.595)	3.775*** (0.588)	3.361*** (0.490)	1.151 (2.201)
Observations	49	108	97	111	322	16
R-squared	0.305	0.239	0.360	0.416	0.212	0.835

注：括号内为稳健标准误，***，**，* 表示在1%，5%和10%的水平下显著。

(四) 机制讨论

为了进一步探讨政府环境信息公开对居民环境治理满意度的影响机制，本书继续检验居民对周边生态环境问题的评价这一中介变量对二者关系的中介效应，实证结果如表10-6所示。其中，列 (2) 显示，解释变量（poe）对中介变量（evaluate）有显著的正向影响，表明农村地区环境信息公开程度越大时，居民会普遍认为周边的生态环境问题在逐渐变好，从而给予积极的评价；列 (1) 结果显示，中介变量（evaluate）对被解释变量（satisfaction）有显著的正向影响，表明当居民认为周边的生态环境问题在慢慢变好时，他们对政府环境治理的满意度就越高。因此，根据中介变量的判断标准，将农村地区居民关于周边环境污染问题的评价作为中介变量会对政府环境信息公开与居民环境治理满意度的关系产生作用。

表10-6 中介效应检验结果

变量	(1) satisfaction	(2) evaluate	(3) satisfaction
rev		0.00136 (0.0329)	0.114*** (0.0321)

变量	(1) satisfaction	(2) evaluate	(3) satisfaction
poe		0.122 *** (0.0305)	0.189 *** (0.0294)
age	0.113 ** (0.0439)	8.87e−05 (0.0405)	0.0460 (0.0395)
sex	0.0502 (0.0424)	−0.0120 (0.0352)	0.0622 (0.0382)
occ	0.00447 (0.0213)	−0.0235 (0.0177)	−0.0120 (0.0193)
wp	−0.263 (0.165)	0.0410 (0.133)	−0.240 (0.152)
edu	0.00140 (0.0422)	−0.0477 (0.0382)	−0.0541 (0.0380)
income	0.0703 (0.0486)	0.0785 * (0.0435)	0.0502 (0.0444)
cons	−0.116 * (0.0602)	−0.0737 (0.0491)	−0.128 ** (0.0531)
evaluate	0.429 *** (0.0413)		0.329 *** (0.0386)
Constant	2.845 *** (0.416)	5.129 *** (0.323)	2.670 *** (0.382)
Observations	703	703	703
R − squared	0.160	0.059	0.318

注: 括号内为稳健标准误; ***, **, * 分别表示在 1%, 5% 和 10% 的水平下显著。

二、农村绿色治理信息公开与居民环保行为

(一) 基准结果

这一部分旨在分析政府环境信息公开对农村居民环保行为的影响, 实证结果见表 10-7。模型 (1) 报告了以政府对"乡村振兴战略"的

公开程度（rev）为核心解释变量；以农村居民的环保行为（behavior）为被解释变量，并同时控制年龄（age）、性别和婚姻状况（sex）、职业（occ）、工作场所（wp）、受教育程度（edu）、家庭年收入（income）、户籍所在地（hrl）、未来居住地（fr）等变量的 OLS 回归结果。模型（2）使用同样的被解释变量、解释变量和控制变量进行了有序 Logit 回归，模型（3）进行了 probit 回归。

　　模型（1）、模型（2）和模型（3）的分析结果均表明，政府对"乡村振兴战略"的信息公开对农村居民环保行为具有显著的正向影响，即政府的环境信息公开程度越高，越能促进农村居民的环保行为。可能是因为政府将环境政策及时公开能够提高居民对环境污染的重视，将污染指标信息公开能够使居民意识到参与环境保护的重要性，从而激发环保行为。三个模型的回归结果在影响系数上有所差异。有序 logit 回归中环境信息公开的影响系数最高，OLS 回归中影响系数其次。控制变量中，OLS 回归结果显示年龄对农村居民环保行为具有显著的正向影响，说明年龄越大的居民，参加环境保护越积极。

表 10 – 7　　　环境信息公开对居民环保行为影响的回归结果

变量	（1） behavior	（2） behavior	（3） behavior
rev	0. 290 *** （0. 0418）	0. 313 *** （0. 0432）	0. 193 *** （0. 0285）
age	0. 232 ** （0. 100）	0. 0529 （0. 0696）	0. 0318 （0. 0478）
sex	0. 116 （0. 0886）	0. 0560 （0. 0694）	0. 0376 （0. 0470）
occ	－ 0. 0515 （0. 0515）	－ 0. 00955 （0. 0337）	－ 0. 00597 （0. 0225）
wp	0. 0137 （0. 375）	0. 0569 （0. 242）	0. 154 （0. 164）
edu	0. 00480 （0. 0716）	－ 0. 0202 （0. 0711）	0. 00315 （0. 0485）

续表

变量	(1) behavior	(2) behavior	(3) behavior
income	0.0111 (0.0666)	0.0129 (0.0511)	0.0302 (0.0342)
hrl	−0.0783 (0.0767)	−0.0718 (0.0785)	−0.0322 (0.0527)
fr	0.0764 (0.0764)	0.109 (0.0794)	0.0453 (0.0548)
Constant	−0.560 (0.729)		−1.291 *** (0.392)
Observations	752	752	752
R−squared	0.064		

注：括号内为稳健标准误，＊表示 $p<0.1$，＊＊表示 $p<0.05$，＊＊＊表示 $p<0.01$。

（二）稳健性检验

继续通过逐步加入控制变量的方法来进行稳健性检验，结果如表 10-8 所示。列（1）报告了控制住年龄（age）、性别和婚姻状况（sex）、职业（occ）、工作场所（wp）、受教育程度（edu）5 个解释变量时的回归结果；列（2）为在列（1）的基础上，引入家庭年收入（income）作为控制变量后的回归结果；列（3）至（6）为依次引入户籍所在地（hrl）、未来居住地（fr）、家庭生育情况（child）、家庭患疾病情况（ill）作为控制变量后的回归结果。列（1）至（6）的分析结果表明，控制住年龄（age）、性别和婚姻状况（sex）、职业（occ）、工作场所（wp）、受教育程度（edu）、家庭年收入（income）、户籍所在地（hrl）、未来居住地（fr）、家庭生育情况（child）、家庭患疾病情况（ill）时，浙江省农村居民环保行为与浙江省乡村政府对"乡村振兴战略"的信息公开依然呈显著正相关关系，说明结果具有稳健性。农村居民的环保行为与年龄的关系随着控制变量的增加依然呈显著正相关关系，说明农村居民的年龄对环保行为具有正向影响这一结果稳健。

表 10-8　　　　　　　　　　稳健性检验结果

变量	(1) behavior	(2) behavior	(3) behavior	(4) behavior	(5) behavior	(6) behavior
rev	0.293*** (0.0419)	0.292*** (0.0420)	0.289*** (0.0417)	0.290*** (0.0418)	0.288*** (0.0425)	0.292*** (0.0432)
age	0.225** (0.100)	0.232** (0.101)	0.230** (0.100)	0.232** (0.100)	0.231** (0.101)	0.229** (0.102)
sex	0.112 (0.0858)	0.114 (0.0887)	0.117 (0.0885)	0.116 (0.0886)	0.120 (0.0900)	0.110 (0.0919)
occ	-0.0495 (0.0492)	-0.0545 (0.0503)	-0.0550 (0.0503)	-0.0515 (0.0515)	-0.0527 (0.0516)	-0.0419 (0.0526)
wp	0.0148 (0.370)	0.00540 (0.375)	0.00628 (0.375)	0.0137 (0.375)	0.0203 (0.375)	-0.0832 (0.361)
edu	0.0136 (0.0712)	0.00998 (0.0712)	0.0145 (0.0710)	0.00480 (0.0716)	0.00715 (0.0721)	-0.0254 (0.0705)
income		0.0117 (0.0665)	0.0128 (0.0666)	0.0111 (0.0666)	0.0139 (0.0670)	0.0288 (0.0720)
hrl			-0.0572 (0.0749)	-0.0783 (0.0767)	-0.0762 (0.0773)	-0.0811 (0.0777)
fr				0.0764 (0.0764)	0.0796 (0.0771)	0.0939 (0.0779)
child					-0.0911 (0.222)	-0.0509 (0.223)
ill						-0.0930 (0.0972)
Constant	-0.544 (0.707)	-0.552 (0.727)	-0.482 (0.723)	-0.560 (0.729)	-0.475 (0.787)	-0.348 (0.784)
Observations	754	753	753	752	750	730
R-squared	0.062	0.063	0.064	0.064	0.064	0.068

注：括号内为稳健标准误，* 表示 $p<0.1$，** 表示 $p<0.05$，*** 表示 $p<0.01$。

（三）异质性分析

1. 居民年龄的异质性分析

结合上述分析结果可知，居民的年龄对其环保行为具有显著的正向影响，因此，对居民的年龄进行分组回归，结果如表 10 - 9 所示。模型（1）到模型（6）分别表示对年龄为 16 ~ 20 岁、20 ~ 30 岁、30 ~ 40 岁、40 ~ 50 岁、50 ~ 60 岁和 60 岁以上的居民的问卷数据的回归结果。分析表明，除 60 岁以上的居民之外，政府对相关环境政策的公开对居民的环保行为具有显著的正向影响，可能是因为 60 岁以上人群多存在受教育水平程度低、不识字的情况，针对这类高龄居民，政府应采取相对应的方式激发高龄居民的环保行为。

表 10 - 9　　　　　　　　　居民年龄的异质性分析结果

变量	(1) behavior	(2) behavior	(3) behavior	(4) behavior	(5) behavior	(6) behavior
rev	0.245*** (0.0629)	0.321*** (0.0808)	0.217* (0.116)	0.258*** (0.0986)	0.490* (0.281)	0.924 (1.211)
sex	0.162 (0.121)	0.167 (0.147)	-0.136 (0.188)	-0.0389 (0.189)	0.803 (0.651)	-0.381 (1.592)
occ	-0.155 (0.115)	0.300** (0.121)	-0.113 (0.102)	-0.0375 (0.0580)	-0.522 (0.322)	0.344 (0.407)
wp	1.664 (1.912)	-0.462 (0.560)	1.686* (1.005)	-0.514 (0.345)	-1.943 (1.274)	4.160 (3.690)
edu	-0.0960 (0.143)	-0.00259 (0.152)	0.148 (0.214)	0.281** (0.133)	0.733 (0.739)	-0.556 (2.106)
income	0.123 (0.0755)	0.0623 (0.111)	-0.384 (0.255)	-0.515*** (0.127)	0.568 (1.045)	0.285 (1.325)
hrl	-0.113 (0.107)	-0.0490 (0.193)	-0.000959 (0.230)	-0.164 (0.152)	0.641* (0.362)	-0.434 (1.846)
fr	0.114 (0.116)	0.188 (0.136)	0.271 (0.304)	-0.315 (0.231)	-0.132 (1.306)	-0.303 (1.501)
Constant	-1.302 (2.296)	-1.988 (1.653)	-0.423 (1.249)	2.673*** (0.928)	-0.283 (3.221)	-6.192 (5.407)
Observations	217	218	91	151	56	19
R - squared	0.110	0.137	0.155	0.143	0.161	0.280

注：括号内为稳健标准误，* 表示 $p < 0.1$，** 表示 $p < 0.05$，*** 表示 $p < 0.01$。

2. 受教育程度的异质性分析

由于受教育程度不同可能会通过影响居民的环保意识或环保认知从而影响居民的环保行为，因此本书对受教育程度进行分组回归，观察受教育程度不同的居民的环保行为与环境信息公开的关系。选取浙江省乡村政府对国家"乡村振兴战略"的信息公开程度作为核心解释变量，回归结果如表 10-10 所示。模型（1）至模型（6）分别报告了环境信息公开对受教育程度在"小学及以下""初中""高中/中专/技校""大专""本科""硕士及以上"的居民的环保行为影响的回归结果。分析结果表明，受教育程度为"初中""高中/中专/技校""大专""本科"的居民，其环保行为与政府环境信息公开呈正相关关系，且在1%的水平上显著；而受教育程度为"小学及以下"的居民，环境信息公开对其环保行为没有显著影响，这可能与受教育水平低所导致的环保意识较低有关。

表 10-10　　　　　　　　受教育程度的异质性分析结果

变量	（1）behavior	（2）behavior	（3）behavior	（4）behavior	（5）behavior	（6）behavior
rev	0.0811 (0.120)	0.464 *** (0.169)	0.281 *** (0.101)	0.357 *** (0.0941)	0.257 *** (0.0557)	0.377 (0.238)
age	-0.0634 (0.116)	0.453 (0.395)	0.442 ** (0.196)	0.272 (0.288)	-0.0870 (0.134)	-0.590 (0.409)
sex	-0.0780 (0.169)	-0.0648 (0.382)	0.301 (0.256)	-0.00386 (0.196)	0.181 (0.115)	-0.0333 (0.329)
occ	-0.0289 (0.0685)	-0.195 (0.135)	-0.0506 (0.137)	-0.315 *** (0.113)	0.314 ** (0.133)	0.208 (0.299)
wp	-0.326 (0.449)	0.334 (0.795)	-1.247 * (0.643)	1.756 (1.483)	0.408 (0.820)	2.588 * (1.261)
income	0.0265 (0.148)	0.252 (0.454)	-0.253 * (0.135)	-0.119 (0.160)	0.111 (0.0718)	-0.162 (0.583)
hrl	0.712 (0.696)	-0.393 (0.242)	0.184 (0.186)	-0.148 (0.207)	-0.0362 (0.111)	-0.362 (0.285)

续表

变量	(1) behavior	(2) behavior	(3) behavior	(4) behavior	(5) behavior	(6) behavior
fr	-0.515 (0.567)	-0.497 (0.321)	-0.0315 (0.335)	0.152 (0.169)	0.161 (0.103)	0.570 (0.590)
Constant	1.127 (0.971)	-0.937 (2.680)	0.728 (1.463)	-0.606 (1.570)	-2.663** (1.307)	-2.125 (4.822)
Observations	50	117	104	123	341	17
R - squared	0.152	0.105	0.146	0.185	0.107	0.704

注：括号内为稳健标准误，* 表示 $p < 0.1$，** 表示 $p < 0.05$，*** 表示 $p < 0.01$。

（四）机制讨论

为探究环境信息公开是否能通过作用于居民环保认知从而对居民环保行为产生影响，本书以环保认知作为中介变量，探究居民环保认知对其环保行为的中介作用。如表 10 – 11 所示，第（1）列解释了总效应，第（2）列解释中介效应的影响作用，即间接效应的影响作用，第（3）列解释了直接效应的影响作用。第（2）列中结果显示环境信息公开对居民环保认知的估计系数为 0.094，且在 1% 的水平上显著为正，表明环境信息公开提高了居民的环保认知，这与前文的理论预期相符。

表 10 – 11 中介效应检验

变量	(1) behavior	(2) awareness	(3) behavior
rev	0.290*** (0.0508)	0.094*** (0.0191)	0.309** (0.0515)
awareness			-0.202** (0.0974)
age	0.231*** (0.0866)	0.004 (0.0326)	0.232*** (0.0864)

变量	（1） behavior	（2） awareness	（3） behavior
sex	0.117 (0.0853)	−0.053 * (0.0322)	0.106 (0.0853)
occ	−0.051 (0.0409)	0.030 ** (0.0154)	−0.045 (0.0409)
wp	0.018 (0.2991)	−0.020 (0.1128)	0.014 (0.2985)
edu	0.004 (0.0884)	0.047 (0.0333)	0.014 (0.0884)
income	0.012 (0.0622)	−0.024 (0.0235)	0.007 (0.0621)
hrl	−0.078 (0.0964)	0.024 (0.0363)	−0.073 (0.0962)
fr	0.078 (0.0994)	−0.018 (0.0375)	0.074 (0.0992)
Constant	−0.572 (0.7138)	6.008 *** 0.2691	0.639 (0.9217)
Observations	749	749	749
R−squared	0.0635	0.0506	0.0689

注：括号内为稳健标准误，* 表示 $p < 0.1$，** 表示 $p < 0.05$，*** 表示 $p < 0.01$。

第五节　研究结论和政策含义

一、研究结论

本书利用问卷基于对浙江省农村地区的调查数据，通过构建有序 logit 模型探究政府环境信息公开对农村居民环境治理满意度与环保行为的影响。实证结果表明政府环境信息公开对居民的环境治理满意度和环保行为均具有显著的正向影响，且均在 1% 的水平上显著。具体来说，政府对相关环境政策的公开能够使农村居民接触到平时忽略的环境信息、环保政策，可以有效提高居民对环境信息的了解程度，使居民意识到环境治理的重要性，提高其环境治理满意的程度，也促进了农村居民的环保行为。另外，由中介效应检验可知，居民对生态环境问题的评价在环境信息公开与满意度中起到中介作用；居民的环境关注对政府环境信息公开与环保行为具有中介效应。

二、政策含义

基于上述研究结论，为提高居民环境治理满意度、引导农村居民积极参与环保行为，促进农村地区环境治理，本书提出以下政策建议。

（一）优化政府环境治理职能，完善环境信息公开法律法规

党的十八大以来，全面深化改革和全面依法治国不断深入，国家治理体系和治理能力现代化成为目标。环境方面，目前我国环境信息公开方面的相关法律法规不够完善，强制性较弱。农村政府对环境信息的低公开或不公开、不透明的做法使居民无法感知到环境污染的严重性和环境治理的紧迫性，同时也使得农村居民普遍缺乏环境认知。

政府应当继续加强环境治理工作，既要注重环境治理政策和行为的良性产出结果，又要以主动作为的方式减轻环境污染程度，比如，提高农村地区生活污水收集、处置能力，严格土壤污染源头防控，加强农业面源污染治理，有序推进农村生活垃圾分类等，以此来优化政府环境治理职能，让公众以直接真实的方式感受生态环境质量的改进与提升。

政府应当及时完善有关环境信息公开的法律法规，保证其必要性和强制性，同时给予政府自上而下和自下而上的舆论压力，督促政府

及时公开环境信息，提高农村居民的环境认知，从而促进农村居民自发地参与环境保护，这有助于农村环境治理。

（二）注重环境治理政策落地的系统性、整体性与协同性

环境信息公开作为一种可以有效改善生态环境的途径，也可以提升地方政府绩效。因此，地方政府应当加强相关生态指标的核算统计能力与水平，提高监测人员业务素质，深化信息公开平台建设。同时，可以建立信息公开制度专项资金，增加环境信息公开内容的深度性，保障公开内容的高频性和准确性。

促进农村居民环保行为不仅需要为公众参与环保活动提供充足的客观条件，提高居民受教育程度和环境关心程度，政府还必须对本地区环境污染状况和环境保护状况进行客观准确的评估。环境透明度的增加，不仅能够直接促进环保行为，还能够通过社会资本促进公民的环境参与，最终构建环境治理的多元协同治理新格局。居民积极参与环保意识的建立和塑造将有助于公众参与行为的改进与提升，也有助于社会主义民主制度的完善和发展，推动政府环境治理工作的优化，从而增强居民的环境治理满意度。

（三）了解居民需求，有效提高环境治理满意度

党的十九大报告明确要求，加强农村社区治理体系建设，推动治理重心向基层下移，实现政府治理和社会调节、居民自治良性互动。对于农村居民的主观感知，政府必须从根源——居民的需求出发。只有了解居民的需求，才不会盲目判断、提政策。

根据马斯洛需求层次理论，人的需求分为生理需要、安全需要、归属和爱的需要、尊重的需要、自我实现的需要。深度了解农村居民的不同层面的需求，只有了解居民对当地环境的依赖程度、对环境治理的重视程度、对环境治理的意见，才能对症下药，以最小的成本有

效提高居民的环境治理满意度、激发其环保行为。

（四）根据个体特征异质性提高普及度

不同年龄段、不同职业、不同受教育程度的居民对环境治理满意度和环保行为有不同的敏感度。因此，政府应当从异质性角度出发，为不同人群制定特殊的宣传方式，更加有利于提高效率和普及度。

不同年龄、职业、受教育程度人群存在交叉情况，利用韦恩图以最小成本的方式对人群进行分类。根据职业可以将人群分为在职、在校、在家三类，受教育程度往往与年龄有关，由此形成政府—企业—学校三点联动。知识在"知—信—行"理论中处于首位，有了基本知识的储备才能促进意识的提高、行为的改善，因此无论是在职、在校或是在家，都应以"环保知识"为切入点，通过提高环保认知进而提高环保行为。对于在职的农村居民，由企业进行不同年龄段的监督管理，也可将环保行为的实施状况纳入公司考核激励制度，从制度上创新激发其环保积极性；对于在校的农村居民，学校相关部门可增加环保教育课程，通过生动的实践课程如手抄报、环保行为画展、随处拍环保等多元化活动，提高其环保兴趣和环保认知；对于在家的农村居民，由居委会/村委会自上而下地组织入户宣传。考虑到农村居民积极性不高，通过听讲座领鸡蛋等激励行为吸引居民参与讲座。同时，还可根据婚姻状况对群体进行分类，对于未婚群体，加大环保宣传力度，帮助居民形成环保意识以及环保习惯，对于已婚居民，以后代教育为切入点，提高已婚家庭的环保参与时间，从而激发其环保行为。

附　　录

环境信息披露指标构建

一级指标	二级指标	三级指标	最高分
软披露	EID 披露载体	上市公司年报是否披露环境相关信息	1
		上市公司社会责任报告是否披露环境相关信息	1
		上市公司是否单独披露环境报告	1
	环境管理披露	环保理念	1
		环保目标	1
		环保管理制度体系	1
		环保教育与培训	1
		环保专项行动	1
		环境事件应急机制	1
		环保荣誉或奖励	1
		"三同时"制度	1
		重点污染监控单位	1
硬披露	环境绩效与治理披露	污染物排放达标	1
		突发环境事故	1
		环境违法事件	1
		环境信访案件	1
		是否通过 ISO14001 认证	1
		是否通过 ISO900 认证	1

续表

一级指标	二级指标	三级指标	最高分
硬披露	环境责任披露	废水排放量	2
		COD 排放量	2
		CO2 排放量	2
		烟尘和粉尘排放量	2
		SO2 排放量	2
		工业固体废物产生量	2
	环境监督认证披露	废气减排治理情况	2
		废水减排治理情况	2
		粉尘、烟尘治理情况	2
		固废利用与处置情况	2
		噪声、光污染、辐射等治理	2
		清洁生产实施情况	2

参 考 文 献

[1] 卞勇，曾雪兰．基于三部门划分的能源碳排放总量目标地区分解 [J]．中国人口·资源与环境，2019，29 (10)：106 - 114.

[2] 陈文颖，吴宗鑫．碳排放权分配与碳排放权交易 [J]．清华大学学报（自然科学版），1998 (12)：16 - 19 + 23.

[3] 董敏杰，梁泳梅，李钢．环境规制对中国出口竞争力的影响——基于投入产出表的分析 [J]．中国工业经济，2011 (3)：57 - 67.

[4] 姜华，李艳萍，高健，等．关于统筹建立二氧化碳排放总量控制制度的思考 [J]．环境工程技术学报，2022，12 (1)：1 - 5.

[5] 蒋春来，王金南，许艳玲．污染物排放总量预算管理制度框架设计 [J]．环境与可持续发展，2015 (4)：15 - 18.

[6] 金帅，盛昭瀚，杜建国．转型背景下排污权初始分配机制优化设计 [J]．中国人口·资源与环境，2013，23 (12)：48 - 56.

[7] 李开明，陈铣成．潮汐河网区水污染总量控制及其分配方法 [J]．环境科学研究，1990，3 (6)：36 - 42.

[8] 李如忠，舒琨．基于 Vague 集的水污染负荷分配方法 [J]．水利学报，2011，42 (2)：127 - 135.

[9] 李涛，杨喆，周大为，等．我国水污染物排放总量控制政策评估 [J]．干旱区资源与环境，2019，33 (8)：92 - 99.

[10] 刘庄，刘爱萍，庄巍，等．每日最大污染负荷 (TMDL) 计划的借鉴意义与我国水污染总量控制管理流程 [J]．生态与农村环境

学报，2016，32（1）：47-52.

[11] 马骏，李亚芳. 基于环境 CGE 模型的江苏省水污染治理政策的影响研究 [J]. 统计与决策，2019，35（6）：62-65.

[12] 马中，Dan Dudek，吴健，等. 论总量控制与排污权交易 [J]. 中国环境科学，2002，22（1）：89-92.

[13] 孟伟. 流域水污染物总量控制技术与示范 [M]. 北京：中国环境科学出版社，2008.

[14] 祁毓，卢洪友，张宁川. 环境规制能实现"降污"和"增效"的双赢吗——来自环保重点城市"达标"与"非达标"准实验的证据 [J]. 财贸经济，2016，37（9）：126-143.

[15] 祁毓，卢洪友，徐彦坤. 中国环境分权体制改革研究：制度变迁、数量测算与效应评估 [J]. 中国工业经济，2014（1）：31-43.

[16] 乔晓楠，段小刚. 总量控制、区际排污指标分配与经济绩效 [J]. 经济研究，2012，47（10）：121-133.

[17] 秦昌波，王金南，葛察忠，等. 征收环境税对经济和污染排放的影响 [J]. 中国人口·资源与环境，2015，25（1）：17-23.

[18] 沈红波，谢越，陈峥嵘. 企业的环境保护，社会责任及其市场效应 [J]. 中国工业经济，2012（1）：141-151.

[19] 沈满洪，陈军，张蕾. 水资源经济制度研究文献综述 [J]. 浙江大学学报（人文社会科学版），2017，47（3）：71-83.

[20] 沈满洪. 排污权交易机制研究 [M]. 北京：中国环境科学出版社，2009.

[21] 宋国君. 总量控制与排污权交易 [J]. 上海环境科学，2000，19（4）：146-148.

[22] 田利辉，关欣，李政，等. 环境保护税费改革与企业环保投资——基于《环境保护税法》实施的准自然实验 [J]. 财经研究，2022，48（9）：32-46+62.

[23] 田欣，刘露迪，闫楠，等．我国排污权交易制度运行进展、挑战与对策研究 [J]．中国环境管理，2023，15（2）：66 - 72.

[24] 童健，刘伟，薛景．环境规制，要素投入结构与工业行业转型升级 [J]．经济研究，2016，51（7）：43 - 57.

[25] 涂正革，谌仁俊．排污权交易机制在中国能否实现波特效应？[J]．经济研究，2015，50（7）：160 - 173.

[26] 万剑韬，曹国俊，王祺星．金融机构环境信息披露的发展现状与国际比较 [J]．金融与经济，2022，545（12）：16 - 24.

[27] 王金南，逯元堂，周劲松，等．基于 GDP 的中国资源环境基尼系数分析 [J]．中国环境科学，2006，26（1）：111 - 115.

[28] 王金南，潘向忠．线性规划方法在环境容量资源分配中的应用 [J]．环境科学，2005，26（6）：195 - 198.

[29] 王寿兵，陈雅敏，许博，等．废水排污权交易率问题初探 [J]．复旦学报：自然科学版，2010（5）：648 - 652.

[30] 谢慧明，沈满洪．中国水制度的总体框架、结构演变与规制强度 [J]．浙江大学学报（人文社会科学版），2016，46（4）：91 - 104.

[31] 杨龙，王晓燕，孟庆义．美国 TMDL 计划的研究现状及其发展趋势 [J]．环境科学与技术，2008，31（9）：72 - 76.

[32] 杨姗姗，郭豪，杨秀，等．双碳目标下建立碳排放总量控制制度的思考与展望 [J]．气候变化研究进展，2023，19（2）：191 - 202.

[33] 叶常明，丁梅．水污染总量控制应用中的若干问题探讨 [J]．环境科学，1992，13（3）：91 - 93.

[34] 于连超，张卫国，毕茜，等．环境政策不确定性与企业环境信息披露——来自地方环保官员变更的证据 [J]．上海财经大学学报，2020，22（2）：35 - 50.

［35］于术桐，黄贤金，程绪水，等. 流域排污权初始分配模式选择［J］. 资源科学，2009，31（7）：1175－1180.

［36］余东华，孙婷. 环境规制、技能溢价与制造业国际竞争力［J］. 中国工业经济，2017，35（5）：35－53.

［37］张平淡，屠西伟. 排污费征收标准调高、技术进步与企业能源效率［J］. 经济管理，2023，45（2）：23－38.

［38］张翼飞，刘珺晔，张蕾，等. 太湖流域水污染权交易制度比较分析——基于环湖六市的调研［J］. 中国环境管理，2017，9（1）：33－40.

［39］Acemoglu D，Aghion P，Bursztyn L，et al. The environment and directed technical change［J］. The American Economic Review，2012，102（1）：131－166.

［40］Albert R J，Lishman J M，Saxena J R. Ballast water regulations and the move toward concentration-based numeric discharge limits［J］. Ecological Applications，2013，23（2）：289－300.

［41］Alola A A，Nwulu N. Do energy-pollution-resource-transport taxes yield double dividend for Nordic economies?［J］. Energy，2022，254：124275.

［42］Arguedas C，Rousseau S. Emission Standards and Monitoring Strategies in a Hierarchical Setting［J］. Environmental & Resource Economics，2015，60（3）：395－412.

［43］Bengart P，Vogt B. Fuel mix disclosure in Germany-The effect of more transparent information on consumer preferences for renewable energy［J］. Energy Policy，2021，150：112120.

［44］BöCher M. A theoretical framework for explaining the choice of instruments in environmental policy［J］. Forest Policy and Economics，2012，16（2）：14－22.

[45] Bonilla J, Coria J, Sterner T. Synergies and Trade-offs between Climate and Local Air Pollution: Policies in Sweden [R]. Working Paper, University of Gothenburg, 2012.

[46] BräNnlund R, Lundgren T. Environmental policy without costs? A review of the Porter hypothesis [J]. International Review of Environmental and Resource Economics, 2009, 3 (2): 75 – 117.

[47] Cason T N, Gangadharan L, Duke C. A laboratory study of auctions for reducing non-point source pollution [J]. Journal of Environmental Economics and Management, 2003, 46 (3): 446 – 471.

[48] Chander P, Muthukrishnan S. Green consumerism and pollution control [J]. Journal of Economic Behavior & Organization, 2015, 114: 27 – 35.

[49] Chang C P, Hao Y. Environmental performance, corruption and economic growth: global evidence using a new data set [J]. Applied Economics, 2017, 49 (5): 498 – 514.

[50] Chen H, Fang X, Xiang E, et al. Do online media and investor attention affect corporate environmental information disclosure? Evidence from Chinese listed companies [J]. International Review of Economics & Finance, 2023, 86: 1022 – 1040.

[51] Chen Q, Maung M, Shi Y, et al. Foreign direct investment concessions and environmental levies in China [J]. International Review of Financial Analysis, 2014, 36: 241 – 250.

[52] Chen Y. Environmental regulation, local labor market, and skill heterogeneity [J]. Regional Science and Urban Economics, 2023, 101: 103898.

[53] Cheng S, Fan W, Chen J, et al. The impact of fiscal decentralization on CO_2 emissions in China [J]. Energy, 2020, 192: 116685.

[54] Cheng Z, Li X. Do raising environmental costs promote industrial green growth? A Quasi-natural experiment based on the policy of raising standard sewage charges [J]. Journal of Cleaner Production, 2022, 343: 131004.

[55] Common M, Stagl S. Ecological economics: an introduction [M]. Cambridge: Cambridge University Press, 2005.

[56] Corrales J, Naja G M, Bhat M G, et al. Water quality trading opportunities in two sub-watersheds in the northern Lake Okeechobee watershed [J]. Journal of Environmental Management, 2017, 196: 544 – 559.

[57] Dales J H. Pollution, property and prices: An essay in policy-making and economics [M]. Cheltenham, UK: Edward Elgar Publishing, 2002.

[58] Daly H E, Farley J. Ecological economics: principles and applications [M]. Washington: Island Press, 2011.

[59] Dechezleprêtre A, Nachtigall D, Venmans F. The joint impact of the European Union emissions trading system on carbon emissions and economic performance [J]. Journal of Environmental Economics and Management, 2023, 118: 102758.

[60] Dong H, Xue M, Xiao Y, et al. Do carbon emissions impact the health of residents? Considering China's industrialization and urbanization [J]. Science of The Total Environment, 2021, 758: 143688.

[61] Emecs. Environmental conservation of the Seto Inland Sea [M]. Saint-Cloud, France: Asahi Print, 2008.

[62] Fang G, Yang K, Chen G, et al. Environmental protection tax superseded pollution fees, does China effectively abate ecological footprints? [J]. Journal of Cleaner Production, 2023, 388: 135846.

[63] Fischer C, Parry I W H, Pizer W A. Instrument choice for envi-

ronmental protection when technological innovation is endogenous [J]. Journal of Environmental Economics and Management, 2003, 45 (3): 523 – 545.

[64] Flatø H. Trust is in the air: pollution and Chinese citizens' attitudes towards local, regional and central levels of government [J]. Journal of Chinese Governance, 2022, 7 (2): 180 – 211.

[65] Fu T, Jian Z. Corruption pays off: How environmental regulations promote corporate innovation in a developing country [J]. Ecological Economics, 2021, 183: 106969.

[66] Gao Q. Retrospect and prospect: Public participation in environmental impact assessment in China [J]. Environmental Impact Assessment Review, 2023, 101: 107146.

[67] García J H, Sterner T, Afsah S. Public disclosure of industrial pollution: The proper approach for Indonesia? [J]. Environment and Development Economics, 2007, 12 (6): 739 – 756.

[68] Garrone P, Grilli L, Groppi A, et al. Barriers and drivers in the adoption of advanced wastewater treatment technologies: a comparative analysis of Italian utilities [J]. Journal of Cleaner Production, 2016: S69 – S78.

[69] Ghosh S, Mujumdar P P. Risk minimization in water quality control problems of a river system [J]. Advances in Water Resources, 2006, 29 (3): 458 – 470.

[70] Giacomini D, Rocca L, Zola P, et al. Local Governments' environmental disclosure via social networks: Organizational legitimacy and stakeholders' interactions [J]. Journal of Cleaner Production, 2021, 317: 128290.

[71] Golding W F. Incentives for change: China's cadre system ap-

plied to water quality [J]. Washington International Law Journal, 2011, 20 (2): 399 – 428.

[72] Gollop F M, Roberts M J. Environmental regulations and productivity growth: The case of fossil-fueled electric power generation [J]. Journal of Political Economy, 1983, 91 (4): 654 – 674.

[73] Guo M, Zhang Y, Ye W, et al. Pricing the permission of pollution: Optimal control-based simulation of payments for the initial emission allowance in China [J]. Journal of Cleaner Production, 2018, 174: 139 – 149.

[74] Hafstead M A C, Williams Ⅲ R C. Unemployment and Environmental Regulation in General Equilibrium [R]. National Bureau of Economic Research, 2016.

[75] Hamaguchi Y. Environmental tax evasion as a determinant of the porter and pollution haven hypotheses in a corrupt political system [J]. Economic Analysis and Policy, 2023, 79: 610 – 633.

[76] Han Y, Zhe C, Liu X. Is the carbon emissions trading system conducive to the urban green technology innovation level? Evidence from China [J]. Energy Reports, 2023, 9: 3787 – 3799.

[77] Hao J. Disclosure regulation, cost of capital, and firm values [J]. Journal of Accounting and Economics, 2023: 101605.

[78] Havens K E, Schelske C L. The importance of considering biological processes when setting total maximum daily loads (TMDL) for phosphorus in shallow lakes and reservoirs [J]. Environmental Pollution, 2001, 113 (1): 1 – 9.

[79] He J, Huang A, Xu L. Spatial heterogeneity and transboundary pollution: A contingent valuation (CV) study on the Xijiang River drainage basin in south China [J]. China Economic Review, 2015, 36: 101 – 130.

［80］He W, Tan L, Liu Z J, et al. Property rights protection, environmental regulation and corporate financial performance: Revisiting the Porter Hypothesis ［J］. Journal of Cleaner Production, 2020, 264: 121615.

［81］Hong Q, Cui L, Hong P. The impact of carbon emissions trading on energy efficiency: Evidence from quasi-experiment in China's carbon emissions trading pilot ［J］. Energy Economics, 2022, 110: 106025.

［82］Hoornbeek J, Hansen E, Ringquist E, et al. Implementing water pollution policy in the United States: total maximum daily loads and collaborative watershed management ［J］. Society & Natural Resources, 2013, 26 (4): 420 –436.

［83］Jaffe A B, Palmer K. Environmental regulation and innovation: a panel data study ［J］. Review of Economics and Statistics, 1997, 79 (4): 610 –619.

［84］Jefferson G H, Tanaka S, Yin W. Environmental regulation and industrial performance: Evidence from unexpected externalities in China ［R］. SSRN Working papers, 2013.

［85］Jia R, Nie H. Decentralization, Collusion, and Coal Mine Deaths ［J］. Review of Economics and Statistics, 2017, 99 (1): 105 – 118.

［86］Jiang L, Lin C, Lin P. The determinants of pollution levels: Firm-level evidence from Chinese manufacturing ［J］. Journal of Comparative Economics, 2014, 42 (1): 118 –142.

［87］Jiang Z, Wang Z, Lan X. How environmental regulations affect corporate innovation? The coupling mechanism of mandatory rules and voluntary management ［J］. Technology in Society, 2021, 65: 101575.

［88］Karmakar S, Mujumdar P P. A two-phase grey fuzzy optimization approach for water quality management of a river system ［J］. Advances in

Water Resources, 2007, 30 (5): 1218 – 1235.

[89] Kling C L, Zhao J. On the long-run efficiency of auctioned vs. free permits [J]. Economics Letters, 2000, 69 (2): 235 – 238.

[90] Kneese A V, Sweeney J L. Handbook of natural resource and energy economics: Volume 1 [M]. North-Holland, 1985.

[91] Kneese A V. Socio-economic aspects of water quality management [J]. Journal Water Pollution Control Federation, 1964, 36 (2): 254 – 262.

[92] Kolsuz G, Yeldan A E. Economics of climate change and green employment: A general equilibrium investigation for Turkey [J]. Renewable and Sustainable Energy Reviews, 2017, 70: 1240 – 1250.

[93] Kort P, Gradus R H J M. Optimal taxation on profit and pollution within a macroeconomic framework [J]. Dynamic Economic Models and Optimal Control, 1992, 16 (1): 313 – 327.

[94] Kuminoff N V, Schoellman T, Timmins C. Environmental regulations and the welfare effects of job layoffs in the United States: A spatial approach [J]. Review of Environmental Economics and Policy, 2015, 9 (2): 198 – 218.

[95] Lanoie P, Laurent-Lucchetti J, Johnstone N, et al. Environmental policy, innovation and performance: new insights on the Porter hypothesis [J]. Journal of Economics & Management Strategy, 2011, 20 (3): 803 – 842.

[96] Lee J, Veloso F M, Hounshell D A. Linking induced technological change, and environmental regulation: Evidence from patenting in the US auto industry [J]. Research Policy, 2011, 40 (9): 1240 – 1252.

[97] Li D, Xin L, Sun Y, et al. Assessing environmental information disclosures and the effects of Chinese nonferrous metal companies [J].

Polish Journal of Environmental Studies, 2016, 25 (2): 663 – 671.

[98] Li G, Xue Q, Qin J. Environmental information disclosure and green technology innovation: Empirical evidence from China [J]. Technological Forecasting and Social Change, 2022, 176: 121453.

[99] Li P, Lin Z, Du H, et al. Do environmental taxes reduce air pollution? Evidence from fossil-fuel power plants in China [J]. Journal of Environmental Management, 2021, 295: 113112.

[100] Li Y, Chen X, Feng X, et al. Investigation of the allocation and trading strategy of wastewater emission permits considering ecological compensation [J]. Environmental Technology & Innovation, 2023, 30: 103103.

[101] Li Y, Foo C T. A sociological theory of corporate finance: Societal responsibility and cost of equity in China [J]. Chinese Management Studies, 2015, 9 (3): 269 – 294.

[102] Li Y, Zhang X, Yao T, et al. The developing trends and driving factors of environmental information disclosure in China [J]. Journal of Environmental Management, 2021, 288: 112386.

[103] Lin B, Zhao H. Evaluating current effects of upcoming EU Carbon Border Adjustment Mechanism: Evidence from China's futures market [J]. Energy Policy, 2023, 177: 113573.

[104] Liu B, Ge J. The optimal choice of environmental tax revenue usage: Incentives for cleaner production or end-of-pipe treatment? [J]. Journal of Environmental Management, 2023, 329: 117106.

[105] Liu H, Owens Ka, Yang K, et al. Pollution abatement costs and technical changes under different environmental regulations [J]. China Economic Review, 2020, 62: 101497.

[106] Liu L, Jiang J, Bian J, et al. Are environmental regulations

holding back industrial growth? Evidence from China ［J］. Journal of Cleaner Production, 2021, 306: 127007.

［107］ Liu M, Tan R, Zhang B. The costs of "blue sky": Environmental regulation, technology upgrading, and labor demand in China ［J］. Journal of Development Economics, 2021, 150: 102610.

［108］ Liu X, Pan Y, Zhang W, et al. Achieve Sustainable development of rivers with water resource management-economic model of river chief system in China ［J］. Science of The Total Environment, 2020, 708: 134657.

［109］ Lo A Y. Carbon trading in a socialist market economy: Can China make a difference? ［J］. Ecological Economics, 2013, 87: 72 – 74.

［110］ López-Gamero M D, Molina-Azorín J F, Claver-Cortés E. The potential of environmental regulation to change managerial perception, environmental management, competitiveness and financial performance ［J］. Journal of Cleaner Production, 2010, 18 （10）: 963 – 974.

［111］ Lu J, Li B, Li H, et al. Sustainability of enterprise export expansion from the perspective of environmental information disclosure ［J］. Journal of Cleaner Production, 2020, 252: 119839.

［112］ Magat W A. The effects of environmental regulation on innovation ［J］. Law and Contemporary Problems, 1979, 43 （1）: 4 – 25.

［113］ Markandya A, Shibli A. Regional overview: industrial pollution control policies in asia: how successful are the strategies? ［J］. Asian Journal of Environmental Management, 1995, 3: 87 – 118.

［114］ Martin R, De Preux L B, Wagner U J. The impact of a carbon tax on manufacturing: Evidence from microdata ［J］. Journal of Public Economics, 2014, 117: 1 – 14.

［115］ Maung M, Wilson C, Tang X. Political connections and industrial pollution: Evidence based on state ownership and environmental levies in China [J]. Journal of Business Ethics, 2015: 1 – 11.

[116] Milliman S R, Prince R. Firm incentives to promote technological change in pollution control [J]. Journal of Environmental Economics and Management, 1989, 17 (3): 247 – 265.

[117] Montgomery W D. Markets in licenses and efficient pollution control programs [J]. Journal of Economic Theory, 1972, 5 (3): 395 – 418.

[118] Motoshita M, Sakagami M, Kudoh Y, et al. Potential impacts of information disclosure designed to motivate Japanese consumers to reduce carbon dioxide emissions on choice of shopping method for daily foods and drinks [J]. Journal of Cleaner Production, 2015, 101: 205 – 214.

[119] Neto P B, Mallett A. Public participation in environmental impact assessment processes through various channels-Can you listen to us now? Lessons from a Brazilian mining case [J]. The Extractive Industries and Society, 2023, 13: 101186.

[120] Nishitani K, Unerman J, Kokubu K. Motivations for voluntary corporate adoption of integrated reporting: A novel context for comparing voluntary disclosure and legitimacy theory [J]. Journal of Cleaner Production, 2021, 322: 129027.

[121] Pargal S, Wheeler D. Informal regulation of industrial pollution in developing countries: evidence from Indonesia [M]. Washington: World Bank Publications, 1995.

[122] Porter M E, Van Der Linde C. Toward a new conception of the environment-competitiveness relationship [J]. The Journal of Economic Perspectives, 1995, 9 (4): 97 – 118.

[123] Porter M. America's green strategy [J]. Scientific American,

1991, 264 (4): 193 – 246.

[124] Prabawani B, Hadi Sp, Wahyudi Fe, et al. Drivers and initial pattern for corporate social innovation: From responsibility to sustainability [J]. Heliyon, 2023, 9 (6): e16175.

[125] Qiu L D, Zhou M, Wei X. Regulation, innovation, and firm selection: The porter hypothesis under monopolistic competition [J]. Journal of Environmental Economics and Management, 2018, 92: 638 – 658.

[126] Qu Y, Cang Y. Cost-benefit allocation of collaborative carbon emissions reduction considering fairness concerns—A case study of the Yangtze River Delta, China [J]. Journal of Environmental Management, 2022, 321: 115853.

[127] Ramanathan R, He Q, Black A, et al. Environmental regulations, innovation and firm performance: A revisit of the Porter hypothesis [J]. Journal of Cleaner Production, 2017, 155: 79 – 92.

[128] Rosenbaum P R, Rubin D B. The central role of the propensity score in observational studies for causal effects [J]. Biometrika, 1983, 70 (1): 41 – 55.

[129] Shah A. Taxing choices for economic growth with social justice and environmental protection in the People's Republic of China [J]. Public Finance and Management, 2015, 15 (4): 351 – 380.

[130] Shang S, Chen Z, Shen Z, et al. The effect of cleaner and sustainable sewage fee-to-tax on business innovation [J]. Journal of Cleaner Production, 2022, 361: 132287.

[131] Shi H, Qiao Y, Shao X, et al. The effect of pollutant charges on economic and environmental performances: Evidence from Shandong Province in China [J]. Journal of Cleaner Production, 2019, 232: 250 – 256.

[132] Sigman H. Decentralization and environmental quality: an international analysis of water pollution levels and variation [J]. Land Economics, 2014, 90 (1): 114 – 130.

[133] Song Y, Wei Y, Zhu J, et al. Environmental regulation and economic growth: A new perspective based on technical level and healthy human capital [J]. Journal of Cleaner Production, 2021, 318: 128520.

[134] Suter J F, Spraggon J M, Poe G L. Thin and lumpy: An experimental investigation of water quality trading [J]. Water Resources and Economics, 2013, 1 (2): 36 – 60.

[135] Tan Y. Transparency without democracy: the unexpected effects of China's environmental disclosure policy [J]. Governance, 2014, 27 (1): 37 – 62.

[136] Tarr D G, Kuznetsov D E, Overland I, et al. Why carbon border adjustment mechanisms will not save the planet but a climate club and subsidies for transformative green technologies may [J]. Energy Economics, 2023, 122: 106695.

[137] Testa F, Iraldo F, Frey M. The effect of environmental regulation on firms' competitive performance: The case of the building & construction sector in some EU regions [J]. Journal of Environmental Management, 2011, 92 (9): 2136 – 2144.

[138] Tian Y, Feng C. The internal-structural effects of different types of environmental regulations on China's green total-factor productivity [J]. Energy Economics, 2022, 113: 106246.

[139] Van Der Ploeg F, Withagen C. Pollution control and the Ramsey problem [J]. Environmental and Resource Economics, 1991, 1 (2): 215 – 236.

[140] Wang S, Wang H, Wang J, et al. Does environmental infor-

mation disclosure contribute to improve firm financial performance? An examination of the underlying mechanism [J]. Science of The Total Environment, 2020, 714: 136855.

[141] Wang X, Wang Y, Liu N. Does environmental regulation narrow the north-south economic gap? Empirical evidence based on panel data of 285 prefecture-level cities [J]. Journal of Environmental Management, 2023, 340: 117849.

[142] Wang X, Zhu L, Fan Y. Transaction costs, market structure and efficient coverage of emissions trading scheme: A microlevel study from the pilots in China [J]. Applied Energy, 2018, 220: 657 – 671.

[143] Wicaksono Ap, Setiawan D. Water disclosure in the agriculture industry: Does stakeholder influence matter? [J]. Journal of Cleaner Production, 2022, 337: 130605.

[144] Wiering M, Kirschke S, Akif Nu. Addressing diffuse water pollution from agriculture: Do governance structures matter for the nature of measures taken? [J]. Journal of Environmental Management, 2023, 332: 117329.

[145] Williams R C. Growing state-federal conflicts in environmental policy: The role of market-based regulation [J]. Journal of Public Economics, 2012, 96 (11): 1092 – 1099.

[146] Wu W, Wang W, Zhang M. Does internet public participation slow down environmental pollution? [J]. Environmental Science & Policy, 2022, 137: 22 – 31.

[147] Xie Y, Wu D, Li X, et al. How does environmental regulation affect productivity? The role of corporate compliance strategies [J]. Economic Modelling, 2023, 126: 106408.

[148] Xue S, Chang Q, Xu J. The effect of voluntary and mandatory

corporate social responsibility disclosure on firm profitability: Evidence from China [J]. Pacific-Basin Finance Journal, 2023, 77: 101919.

[149] Yang Y, Zhang J, Li Y. The effects of environmental information disclosure on stock price synchronicity in China [J]. Heliyon, 2023, 9 (5): e16271.

[150] Yang Y L, Zhang X, Wu T L. Does Public Participation Reduce Regional Carbon Emissions? A Quasi-Natural Experiment from Environmental Information Disclosure in China [J]. Polish Journal of Environmental Studies, 2023, 32 (2): 1899 – 1917.

[151] Young P, Beck B. The modelling and control of water quality in a river system [J]. Automatica, 1974, 10 (5): 455 – 468.

[152] Yu Y, Wang X, Li H, et al. Ex-post assessment of China's industrial energy efficiency policies during the 11th Five-Year Plan [J]. Energy Policy, 2015, 76: 132 – 145.

[153] Zhang H, Xu T, Feng C. Does public participation promote environmental efficiency? Evidence from a quasi-natural experiment of environmental information disclosure in China [J]. Energy Economics, 2022, 108: 105871.

[154] Zhang J, Yang Y. Can environmental disclosure improve price efficiency? The perspective of price delay [J]. Finance Research Letters, 2023, 52: 103556.

[155] Zhang Q, Chen W, Feng Y. The effectiveness of China's environmental information disclosure at the corporate level: Empirical evidence from a quasi-natural experiment [J]. Resources, Conservation and Recycling, 2021, 164: 105158.

[156] Zhang X, Yang Yl, Li Y. Does Public Participation Reduce Regional Carbon Emission? [J]. Atmosphere, 2023, 14 (1).

[157] Zhang Y, Xia F, Zhang B. Can raising environmental tax reduce industrial water pollution? Firm-level evidence from China [J]. Environmental Impact Assessment Review, 2023, 101: 107155.

[158] Zhang Y J, Shi W. Has China's carbon emissions trading (CET) policy improved green investment in carbon-intensive enterprises? [J]. Computers & Industrial Engineering, 2023, 180: 109240.

[159] Zhang Z, Su Z, Wang K, et al. Corporate environmental information disclosure and stock price crash risk: Evidence from Chinese listed heavily polluting companies [J]. Energy Economics, 2022, 112: 106116.

[160] Zhao X, Guo Y, Feng T. Towards green recovery: Natural resources utilization efficiency under the impact of environmental information disclosure [J]. Resources Policy, 2023, 83: 103657.

[161] Zhao X, Sun B. The influence of Chinese environmental regulation on corporation innovation and competitiveness [J]. Journal of Cleaner Production, 2016, 112 (4): 1528 – 1536.

[162] Zhao X, Zhang S, Fan C. Environmental externality and inequality in China: Current Status and future choices [J]. Environmental Pollution, 2014, 190 (7): 176 – 179.

[163] Zhou K, Luo H, Qu Z. What can the environmental rule of law do for environmental innovation? Evidence from environmental tribunals in China [J]. Technological Forecasting and Social Change, 2023, 189: 122377.

[164] Zhou X, Jia M, Wang L, et al. Modelling and simulation of a four-group evolutionary game model for green innovation stakeholders: Contextual evidence in lens of sustainable development [J]. Renewable Energy, 2022, 197: 500 – 517.

[165] Zhu J, Chertow M R. Business strategy under institutional con-

straints: evidence from China's energy efficiency regulations [J]. Ecological Economics, 2017, 135: 10 – 21.

[166] Zhu L, Zhang X B, Li Y, et al. Can an emission trading scheme promote the withdrawal of outdated capacity in energy-intensive sectors? A case study on China's iron and steel industry [J]. Energy Economics, 2017, 63: 332 – 347.

[167] Zhu Q, Sarkis J. Green marketing and consumerism as social change in China: Analyzing the literature [J]. International Journal of Production Economics, 2016, 181: 289 – 302.

后　记

　　本书是关于绿色治理绩效的研究，起源于我十年前于浙江大学攻读博士学位期间。彼时，我专注于水污染控制的政策效果研究，然后对中国绿色治理的各种类型与效果尤其感兴趣。当时的研究者更多地从命令控制型制度入手，关注激励型制度的效果，很少涉及参与类制度。在参与导师主持的国家社会科学基金重大课题研究过程中，我愈发意识到，地方环境政策的不完善与执行困境，往往与经济问题及信息不对称息息相关。命令控制型政策的刚性特征导致了较高的社会经济成本，而激励型政策要发挥其效用，则离不开充分的信息支撑。这些深刻洞察使我更加坚信，环境信息披露机制在此中扮演着不可或缺的补充角色。

　　政府环境信息公开与企业环境信息披露这一细微切入点，却悄然为我后续的研究之路铺垫了基石。尤为值得一提的是，时任世界银行经济学家的王华教授等人的卓越研究，揭示了中国引入环境信息披露项目所带来的显著环境与经济双重效益，这一发现令我深感此类公众参与政策蕴含着无限潜力与价值。随着中国生态环境问题的日益凸显，社会各界对此给予了前所未有的关注。2015 年，增强生态文明建设被首次纳入国家五年规划，同年，联合国可持续发展峰会上更是通过了旨在解决社会、经济和环境三个维度发展问题的 17 个可持续发展目标（SDGs）。在这一宏大背景下，"SDGs" 与 "ESG"（环境、社会与治理）等研究关键词频繁出现，我的研究视野也随之从环境信息披露拓展至更为广阔的可持续信息披露领域。

　　在读博阶段及后续的工作生涯中，我始终得到了导师沈满洪教授的充分肯定与大力支持，这成为我深入探索这一跨学科研究领域的坚实后盾。答辩委员会主席张旭昆教授亦鼓励我深耕此领域，早日将研究成果凝练成论著。尽管研究之路充满挑战与艰辛，但时至今日，终得此稿，也算是对自己多年努力的一份交代。

　　本研究历时近十年，期间我先后发表相关论文十余篇，参与国际国内学术会议交流十余次，开展学术汇报和社会服务专题讲座亦达十余次。阶段性研究成果有幸获得了以浙江省哲学社会科学优秀成果奖为代表的省部级奖项，以及厅局级部门的采纳和上市公司的应用等肯定。本研究能够坚持并有所创新，得益于各位前辈的悉心指导和同行们的无私帮助，以及相关单位提供的良好研究环境。

　　在此，我要特别感谢浙江大学方红生教授、王义中教授和张自斌副教授等老师的指导，让我能基于因果推断为主体的方法论，拥有从多学科视角展开绿色治理绩效研究的可能。上海交通大学耿涌教授和朱庆华教授分别从环境科学与绿色供应链角度给予的高屋建瓴的指导让我深受启发，与魏文栋副教授的多次交流让我认识到研究的社会价值同等重要。厦门国家会计学院黄世忠教授等关于可持续信息披露准则的权威系统的讲述让我豁然开朗，翁若宇副教授关于漂绿问题的阐述、陈丽芳副教授关于公司治理的见解，让我能从不同的会计和金融等学科视角审视本研究中遇到的问题。

　　在整个研究过程中，浙江工商大学王晓蓬研究员、宁波大学谢慧明教授和李一特聘研究员亦师亦友的指导和帮助，提供了丰富的学术和社会资源，助力本研究的开展和完善。浙江农林大学李玉文教授等对本书初稿的宝贵意见让我受益匪浅。此外，我还得到了新加坡管理大学张连栋教授等的启发和指导，他们的学术见解和独到视角为本研究增添了新的色彩。

在进行本研究和撰写著作过程中，浙江理工大学提供了相对优越的研究条件，是年轻学者成长的沃土，经济管理学院给予了充分的关怀，学校社科中心对年轻老师的科研成长助益匪浅。程华教授、潘旭伟教授、覃琼霞教授和张海洋教授等在诸多方面给予了指导和关照，他们的支持和鼓励是我不断前行的动力。本研究还得到了浙江省环保厅、浙江省审计厅和杭州市工商联等部门的大力支持，他们在政策解读、资料素材和调研安排等方面给予了有力保障，使得本研究更加贴近实际，具有更强的应用价值。

本书的撰写与校对离不开合作者们的辛勤付出，沈李雯、李琰、周胜豫贡献突出。张济涛、章鑫、闻静、谢诗佳、王维、陶梦娅、程茜、段吉星、朱毓婷、吴莹莹、钱文楚、李佳琪、王微彤等同学参与了资料收集与校对工作，郑伽、林舒蕾也为出版助力。感谢每一位为本书奉献的人。同时，我也要感谢我的家人，他们一直以来的理解和支持，是我能够全身心投入研究工作的坚强后盾。

虽然已经尽可能地进行完善，然而我深知其中仍有不足之处。恳请各位专家学者、同行以及广大读者不吝赐教，提出宝贵意见。您的每一条建议都将是我进一步完善和提升后续研究的重要参考。期待与您共同推动可持续信息披露与要素配置效率研究领域的发展，为社会的可持续发展贡献我们的力量。

杨永亮

2024.8.10 于知新亭